新编国际经济与贸易专业系列教材

国际技术贸易
INTERNATIONAL TECHNOLOGY TRADE

赵涛 主编

首都经济贸易大学出版社
Capital University of Economics and Business Press
·北京·

图书在版编目(CIP)数据

国际技术贸易/赵涛主编. -- 北京:首都经济贸易大学出版社,2020.01
(新编国际经济与贸易专业系列教材)
ISBN 978-7-5638-2973-6

Ⅰ.①国⋯ Ⅱ.①赵⋯ Ⅲ.①国际贸易—技术贸易—高等学校—教材 Ⅳ.①F746.17

中国版本图书馆 CIP 数据核字(2019)第 264101 号

国际技术贸易
赵　涛　主编
Guoji Jishu Maoyi

责任编辑	田玉春
封面设计	风得信·阿东 FondesyDesign
出版发行	首都经济贸易大学出版社
地　　址	北京市朝阳区红庙（邮编100026）
电　　话	(010)65976483　65065761　65071505(传真)
网　　址	www.sjmcb.com
E-mail	publish@cueb.edu.cn
经　　销	全国新华书店
照　　排	北京砚祥志远激光照排技术有限公司
印　　刷	人民日报印刷厂
开　　本	710 毫米×1000 毫米　1/16
字　　数	374 千字
印　　张	21.25
版　　次	2020 年 1 月第 1 版　2020 年 1 月第 1 次印刷
书　　号	ISBN 978-7-5638-2973-6
定　　价	39.00 元

图书印装若有质量问题,本社负责调换
版权所有　侵权必究

《新编国际经济与贸易专业系列教材》编审委员会

主　任　郎丽华　周义军
副主任　刘　宏
委　员　(按姓氏笔画排序)
　　　　于晓云　王佃凯　田玉春　刘　宏
　　　　朱　月　朱钟棣　杨　玲　郎丽华
　　　　周义军　武晋军　赵　侠　赵春明
　　　　赵　涛　赵家章　崔日明　燕秋梅

总　序

21世纪是一个经济日益全球化的世纪。国际贸易的规模日益扩大,国际投资的领域空前拓展,国际商务合作的形式日益多样。历史上从未有过任何一个时代像今日中国这样迫切需要迅速融入全球化的潮流,迫切需要国际经贸领域的人才。

作为北京市重点学科的首都经济贸易大学国际贸易学专业,自建立以来一直是培养高层次国际经贸人才的摇篮。作为重要的教学研究成果,以前我们也陆续出版了一些本领域的专业教材,并且受到了广大读者的欢迎。当前,在全球化与地区经济一体化并存、国际经济秩序重构、多边体制面临挑战的背景下,中国怎样从贸易大国向贸易强国迈进,是我们每一个经贸人责无旁贷的使命,新的贸易与投资规则、新的双边、多边关系需要对原有知识体系做出相应的调整,需要把新的贸易安排与新的知识点写入教材。为了适应新时期我国经济发展的需要,培养更多更好的国际经贸领域的专业人才,我们在原有教材的基础上,根据教育部教学改革的要求,吸收近几年国内外学科发展的最新成果,反映国家对外经贸的最新变化趋势,组织中青年骨干教师编写了《新编国际经济与贸易专业系列教材》。本系列教材第一批共计6本,包括:《国际贸易》《国际贸易结算》《外贸函电》《国际服务贸易》《国际技术贸易》《国际贸易单证实务》。

本系列教材在结构、内容、形式等方面,都根据方便学生学习和教师授课的原则而设计,不仅理论与实务并重、知识新、内容全,而且各章后均附有复习思考题、练习题,有的还附有丌篇案例和习题参考答案。本系列教材可作为高等院校国际经济与贸易专业及其他相关专业的教材,同时也可作为广大外经贸领域工作者系统学习对外经贸知识的参考书。

《新编国际经济与贸易专业系列教材》编审委员会

2015年1月

前　　言

改革开放以来,高等教育的课程设置和内容发生了很大的变化。为了适应中国对外开放和对外贸易发展的需要,大多数高等院校对国际经济与贸易专业的课程内容进行了调整和充实,主要是大幅度增加了现代国际经济学的理论与分析工具。我国加入 WTO 后,我国对外经济贸易关系涉及的领域和问题进一步扩大,《国际技术贸易》学科研究的内容也更加广泛和复杂,和以往以纯粹的商品和劳务交换为重点相比,而今还应涵盖生产要素和人员的流动、知识产权的转让以及各种形式的经贸合作等内容。

目前全国已有半数高校设置了国际经济与贸易专业,其培养的人才一般应该具备相关的理论素养、专业知识和运作技能:掌握马克思主义经济学基本理论和方法;掌握现代经济学的理论和方法;了解国际经济学、国际贸易理论与政策发展的前沿动态;运用数量分析方法进行分析和研究;具有从事国际经贸业务的基本技能;了解主要国家和地区的经济发展状况及其贸易政策。

基于上述需要,首都经济贸易大学编写了这样一套既为我国的国际经贸专业教学和科研服务,又注意跟踪国际学术前沿的教材。这套教材以基础性的知识体系为主,同时也延伸到一些应用领域,今后还拟在应用领域逐步扩充以适应各方面的要求。

参与本教材编写的人员,按章节顺序,分别是:李雁峰(第1章绪论)、颜紫雁(第2章国际技术贸易合同概述)、赵涛(第3章与国际技术贸易有关的国际公约、协定、惯例)、王忆涵、任慧丹(第4章技术贸易谈判)、马心竹(第5章技术引进合同)、王婷婷(第6章国际技术贸易中的税费)、逯利利、李思(第7章专利实施许可合同)、姚昊炜(第8章特许经营)、张史擎(第9章计算机软件使用许可)、赵震(第10章技术咨询与技术服务)、王辉(第11章国际技术贸易中的限制性商业惯例)。本书由赵涛担任主编,并负责全书统筹。

首都经济贸易大学出版社田玉春、朱志平等老师对本书出版给予了热情地支持并付出了大量的心血,在此特予以致谢!受作者水平局限,对本书的错漏之处,希望社会同仁批评指正!

作者
2019年4月于北京

目 录

第一章 绪论 ··· 1
  第一节 国际技术贸易相关概念 ·· 2
  第二节 国际技术贸易方式 ··· 17
  第三节 国际技术贸易的产生、现状及发展 ······················· 24
  思考练习题 ··· 30

第二章 国际技术贸易合同概述 ·· 32
  第一节 国际技术贸易合同的概念、结构与特征 ··············· 33
  第二节 国际技术贸易合同的类型 ······································ 37
  第三节 国际技术贸易合同的主要条款 ······························ 41
  思考练习题 ··· 61

第三章 与国际技术贸易有关的国际公约、协定、惯例 ··············· 64
  第一节 与国际技术贸易有关的国际通行规则 ················· 65
  第二节 《保护工业产权巴黎公约》 ···································· 70
  第三节 《与贸易有关的知识产权协议》 ···························· 78
  第四节 与国际技术贸易有关的其他国际条约 ················· 87
  第五节 联合国《国际技术转让行动守则(草案)》 ············ 95
  思考练习题 ··· 99

第四章 技术贸易谈判 ·· 102
  第一节 技术贸易谈判的基本概念和主要内容 ··············· 103
  第二节 交易前的准备工作 ·· 106
  第三节 技术贸易中转让的技术范围及其作价 ··············· 119
  思考练习题 ··· 122

第五章 技术引进合同 ·· 125
  第一节 订立技术合同的基本程序及其特征 ··················· 126

· 1 ·

第二节　技术合同的签订 ·················· 127
　　第三节　技术合同的认定登记 ················ 130
　　第四节　订立技术合同的注意事项 ·············· 134
　　思考练习题 ······················· 135

第六章　国际技术贸易中的税费 ················ 136
　　第一节　国际技术贸易中的税收种类及征收原则 ········ 138
　　第二节　国际重复征税 ··················· 148
　　第三节　国际上对国际技术贸易的征税规定 ·········· 152
　　思考练习题 ······················· 160

第七章　专利实施许可合同 ·················· 163
　　第一节　专利权 ······················ 164
　　第二节　专利权的申请和保护 ················ 172
　　第三节　专利实施许可合同 ················· 187
　　思考练习题 ······················· 195

第八章　特许经营 ······················ 197
　　第一节　特许经营的概念与特点 ··············· 198
　　第二节　特许经营发展概况及发展趋势 ············ 210
　　第三节　特许经营法律法规 ················· 218
　　第四节　特许经营合同 ··················· 225
　　思考练习题 ······················· 232

第九章　计算机软件使用许可 ················· 235
　　第一节　计算机软件概述 ·················· 236
　　第二节　计算机软件的法律保护 ··············· 239
　　第三节　计算机软件贸易 ·················· 247
　　第四节　计算机软件许可合同 ················ 249
　　第五节　签订软件许可合同应注意的问题 ··········· 254
　　第六节　集成电路及布图 ·················· 260
　　思考练习题 ······················· 261

第十章　技术咨询与技术服务 ·· 263
第一节　技术咨询与技术服务概述 ································ 264
第二节　国际技术咨询业的发展 ···································· 270
第三节　国际技术服务业的发展 ···································· 275
第四节　技术咨询与技术服务合同 ································ 280
思考练习题 ·· 291

第十一章　国际技术贸易中的限制性商业惯例 ···················· 293
第一节　限制性商业惯例的概述 ···································· 294
第二节　国际技术贸易中限制性商业惯例的界定 ············ 296
第三节　发达国家和发展中国家对限制性商业惯例的规定 ········ 300
第四节　世界知识产权组织和联合国对限制性商业惯例的规定 ······· 316
思考练习题 ·· 320

附录　专业名词中英文汇编 ·· 322
参考文献 ·· 328

第一章 绪论

学习要点与要求

1. 了解技术的概念、特点及分类
2. 熟悉技术转让的含义与分类
3. 掌握国际技术贸易方式
4. 了解国际技术贸易的产生、成长与发展

引导案例

据商务部统计,自1999年实施科技兴贸战略以来,我国累计引进技术近5万项,合同总金额超过1 000亿美元,其中技术费达623亿美元,占合同金额的57.6%。2005年,我国为技术引进所支出的技术费达118.3亿美元,占技术引进合同总金额的62.3%,比1999年提高了31个百分点。这表明,在政府政策的引导下,企业"重设备轻技术"的技术引进观念已得到转变,软技术在我国技术引进中逐渐占据主导地位,引进技术的质量明显提高。

通过本章的学习,请思考我国在进行技术贸易的过程中,在稳步提高数量的同时,应如何逐步提高引进技术的质量。

第一节　国际技术贸易相关概念

一、技术

(一) 技术的概念

关于"技术",目前国际上尚无明确、统一的定义。在不同的领域中,人们对技术含义的理解也不尽相同。"技术"一词源自希腊文"Techologia",它是由两个希腊文"Lechane"(工艺)与"Logos"(了解)合成而来,原意是指"应用科学"或"实现特定目标的科学方法"。目前,人们在定义什么是技术时,存在各种不同的解释,尤其是在不同的研究领域中"技术"一词的含义是不同的:在社会学中,技术是指在特定空间和特定时间内人们用以解决社会发展中所面临问题的科学知识和方法;在科技工程领域中,技术是指科学知识在生产活动中的具体应用。

在某些商业文献中,技术被视为把科学知识转化为产品的手段。较为权威的技术定义是世界知识产权组织在1977年出版的《供发展中国家使用的许可证贸易手册》一书中给出的,该定义认为:"技术是指制造一种产品的系列知识,所采用的一种工艺,或提供的一项服务,不论这种知识是否反映在一项发明、一项外形设计、一项实用型或者一种植物新品种,或者反映在技术情报或技能中,或者反映在专家为设计、安装、开办或维修一个工厂或为管理一个工商业企业而提供的服务或协助等方面。"这个定义把技术这个概念规定得较为完整和全面,其内涵可以概括为:技术是人们在生产活动中,创造某种产品、应用某种方法制造产品或提供服务的系统性知识。技术的表现形态既可以是文字、表格、数据、公式、配方、图样、技术资料、操作等有形形态,也可以是实际生产经验、个人技能或头脑中的观念等无形形态。

技术既是人类利用和改造自然的工具,也是自然、经济、文化、历史和科学技术发展以及人类社会进步的标志,同时也体现了人类生存、进步和发展对技术的高度依赖。技术作为人类经验的总结和智慧的结晶,将会随着科学技术的进步而发展,人们也会借助于不断进步的科学方法来加深对技术的内涵和复杂性的认识。技术也将会成为人们认识自然、解决生产等领域所面临问题的最有力的武器。

(二) 技术的特点

技术是指人类在进行有目的的活动过程中，为达到某种目的所需要的科学知识、实践经验和操作技能的总和。技术可以传授，也可以成为间接生产力产生经济效益。技术具有如下特点。

1. 知识性。技术属于知识的范畴，但不是所有的知识都可称为技术。因为，一切人类智力劳动成果均居于知识范畴。技术是人类智力劳动的成果，但它是人类在生产或在促进生产的实践中创造的智力成果。因此，技术只是知识海洋中的一个组成部分，是全部知识中的一个特有领域。

2. 系统性。技术是人类在长期的生产实践活动中积累起来的、各种已经系统化的整套知识。它不只是某一产品、某一零件或某环节生产的知识，还包含了从产品的构思、设计、生产、销售、服务到储存等全部过程所需的知识、技能、方法和程序等，也可以说技术是生产活动中一种复杂的系统工程。

3. 私有性及传授性。技术虽然是人类的财富，但并非为人类社会每一个人所拥有。由于每个人不仅在身体和智力上存在差异，而且是在不同的地域和不同的环境下生活和成长的，这就使每个人所拥有的技能不同，或掌握技能所需的时间不同，甚至有些技术在某些人看来根本无法掌握和拥有，从而决定了技术的私有性特征。私有性与传授性看上去矛盾，但是私有性作为传授性的基础，传授性是私有性技术的一种实现途径。不论技术是以文字、公式、配方等有形形态存在，还是以实际生产经验、个人技能或头脑中的观念等无形形态存在，都应该能够通过一定的方式进行传授和传播。

4. 商品属性。技术可供发明者使用，也可以通过交换供他人使用。用于交换的技术就如一般商品一样，只有价值（或交换价值）及使用价值。技术的价值反映在技术商品生产以及研究开发过程中所耗费的物化劳动；使用价值表现为技术商品中的技术知识对社会生产的实用性，通过使用技术可以实现技术进步、提高劳动生产率和增加社会的经济效益；技术的交换价值体现在技术供应方在传授和转移技术的过程中可以获取可观的报酬。

5. 间接生产力。科学技术对发展经济起着重要作用，但是科学并不是现实的生产力，同样，技术也不是直接的现实的生产力，技术必须与一定的物质条件相结合才能转化为生产力。它们之间的关系是：科学—技术—商品，即只有利用技术制造出实际的商品并进入市场，实现其经济价值，才转化为生产力。正如1991年美国政府发布的《美国国家关键技术报告》所指出的，技术本身并不能保证经济繁荣和国家安全,技术的确能够对美国的国家利益做出重要的贡献,但只有我们学会并将其更有效地应用到研制新型、高质量、有竞争力的产品时才能实现这一目标。

(三)技术的种类

技术可以根据不同的标准被划分为若干种。

1. 技术按其作用划分,可分为生产技术、管理技术、产品技术等。生产技术是指被用于产品制造过程的技术,如一项新的工艺流程、新的测试手段、新的加工设备和手段。研究或引进生产技术的目标是提高生产效率和经济效益,改进产品质量或降低生产成本。管理技术是指用于整个研究、开发、生产、销售和服务活动组织的技术。在相同的生产条件下,不同的生产和服务的组织方式、不同的管理水平,生产相同产品的经济效益会大不相同。对某些公司来说,引进先进的管理技术有时要比引进产品和生产技术更为重要。产品技术是指被用来改变某一产品的性能的技术。这种技术可能是全新产品的发明,也可能是局部产品设计上的改进(如增加一部分功能,提高产品的使用功能,或扩大产品的使用范围、提高产品的质量或降低产品的生产成本等)。产品技术的概念也可以延伸到设计或改进一项服务。

2. 技术按其形态划分,可分为软件技术和硬件技术。软件(software)技术是一种无形的技术知识,包含着人们的知识和技能,如专利、商标、专有技术等。这些知识和技能可能通过教育和自学习得,可能经过长期生产实践和科学实验所积累,也可能通过技术贸易获得。硬件(hardware)技术也叫物质形态技术,是指在生产过程中以物质形态出现的智能技术,是实施软件技术必不可少的手段,如机器设备、测试仪器等。在国际技术贸易范畴里,软件技术和硬件技术是息息相关、密不可分的。硬件技术只有和软件技术结合在一起、作为软件技术实施的条件时,才能称其为硬件技术。

3. 技术按其公开程度划分,可分为公开技术、半公开技术和秘密技术。公开技术是指已经向社会公开的一般性科研成果,它主要包括基本原理和基础理论等。其表现形式为学术论文、学术报告和学术著作,这些学术成果一般发表在公开发行的出版物上或在某些学术会议上被宣读,它们可以自由地传播和被人们无偿地使用。受法律保护的专利等属于半公开技术,按有关法律规定,专利技术的内容应该公开,但在专利技术的法定有效期内,公开内容受法律保护,他人使用必须付费。但是发明人往往仅公开一部分内容,而对某些核心内容加以保密,因此称为半公开技术。秘密技术主要是指未经申请保护或不符合法律保护条件,而由技术的所有者靠自身的手段进行保护的技术。这类技术一般不为公众所知,如专有技术。

4. 技术按其所有权状况划分,可分为公有技术和私有技术。公有技术是指不需要为技术本身支付代价即可获得的技术。如超过法律保护期限的技术,专利技术过了法律保护期限,不再受法律保护;泄密的技术,原来处于保密状态下的技术秘密,被外界所知悉;通过非商业渠道可以获得的技术,如通过国际经济技术援助、科技交流、技术考察、技术座谈等渠道交流的技术。私有技术是指必须为技术本身支付代价才能获得的技术。如技术所有者拥有独占实施权的专利技术,技术所有者通过保密措施占有的技术秘密、商业秘密等。因此,只有私有的技术才是技术贸易的对象,公有技术则不是技术贸易的对象。

5. 技术按其法律状态划分,可分为工业产权技术和非工业产权技术。工业产权的技术,主要是指专利技术和商标权,法律授予其所有者财产独占权。非工业产权的技术,主要是指专有技术、提供服务的技能等,它们未经法定程序批准,所有者的技术不受专门法律的保护,只要公众通过正当手段了解和掌握它,便可以不受限制地加以传播和利用。

6. 技术按其发展阶段来划分,可分为传统技术、尖端技术和未来技术。传统技术指的是成熟的并被全社会广泛掌握和使用的技术,这种技术一般经过多年的实践应用,且往往应用于生产活动,拥有很强的生命力,但有可能在不远的将来被新技术所替代。尖端技术则一般是指少数国家拥有的、被少数人掌握的、应用于科技含量较高产品的研究和生产的技术,如核聚变技术、超大规模集成电路技术、光通信技术、智能机器人技术等。未来技术指的是尚未研究成功,并且正在开发的技术,如生物工程技术、空间技术、新材料技术、超导体海洋开发技术等。未来技术代表着技术的发展趋势。在某种程度上,未来技术与尖端技术很难区分,因为很多尖端技术还很不成熟,并在很多方面需要发展和改进,因此它们往往也同时属于未来技术。

二、技术转让

(一)技术转让的概念

技术转让是指拥有技术的一方通过某种方式将其技术出让给另一方使用的行为。物品转让是所有权的转让,与此不同,技术转让一般只是技术使用权的转让。一件物品只能完整地转让给一个对方,原物主也将因转让而丧失对该物品的所有权。一项技术可同时完整地转让给多个对方,且原有技术的持有者并不因转让而丧失对该技术的所有权。

技术转让是技术转移的一种特殊形式。技术转移是指技术从一领域转向另一领域或从一地区转向另一地区的过程。技术转让则是有特定双方的,有意识的,以援助、赠予或出售为方式的一类技术转移形式。

跨越国境的技术转让行为就是国际技术转让。国际技术转让包括非商业性的技术转让和商业性的技术转让。前者是指以政府援助、交换技术情报、学术交流、技术考察等形式进行的技术转让,这种转让通常是无偿的,或转让条件极为优惠。后者是指按一般的商业条件,通过一定的方式,以不同国家的法人或自然人作为交易主体进行的技术转让,即有偿的技术转让,通常称之为国际技术贸易(包括技术引进和技术出口两方面)。

(二)技术转让分类

1.按有偿性区别,技术转让可分为商业性技术转让和非商业性技术转让。非商业性技术转让指通过相互访问、参观、考察,及举办国际技术产品展览、技术座谈、学术交流、情报和科技文献等方式,无偿地获得各自所需的技术。商业性技术转让是技术转让的主要方式,也称为技术贸易,即将技术的所有权、使用权转让给对方。前者称为技术转让,后者称为许可贸易。按不同的标准,技术转让的划分方式是多种多样的,如按技术转让的目的和作用划分、按技术成果的成熟程度划分以及按技术的转让空间划分等。

2.按技术在生产过程不同阶段的作用,可划分为垂直转让与水平转让。垂直技术转让指技术成果的基础作用可使引进方进行垂直分工体系下的阶段研究和应用。或者可以将其定义为:技术从研究者到发展者再到生产者之间的传递,它沿着发明、创新和发展阶段不断进步,并且每经过一个阶段就更加商业化。垂直转让可以在一个组织内部进行,也可以在不同组织(比如说研究院和制造商)之间转移。

水平技术转让指各种研究成果向不同国家中相关的行业和领域的横向转移,更多的是将已开发的新技术、新工艺从原来的环境转移到另一个环境。水平技术转让中技术已经被商业化,转让的目的是要扩散技术,使之应用于其他领域。当公司希望最优化技术回报,但又不能在市场上销售最终产品时,就采取这种形式的转让。从工业化国家到发展中国家的技术转让往往是水平转让。

水平技术转让的技术通常未做改动,少许的改动可能只是为了适应技术受方当地条件或环境保护的要求。如果要对该技术做些改进,就需要把垂直型和水平型技术转让结合起来。

从国际分工和梯度理论来讲,垂直转让是指由技术水平高的国家向技术水平低的国家转让技术,或高梯度技术向低梯度技术的转让,多表现为技术从发达国家流向发展中国家,常常是以发达国家为技术供给方、发展中国家为技术受让方所进行的技术转让。水平转让是指技术水平或经济发达程度相同或相近的国家间进行的技术转让,或技术梯度相同国家之间的技术转让,多表现为发达国家之间或发展中国家之间的技术转让。

(三) 技术转让的内容及准则

根据《中华人民共和国技术引进合同管理条例》及其施行细则的规定,技术转让包括以下内容。

1. 专利权。专利是国家政府部门(专利局)根据发明人的申请,认为其发表符合法律规定的条件,而授予发明人在一定时期内的一种专有权。取得专利权的发明者称为专利权人,其本人获得了独占使用专利发明的权利。专利的保护期一般为20年。

2. 商标权。商标是指商品生产者或销售者用来表明其商品并使其商品区别于他人制造或销售的商品的特殊标志。这种标志可以由一个或多个具有特色的文字、字母、数字、图形、颜色组成,如"美的电器""格力空调"等。商标权是指商标所有人经政府主管部门(商标局)核准注册后取得的商标专用权。按各国商标法规定,一经取得商标权就拥有对商标的专用权,受到法律保护,所以同一商标的商品来自同一企业,商标就成为某一企业特定的商品象征。同一种类的商品总会有许多企业生产和经营,商标的基本功能是区分不同的商品生产者。商标不是商品质量的标志,它仅代表了使用此商标的企业信誉,但它是可以用来吸引顾客、扩大市场、推销商品而获利的工具。商标本身也是广告。各生产企业、经营企业往往通过报纸、杂志、电视、广播等媒体宣传企业商标,使消费者对此商标留下深刻印象而达到吸引顾客的作用。商标权的所有人可以有偿或无偿地许可他人使用其注册商标。否则,随意使用他人已注册的商标,被视为商标侵权,往往会受到法律的制裁。

3. 版权。版权又称为著作权,是指自然科学、社会科学以及文字、音乐、戏剧、绘画、摄影等方面的作品的著作人依法对其科学研究、文字艺术等方面的著作和创造所享有的权利。版权与其他知识产权不同,版权存在于有形的作品之中,与有形作品紧密相连但又不是作品本身。如知名作家写出的一部长篇小说,当他出版了这个作品后,该作品为购买者所有,但其版权仍为该作家所有,他人无权修改其作品。版权的内容包含精神权利和经济权利两个方面。版权所有人拥有有偿或无偿地让他人以复制、表演、播放、展览、发行、摄制电影或电视、改编、翻译、注译、编辑等方法使用其作品的权利。受版权保护的作品门类繁多,内容广泛,归纳起来大致分为:①文字和口述作品;②音乐、戏剧、曲艺舞蹈作品;③美术、摄影作品;④电影、电视、录像作品;⑤工程设计、产品设计图样及说明;⑥地图、示意图等图形作品;⑦计算机软件等。

4.专有技术。专有技术是具有一定价值的、可利用的、为有限范围的专家知道并未在任何地方公开过完整形式和不受工业产权法保护的技术知识情报、数据方法,或能用于实际,尤其能用于工业的技巧、经验和技艺。它可以是有形的图样、操作手册以及资料等,也可以是存在于人大脑之中的无形的技艺、技巧和诀窍等,甚至还包括应用于工业管理方面的知识、情报或技术经验。

专有技术具有以下特征:①专有技术是一种技术知识;②专有技术是实用性的技术知识;③专有技术是可传授、可转让的知识;④专有技术是处于秘密状态的技术知识;⑤专有技术是没有专利的技术知识。

专有技术依附于某项技术,具有秘密性。但一旦公开,任何人都可以使用。专有技术的应用范围极为广泛,既包括可用书面表达的各种生产、设计、制造工艺、商业管理等方面的技术知识,也包括无法用书面反映的实际经验和技巧。

在国际技术转让的实践中,技术出口方往往凭借其技术上的优势地位,迫使进口方接受一些不平等的条件,这些现象严重阻碍了国际技术转让的发展。1978年10月,联合国大会委托联合国贸发会负责起草的《国际技术转让行动守则》(以下简称《守则》)出台,此后又经多次修改。该《守则》草案规定交易各方的谈判地位应均等,任何一方不应滥用其优势地位的条件进行技术转让的交易,特别是涉及发展中国家的技术转让交易,从而达成彼此满意的协定。它还规定了技术转让当事各方应避免在合同中采用的20种限制性商业惯例。但是发达国家阵营和发展中国家阵营始终达不成统一意见,终因双方的严重分歧,该《守则》至今未获通过。但是,该《守则》草案总结了国际技术转让的一些惯常做法,提出了技术转让普遍应遵循的原则,在国际上有较广泛的基础,因而对指导国际技术转让、建立良好的国际技术贸易新秩序有着重要意义。

三、技术进步与经济增长

技术进步在商业上的表现是技术创新。熊彼特在1912年德文版《经济发展理论》一书中提出创新理论。在熊彼特看来,所谓技术创新,就是建立一种新的生产函数,也就是说,把一种从来没有过的关于生产要素和生产条件的"新组合"引入生产体系。这种新组合包括以下内容:①引入新产品;②引进新技术,即新的生产方法;③开辟新的市场;④开拓并利用原材料新的供应来源;⑤实现工业的新组织。概括地说,技术创新是以全新的或改进的技术为手段创造新的经济价值的一种商业活动,是新技术的首次商业化应用。熊彼特认为,技术创新和经济增长密不可分,创新实现的过程就是经济增长的过程。

(一)技术与经济发展的关系

从现实经验分析我们可以看出,技术发展与经济发展是互为条件、互相促进、彼此密切相关的。其原因如下。

1. 经济发展的需要是技术发展的前提条件。技术发展都是以一定的经济发展水平为基础的,技术的先进性应该与经济发展水平相对应。只有适应经济发展水平的技术才对经济发展有着很好的促进作用,甚至可能成为经济发展的动力;相反,脱离实际的技术则是畸形的。同时,经济发展会对技术提出要求,指导着技术发展的方向,它既是技术发展的物质基础,也是技术发展的最终目的。总之,经济发展是技术发展的支柱。

2. 技术发展是经济发展的必要条件。如今,技术发展是劳动生产率提高的根本原因。科学的发展加快了技术的进步,而技术的进步又使科学更快更好地转变为现实生产力,从而促进经济的增长。另外,在国际贸易中,高科技产品具有较高的附加值,这正是技术能够直接创造物质财富和价值的最佳体现。邓小平说得好,"科学技术是第一生产力"。

(二)技术对于一国经济增长的作用

经济学中,经济增长与经济发展是不同的概念。经济增长指的是一国潜在GDP或国民产出的增加,而经济发展指的是随着经济增长而同时发生的一国经济从传统形态到现代形态的转变,这种转变包含了经济结构、社会结构和政治结构的改善。可见,经济发展是比经济增长含义更广泛的一个概念,是经济增长的目的与结果。研究技术进步对一国经济发展的作用,我们只需分析清楚技术进步对于经济增长的作用就好。技术进步对于经济增长的重要作用主要可以从以下几个方面来体现。

1. 技术进步是经济发展的推动力。在熊彼特的创新理论中,技术创新是经济增长和发展的"主发动机",技术创新导致经济增长与发展。20世纪初,在一些发达国家的经济增长中,技术进步的贡献率仅占10%~15%。20世纪40年代后期以来的新的产业革命,信息技术、新材料、生物工程等领域的技术创新,使一系列高新技术产业迅速崛起,全球性的经济增长已远远超过此前自有人类以来的经济增长总量。美国1964—1976年国内生产总值(GDP)平均增长率为3.6%,其中依靠技术进步获得增长为2.6%,占71%。20世纪90年代,美国投资于高新技术产业的资金是其他产业的14倍,占GDP总值8%的计算机产业对GDP增长的贡献高达40%。日本1952—1968年GDP增长率为9.5%,其中技术进步因素占65%。目前,在一些工业发达国家,以技术创新为核心特征的技术进步对于经济增长的贡献份额已达到50%以上。我国改革开放以前,技术进步对经济增长的贡献率是负值;改革开放以来达到20%~30%,虽然低于发达国家的水平(50%以上),但与改革开放之前相比已经是很巨大的成就。

2. 技术进步会引起产业结构的调整。技术进步带给产业结构的影响需要从生产和需求两方面来分析。从生产方面看,由于技术在不同部门的发展速度通常是不一致的,因而技术进步带给不同生产部门的影响也是有差异的,从而导致不同产业劳动生产率提高的程度有所不同,这就会促使劳动力和资本向劳动生产率和利润率更高、资源利用更有效的行业转移,使得这些产业在经济中的地位得到提升。如果是重大的技术革命,技术进步会带来新产品、新行业,一方面使现有行业的劳动生产率和资金利用率不断提高,另一方面也会使一些落后的不经济的产品和行业消亡。从需求方面看,技术进步会不断创造出新的生产和生活需求,从而推动能够满足这些新需求的行业的发展,使一些过时的生产和生活需求消亡,相应的行业被淘汰。总之,技术进步会使整个经济中的产业结构都发生变化。

20世纪后期,由于信息技术发生重大变革,计算机和网络技术日新月异,信息技术产业(Information Technology Industry)开始崛起,自20世纪90年代以来,该产业在各国经济中的地位不断上升,计算机产业的劳动生产率比其他部门高出几十倍。以美国为例,美国以信息技术为核心发展高技术产业的战略在20世纪90年代获得成功,成为经济增长的主导产业。1995—1998年,美国1/3的经济增长来自蓬勃发展的数字经济,在GDP 4.1%的增长率中,信息产业的贡献达1.2个百分点;计算机和电信业对GDP增长的贡献率超过24%,进入21世纪以后,这一数字提高到29%。

3. 技术进步改变经济增长模式。经济增长模式指的是生产要素的分配、投入、组合的使用方式,包括外延型和内涵型两种类型。外延型经济增长是以增加要素投入量的方式来促进增长的,也就是我们常说的粗放型增长方式。内涵型经济增长是依靠技术进步改进投入要素的质量,通过提高劳动生产率来实现经济增长,即集约型增长方式。要实现增长方式从粗放型向集约型转变,从主要依靠增加投入转到以提高劳动生产率和经济效益为中心的增长模式上来,技术进步才是最有效的途径。

4. 技术进步带来生活质量的提高。从消费品供给角度看,技术创新带来消费品的新品种和已有产品的升级换代,而由于技术进步带来的产品成本以至产品价格的降低,使得人们在原价格下的消费档次有所提高。从消费品需求角度看,由于技术发展促进经济增长,人们的收入水平有了提高,消费的需求也日益升级,从而整个生活质量也得到提高。

总之,技术进步已经成为经济增长中关键性的因素,它影响着经济增长的方式、经济增长的产业特征、经济增长的构成以及经济增长的幅度。正是由于技术进步在经济增长中有重要作用,我们才更应该充分重视科学的发展,重视技术的研究与开发,重视高科技人才以及普通劳动者技术能力的培养,通过促进技术进步来推动经济的增长。

四、国际技术贸易

(一)国际技术贸易的含义

国际技术贸易(International Technology Trade)是指不同国家的当事人之间按一般商业条件进行的技术跨越国境的转让许可行为。向国外买主提供技术商品的行为是技术出口或技术输出;从国外技术提供者那里购买技术的行为是技术进口或技术输入。简言之,国际技术贸易是一种国际的以纯技术的使用权为主要交易标的的商业行为。

《中华人民共和国技术进出口管理条例》第二条对国际技术贸易有明确规定:本《条例》技术进出口是指从我国境外向境内,或从境内向境外,通过贸易、投资或者经济技术合作的方式转移技术的行为。条款规定的行为包括专利转让、专利申请权的转让、专利实施许可、技术秘密转让、技术服务和其他方式的技术转移。

（二）国际技术贸易的特点

由于技术商品开发中的创造性和非重复性，因此，在交易中它有别于一般商品贸易。国际技术贸易中，一般转让的只是技术的使用权，而非所有权，因此会产生技术使用是排他还是非排他的问题。此外，在国际技术转让中，软件技术和硬件技术是密不可分的，在硬件的交易中必然含有软件交易的内容，否则硬件转让将被视为设备的商品贸易。由于技术本身的特殊性与复杂性，技术贸易涉及技术、法律、商务等诸多问题，从谈判到达成交易要经过很长一段时间，而且合同期限较长。在合同的执行过程中，非常需要技术供给方与技术引进方的互信和密切合作。因此，技术转让的形式十分复杂，方式则灵活多样。总体而言，国际技术贸易有以下几个特点。

1. 所有权的垄断性。国际技术贸易的技术受让方所取得的只是技术知识的使用权，而不是所有权。在一项技术被转让之后，技术受让方、技术所有人均有权使用该技术，其他人也有可能使用此技术。因此，在国际技术转让中，除非双方约定一次性买断或卖断技术，受让方一般只能在约定的范围内享有技术的使用权，并且无权将此项技术擅自转让或赠送给任何第三方。对国际货物贸易而言，货物一旦被转让，原所有人便失去所有权，受让方则拥有该产品的所有权，他可以自由处理该产品，包括使用、转售赠送或出租该产品。

2. 技术信息的不对称性。从技术购买方的角度来看，对拟购买的技术不可能完全了解，技术的特殊性决定了只有在使用技术相当长的一段时间后才能真正了解技术、了解技术使用所必须具有的环境与条件。在技术贸易中，技术供给方在达成交易以前会保守技术秘密，而购买技术不可能像购买普通商品那样可以试用。在谈判初期，技术购买方可能得不到样品、图样，不能进入技术供应方的生产车间实地查看设备操作。在信息不对称的情况下进行技术购买，大大增加了技术贸易洽谈和成交的难度。

3. 交易价格的不确定性。技术品不能也没有必要像普通商品一样批量生产。同一技术所采用的研制手段和研究条件不同，开发成本也不同。此外，智力投入和研制条件常常难以量化，使得技术价格形成的规律比较特殊。由于需要投入大量复杂的智力劳动，在研究中的花费与技术交易的费用高，因此，技术的价格往往高出一般商品数倍。

4. 技术价值的时效性。一项技术从开始使用、逐渐普及、应用推广直到被另一种技术所取代的过程为技术的经济寿命周期。在科学技术迅速发展的今天,技术进步加速,技术的寿命日趋缩短,反映出技术有很强的时效性。一项技术产生后,若不及时转让,随着科技进步而产生的无形损耗很可能使其完全失去转让价值,在技术市场上变得一文不值。如果技术买方获得技术后使用不及时,或者迟迟不能掌握、消化不了,也很可能丧失使技术产生效益的市场机会。

5. 涉及问题和法律的广泛性。一般货物贸易要适用民法、合同法、买卖法(或外贸法),相关国家参加或缔结的有关国际货物贸易的双边或多边条约的有关规定,以及在国际货物贸易领域的大量惯例。但是技术贸易涉及的问题更多,面临的环境更复杂,如涉及工业产权保护、技术风险、技术定价、限制与反限制、保密、权利和技术保证、支持办法等。此外技术贸易中涉及的国内法律和国际法律、公约也比货物贸易多,如除了适用民法、合同法的规定之外,还应该遵守工业产权法、技术转让法等有关规定,以及该国参加或缔结的有关国际技术贸易的双边条约或多边条约的有关规定。因此,从事技术贸易的难度远比货物贸易大。

6. 政府干预程度的深刻性。一般来说,政府对技术贸易的干预程度要比对货物贸易大得多。技术出口实际上是一种技术水平、制造能力和发展能力的展示,所以,为了国家的安全和经济利益,国家对技术出口审查较严。另一方面,由于在技术贸易中,技术转让方往往在技术上有优势,为了防止其凭借这种优势迫使引进方接受不合理的交易条件,也出于对国内经济、社会、科技发展政策上的考虑,技术引进方通常也会对技术贸易给予严格的管理。

(三) 国际技术贸易的作用

国际技术转让与贸易有着悠久的历史,现代国际技术贸易主要是从第二次世界大战以后蓬勃发展起来的,尤其是近几十年来得到了飞速发展。无论在加强国际科技合作、传播科学技术、提高各国科学技术水平,还是在促进国际贸易和各国经济的发展等方面,国际技术贸易都发挥着不可忽视的重要作用。

1. 缩短发达国家和发展中国家的技术差距,加速发展中国家的现代化进程。在世界科学技术突飞猛进的今天,技术贸易已成为一国扩大对外经济合作与交流的一项重要工作。许多国家经济发展的道路充分说明,引进外国先进技术并使之本国化是提高本国生产水平、加速本国企业现代化、缩短与世界先进水平差距、发展本国经济的有效途径。18世纪的美国以及20世纪五六十年代的日本都通过大量的技术引进,实现了国家经济的跨越式发展。尤其是日本,战后的日本技术发展水平落后美国等发达国家二三十年,但是通过百亿美元的技术引进后,日本的技术已经可以和当今主要经济体相抗衡,甚至在某些领域领先世界。

2. 传播了科学技术并推动了科技进步和科技发展。"科学技术是第一生产力",邓小平同志特别强调,中国的经济发展离不开科学技术的进步。人类历史中经历的三次科技革命无一例外地都推动了人类文明的进步。同时,伴随科学技术的迅猛发展,技术贸易也得到了发展,因为国际科学技术的传播主要是通过技术贸易进行的。国际技术贸易额成倍发展的事实充分证明,科学技术的发展是促进国际技术贸易发展的动力。反过来,国际的技术交流与贸易又加速了科学技术突破国家界限,在世界范围内普及和提高。

3. 促进了国际贸易的全面发展。技术贸易不但丰富了国际贸易的内容和形式,也加强并扩大了国际贸易的深度和范围,使国际经济合作与交流进入更深的层次。首先,国际商品市场竞争十分激烈,拥有高、精、尖技术,能够发展技术密集型产业,制造和出口高技术产品的企业在市场上居优势地位,技术的先进与否已成为企业在市场上竞争成败的关键。其次,在市场上占据优势地位已超出某些企业的科技力量和资源能力,越来越需要采用国家间的合作研究和合作生产等带有技术转让内容的方式。再次,在跨国公司内部,通过技术转让方式使自己的技术流向其子公司,这样也就在世界范围内扩大了技术贸易的规模和贸易额,从而使跨国公司内部的技术转让在国际技术贸易中占据主导地位。最后,技术贸易已成为开拓市场的有力武器。当前,国际贸易保护主义盛行,直接出口产品往往会遇到很大的困难,可以利用转让技术迂回进入目标市场。此外,技术贸易不仅包括含有技术转让内容的设备、样机、测试手段等有形对象的交易,还包括专利技术、商标使用权、专有技术的转让,以及技术咨询、技术服务和合作承包等无形技术知识的交易。

(四) 国际技术贸易与国际货物贸易的区别

按照贸易的对象来划分,国际贸易可划分为一般货物贸易、服务贸易和技术贸易三大类。国际技术贸易与国际货物贸易均为国家间的企业、经济组织或个人通过商业途径进行的交易活动,它们均是国际贸易的重要组成部分,技术出口可以带动商品出口,商品输出可以促进技术输出。尽管如此,它们仍然是两种不同的贸易对象。两者有联系,又有很大的区别,其区别主要表现在以下几个方面。

1. 技术贸易是无形财产的转让,即交易的标的是技术知识和相关的权利,在具体业务中,除单纯的技术知识交易之外,也包含作为技术转让组成部分的机器设备等。人们有时把前者称为软件,把后者称为硬件,两者在交易中可以结合在一起。如果只涉及机器设备等,不带有任何无形技术知识,就不属于技术贸易,而是属于一般的货物贸易。

2. 技术贸易标的可以复制,也可以多次交易或许可给若干买方。在一般货物贸易中,购买了商品后,买方对该商品享有完全的占有权、使用权和处理权。但技术贸易则不同,买方进口某项技术后,并不是取得该技术的所有权(完全的所有权转让除外),而仅仅是取得了在一定期限内该技术的使用权、制造产品权和销售产品权等实施技术的权利。

3. 技术贸易中许可方的经济效益比一般货物贸易大,时间要长,可以多次转让。技术不同于有形商品,它是一种不经再生产过程而可多次转让的商品。这一特性,使得技术贸易中许可方的经济效益要比一般货物贸易高。

4. 国际技术贸易和一般货物贸易的作价方法不同。国际技术贸易的价格和一般货物贸易的价格构成存在着原则区别。一般商品的价格是一种相对固定的价格,是商品的生产成本加生产者所期望的利益。而技术贸易的价格(技术使用费)则是采用一种以技术被许可方所能得到的经济效益作为函数的变量计算得出的。使用技术的经济效益高,技术价值也大;相反,经济效益低,技术价值也随之降低。所以说技术的价格不等于该技术的研究开发费用加上所有方所预期的利润,其原因在于,所有人最初研究和开发技术通常不是为了转让,而是为本企业和公司的使用。如果技术的所有人指望把其技术研制费用全部转由一个技术被许可方来负担,那显然是不合理的,因为所有人已从本企业的使用收益中获得全部或部分补偿,而且又可通过多次转让技术实施权获得补偿和利益。但是,技术的定价中,研究和开发的成本仍是要考虑的因素之一。被许可方得益多少为基础计算使用费的办法,是由于技术使用费是许可方授予被许可方使用权的报酬,而不是技术贸易的价格。

5. 政府干预的程度不同。技术进出口涉及的不仅是技术本身,而且涉及国家经济发展和产业发展,因此,技术贸易不仅技术性强,政策性也很强。国际上,各国政府都尽可能控制引进技术的先进性、适用性、可靠性,对出口技术则制定了各种标准,以保持本国技术储备和在国际市场上的技术优势。为此,各国还制定了技术转让的法律、法规,建立了各种管理制度,如许可证制度、项目审查制度、合同审批和登记制度等,规定凡重要的技术引进和技术出口合同都必须呈报政府主管部门审查、批准或登记后才能生效。对于一般货物贸易,政府干预的程度则比较低。

6.国际技术贸易合同比一般货物贸易合同周期长。一般商品交易,从磋商签约到合同履行完毕,短则三四个月,长则半年或一年。即便是通过出口信贷项目下的资本货物(机电设备)的买卖合同,最多不过两三年(不包括贷款合同)。但是技术贸易合同则不同,一般都是一些连续性较强的长期性合同,技术合同的期限一般都在一年以上。

7.贸易的复杂程度不同。技术贸易涉及的问题,除供受双方的责任、权利和义务外,还涉及对工业产权的保护、对技术秘密的保护、限制与反限制以及技术风险和使用费的确定等特殊而复杂的问题,有些事项贯穿技术转让合同的整个有效期,甚至持续到合同有效期届满之后。此外,技术贸易所涉及的法律也比一般货物贸易复杂,除合同法等一般性法律外,还涉及工业产权法、税法、投资法、技术转让法等专门法规以及国际惯例。

(五)国际技术贸易与国际货物贸易的联系

1.国际技术贸易是国际货物贸易发展到一定阶段才产生和发展起来的。在一个国家的对外经济往来中,大都是先发展有形货物贸易,然后才逐步发展技术贸易。反过来,国际技术贸易一旦展开,以国际技术贸易为契机,将进一步推动国际货物贸易的发展。

2.国际技术贸易的产生和发展使得国际货物贸易与合作方式更加多样化。例如,国际工程承包与技术转让相结合、货物贸易与技术转让相结合、补偿贸易与技术转让相结合、机电设备与技术转让相结合等。国际技术贸易的开展,为国际货物贸易与国际合作的发展提供了更多的贸易方式和市场机会。

3.由于国际技术贸易的迅速发展,在技术先进的国家以及科学技术正在迅速发展的国家,技术贸易额已经或即将在国际贸易收支中占有重要地位。

4.科学技术的进步和科学技术向高、精、尖的方向发展,进一步推动了国际贸易的发展。同时,科学技术的迅速发展,加速了产品的更新换代,也必将改变国际贸易的商品结构。

第二节　国际技术贸易方式

一、许可贸易

许可贸易(Licensing Trade)也称许可证贸易,是指知识产权或专有技术的所有人作为许可方,向被许可方授予某种权利,允许其按许可方拥有的技术实施、制造、销售该技术项下的产品,并由被许可方支付一定数额的报酬。许可贸易的特点就是许可方允许被许可方使用其技术,而不转让其技术的所有权。这是技术贸易最基本、最重要的方式。

许可贸易按其标的内容可分为专利许可、商标许可、计算机软件许可和专有技术许可等形式。在国际技术贸易实践中,一项许可贸易可能包括上述一项内容(如单纯的专利许可),也可能包括上述两项或两项以上内容,称为一揽子许可。

在国际技术贸易中,许可使用是指知识产权所有人依据法律,在一定条件下许可他人使用其知识产权,即许可他人使用其专利权、专有技术权或注册商标权等知识产权。根据授权程度大小,许可方式主要分为独占许可、排他许可、普通许可、分许可和交叉许可五种方式。

(一)独占许可

独占许可是指在合同规定的期限和地域内,被许可方对转让的技术享有独占的使用权,即许可方自己和任何第三方都不得使用该项技术和销售该技术项下的产品,所以这种许可的技术使用费是最高的。

(二)排他许可

排他许可又称独家许可,它是指在合同规定的期限和地域内,被许可方和许可方自己都可使用许可项下的技术和销售该技术项下的产品,但许可方不得再将该项技术转让给第三方。排他许可仅排除第三方。

(三)普通许可

普通许可指在合同规定的期限和地域内,除被许可方允许使用转让的技术和许可方仍保留对该项技术的使用权之外,许可方还有权再向第三方转让该项技术。普通许可是许可方授予被许可方权限最小的一种授权,其技术使用费也是最低的。

(四)可转让许可

可转让许可又称分许可,是指被许可方经许可方允许,在合同规定的地域内,将其被许可所获得的技术使用权全部或部分地转售给第三方。通常只有独占许可或排他许可的被许可方才获得这种可转让许可的授权。

(五)互换许可

互换许可又称交叉许可,是指交易双方或各方以其所拥有的知识产权或专有技术,按各方都同意的条件互惠交换技术的使用权,供对方使用。这种许可多适用于原发明的专利权人与派生发明的专利权人之间互换技术。

二、技术服务与技术咨询

(一)技术服务

技术服务与技术咨询服务实际上是两种既有联系又有区别的技术贸易方式。技术服务,是技术贸易供受双方就某项工程技术的服务和人员培训以及技术经验和经营管理方面的传授,达成服务契约所实施的技术贸易方式。它通过合同规定有关技术服务的性质和内容;服务范围和时间;专家派遣人数;资格审定和待遇安排;完成任务的定额;培训人数、地点、方式以及培训后达到的水准;有关技术服务费用的规定;技术服务的验收以及违约处理方面的规定,等等。

(二)技术咨询

技术咨询是由技术服务方向技术受方提供的一种技术服务。技术服务方负责解决技术受方所提出的技术课题,或向技术受方提供某种技术服务。技术服务方是一个独立的法人单位或个人,它所提供的服务范围很广,小的只负责某个单项专题的调查研究和提供某个具体的技术方案,大的可以承担整个大型工程项目的技术指导。技术咨询的特点是,咨询的双方当事人的关系是雇佣关系。咨询一般以工作量计算收费,但某些单项技术专题也可以按件定价。

当为某工程项目聘请咨询公司时,咨询公司是以雇主代理人的身份行事的。它可以为雇主做工程项目的可行性研究,做基本设计和详细设计,或为雇主审核工程承包商的设计,为雇主制订招标任务书并负责办理招标和审查投标事宜,向雇主推荐分项工程的分包单位和生产设备的供应单位,监督工程进度、工程质量和工程成本,以及指导生产、经营管理等。雇主可以根据情况聘请一家咨询公司承担上述全部任务,也可以聘请几家咨询公司分别承担其中某一阶段的任务。一般说来,咨询公司的技术力量雄厚,与设备器材生产厂有广泛的联系,可以准确及时地为雇主选购设备。西方发达国家和发展中国家的企业在进口技术设备或计划开始某个工程项目前,往往都与咨询公司签订合同,以获得专门的技术咨询。

三、合作生产

对于合作生产,有多种不同的理解。从国际技术贸易的角度来看,合作生产是指分属不同国家的企业根据它们签订的合同,由一方提供有关生产技术或各方提供不同的有关生产技术,共同生产某种合同产品,并在生产过程中实现国际技术转让的一种经济合作方式。

合作生产中的一方或各方拥有生产某种合同产品的特别技术,在合作生产过程中通过单向许可或双向交叉许可的方式,可能再辅以一定的技术服务和咨询,从而实现国际技术转让。

合作生产作为国际技术贸易方式,并不是一种独立的、基本的技术贸易方式,实际上它只不过是建立在各方合作生产目的之上的许可贸易与技术服务和咨询而已。这种技术贸易的目的与单纯的技术贸易不同,它是为各方的合作生产服务的。总体而言,合作生产有以下几个特点。

(一)合作的过程即是转让技术的过程

合作生产是一种带有技术的生产转移或技术服务合作关系的贸易。通过合作生产,技术较强的一方将该产品的生产技术知识传授给合作方。因此,合作的过程也就是转让技术的过程。比如中国企业和外国企业签订合作生产合同,通常由外国企业提供生产方案和技术指导,由中国企业按提供的方案生产合同规定的部件,以后再提高我国企业生产部件的比例,最后达到全部由中国企业生产。

(二)合作双方各自生产、独立核算

合作生产的技术转移和机器设备、配套件、零部件工具的提供可以是互相

的,也可以是单方的,无论是互相提供或是单方提供,对于提供的技术和其他硬件都要分别计价,按双方商定的价格分别或者单方支付价款。双方是买卖关系,硬件部分属于一次买断。技术转移的计价和支付可以按许可证贸易的形式进行结算。按照合同规定分别生产和制造自己承担部分的部件,或者按照对方技术,全部由一方制造合同产品。双方分工明确,责任明晰,各自完成自己的任务,为共同制造出合同产品而互相合作。

(三)双方合作关系维系时间较长

合作生产涉及合同各方在合作生产的活动中共同拟定开发计划、共同研制、按专业化分工各自生产不同的零部件,然后相互提供配件并装配成整机出售等系列环节。合作生产一般是双方在生产领域的合作,但实际上有时也包括流通领域、科研领域的合作。所以,合作生产中双方合作关系维系的时间较长,仅在个别情况下合作关系是短期或者一次性的。

四、特许经营

特许经营也叫特许加盟经营、特许加盟、连锁经营或连锁加盟。它一般是指由一家已经取得成功经验的企业(即特许方),将其商标、商号、企业名称、服务标志、技术秘密以及经营管理的方法等完整的生产、销售和经营管理技术特许给其他愿意加盟的企业(即加盟方、被特许方)的一种技术许可行为或贸易。特许经营有以下两个特点。

(1)被特许方要自筹资金。这是一种融资和分销系统相分离的模式。被特许方是提供经营资金,并且独立地与特许方打交道的法人。即各个使用统一商号名称的特许专营企业并不是由一个企业主经营的,被授权人的企业不是授权人的分支机构或子公司,也不是各个独立企业的自由联合,它们是独自经营、自负盈亏的企业。授予人不保证被授予企业一定能获得利润,对其企业的盈亏也不负责任。

(2)特许经营合同是一种长期合同,它可以适用于工商业和服务业,也可应用于工业。特许经营是发达国家企业进入发展中国家的一种非常有用的形式,其风险小,发展中国家的厂商也乐于接受。

五、国际工程承包

国际工程承包,这里主要是指"交钥匙项目"(Turnkey Project),即某一工程项目的承包人与项目所有人签订协议,并按协议规定的条件完成某项工程任务。国际承包商对工程的方案选择、建筑施工、设备供应与安装、人员培训直至试生产承担全部责任,也就是说,承包商自始至终对业主负责。

国际工程承包的方式主要适用于大型的新建项目,如大型发电站的建设、现代化机场的修建,以及机械制造或化工厂等成套生产线的新建或扩建。这些项目的特点是:①项目规模大、投资多;②项目的内容复杂,有设备采购、技术引进、建筑施工、技术服务和设备安装等环节;③与技术有直接关系,大部分项目都是采用了新工艺或新技术,目的是为了促进产品的更新换代,填补某一行业的空白,因而会涉及技术许可或转让的问题;④从贸易的性质来看,国际工程承包是一种综合性极强的经济活动,既有商品出口,又有技术许可或转让,还有劳务输出等。国际工程承包按照承包人、发包人承担的责任不同,可分为以下五种。

(一)独立承包或者总承包

独立承包或总承包即从投标报价、谈判、签订合同到组织合同实施,不论是否有对内、对外转包或分包,都由第一承包人对业主或发包人负全部责任。

(二)分包

分包是指在整个项目工程中只承包单项工程或其子项,或某项工程的承包业务,分包人只对合约方负责。分包方式有两种具体情况:第一,无总承包商,一个工程项目分为若干个分项目,由若干个承包商分别直接承包。第二,承包商对一项工程承包后,经业主或其委托人同意,将工程中的一部分项目分包给其他承包人,也称为二包。在前一种情况下,各承包商之间是平等的关系,各自对业主负责,后一种情况下,除非是业主指定的分包商,否则分包商不与业主发生直接关系,只接受分包合同的约束和支配。

(三)合作承包

合作承包指合作双方事先达成合作承包协议,以各自的名义对外参加投标,不论哪家中标,都按合作协议共同完成项目的承包形式。

(四)转让或转包

转让或转包是指经业主或监理工程师同意,在不改变已签订合同内容的条件下,把工程项目的全部或部分转让给另一承包人的承包方式。

(五) 承包代理

承包代理即以承包人的名义和利益,代表承包人向第三者招揽生意,代办投标和有关承包的其他事项等服务,并按代理协议收取佣金的中介方式。

六、利用外资

利用外资引进技术是将利用外资和引进技术结合起来,在利用外资的同时,又能引进国外先进技术和设备,这是当前国际经济技术合作领域中一个新的发展潮流。它对一国经济的发展起着重要作用。归纳起来,目前国际上利用外资引进技术的方式主要有如下几种。

(一) 合作经营

利用合作经营进口技术,是外国投资者以工业产权和专有技术作为投资的一部分,即技术资本化。进口方可以同时利用外国资金和技术,双方利益紧密结合,更有利于促进许可方系统地提供先进技术,使技术不断更新。

中外合作经营企业是中外合作者投资或者提供合作条件,以现金、实物、土地使用权、工业产权、非专利技术和其他财产权利,在中国境内共同举办的合作经营企业;在合作企业合同中约定投资或者合作条件,收益或者产品的分配、风险和亏损的分担,经营管理的方式和合作企业终止时财产的归属等事项,一切按合同约定办理。国际上称此为"契约性合资经营"。但合作企业必须符合中国法律关于法人条件的规定,依法取得中国法人资格。遵守中国的法律和法规,不得损害中国的社会公共利益。合作企业是扩大出口和进口高新技术的有效途径。我国《中外合作经营企业法》第四条规定:"国家鼓励举办产品出口或者技术先进的生产型合作企业。"因此,国家在很多方面给予合作企业以优惠政策。

(二) 合资经营

合资经营是指由两个或两个以上不同的公司、企业、其他经济组织或个人依据东道国的法律,在东道国共同投资、共同经营某一企业,并由双方共担风险和共享利润的经营方式。它包括两种形式,即股权式合资企业和契约式合资企业。前者在我国又叫中外合资经营企业,中外双方利润的分配和风险的承担均以投资比例为准;后者在我国又叫中外合作经营企业,中外双方利润的分配和风险的承担均在合同中加以约定。

中外合资经营企业的投资双方,可以用现金、实物、工业产权、专有技术和土地使用权等作为出资。在实践中,有许多情况是外方用自己的技术作为投资,这实际上就是向合资的对方进行了技术许可或转让。目前,我国通过合资方式已经引进了不少国外的先进技术,例如汽车制造技术、浮法玻璃制造技术、彩色显像管制造技术等。

(三) 补偿贸易

补偿贸易是指交易的一方向另一方提供技术、设备,而引进技术或设备的一方在约定的期限内以其产品形式偿还技术、设备价款本息的做法。它主要有直接补偿和间接补偿两种形式。前者是指用引进的技术、设备所生产的产品返销对方,以返销产品抵偿引进技术、设备的价款,这是补偿贸易中最基本的形式;后者是指用双方约定的其他产品,而非用引进技术、设备生产出来的直接产品来抵偿引进技术、设备的价款。补偿贸易主要用于对现有老企业进行技术改造和技术革新,从而提高现有企业的生产能力和改进产品质量。值得注意的是,并非所有的补偿贸易形式都属于技术贸易方式,单纯提供设备、原材料而不包含技术许可或转让的,不应归类于技术贸易方式。

(四) 国际 BOT

BOT 是英文 Build – Operate – Transfer 的缩写,意思是指建设—经营—转让。从狭义上理解,BOT 是指建设方承担某个既定的工业项目或基础设施的建设(包括建设、经营、维修和转让),在一个固定的期限内运营设施并且被允许在该期限内收回对该项目的投资、运营与维修费用以及一些合理的服务费、租金等其他费用。在规定期限届满后,将该项目转让给项目方的政府。

BOT 经历了数百年的发展,为了适应不同的条件,衍生出许多变种。例如 BOOT(Build – Own – Operate – Transfer), BOO (Build – Own – Operate), BLT (Build – Lease – Operate)和 TOT(Transfer – Operate – Transfer)等。广义的 BOT 概念包括这些衍生品种在内。人们通常所说的 BOT 应该是广义的 BOT 概念,"建设—经营—转让"一词不能概括 BOT 的发展。

BOT 实质上是基础设施投资、建设和经营的一种方式。以政府和私人机构之间达成协议为前提,由政府向私人机构颁布特许,允许其在一定时期内筹集资金建设某一基础设施并管理和经营该设施及其相应的产品与服务。政府对该机构提供的公共产品或服务的数量和价格有所限制,但保证私人资本具有获取利润的机会。整个过程中的风险由政府和私人机构分担。当特许期限结束时,私人机构按约定将该设施移交给政府部门,转由政府指定部门经营和管理。BOT 一般适用于一个国家的公共部门和基础设施方面的一些大型项目,如电站、机场、高速公路、环保设施、通信设施以及工业园区等,期限一般为 15~20 年。

第三节 国际技术贸易的产生、现状及发展

作为生产要素的技术,一经问世就产生了传播或转移这一带有普遍意义的问题。一些先进技术总是通过各种渠道不断传播、扩散到世界各地,对各国经济发展产生重要影响。从世界范围看,受社会分工的发展状态和社会法律制度完善程度两个方面的影响,技术的传播有其客观规律及历史进程;而当代各国的经贸关系,无论是全球的,还是地区的,都有较深远的历史渊源。各国的贸易对象、贸易方式、贸易条件、贸易政策以及国际经济秩序的形成,也都带有相应的历史痕迹。因此,研究技术贸易的历史有助于深入认识国际技术贸易。

一、国际技术贸易的产生

(一)国际技术贸易的雏形阶段

国际范围的技术转让有着悠久的历史。早在公元 6 世纪左右我国就有养蚕、丝织的技术,后来通过"丝绸之路"传到了中亚、西亚和欧洲;我国发明的造纸、火药、印刷术在公元 12 至 15 世纪先后传到了欧洲,前后花了 500~600 年的时间;公元 13 世纪意大利发明了眼镜技术,至公元 16 世纪传到了日本,历时 300 年;16 世纪初,德国发明了机械表技术,在 100 多年后的 17 世纪初,日本和中国也先后获得了这种技术;引起欧洲农业革命的耕作方法,源自中国公元 6 世纪的"精耕细作";美国第一口油井是采用中国宋朝开采天然气的"竹篾缆绳法"钻探成功的。但同时可以看到,由于交通工具的限制和国际语言文字的障碍,技术传播的速度非常缓慢。专利制度的建立是进行大规模国际技术转让活动的重要前提,极大地推动了技术转让活动的开展。

世界上最早的专利可以追溯至英国王室曾授予波尔多市民制作花式纺织

品15年的垄断权。据有关文献记载,1412年以后,威尼斯共和国曾将垄断权授予发明印刷术的斯波尔。1474年威尼斯制定了专利法,国家以法律手段保护和管理技术发明的所有权,这标志着技术发明有可能纳入交易的范围。尽管这一时期具体的技术买卖活动没有确切的记载,但到了1550年,仅威尼斯授予技术发明者的占有权就超过了100项。这表明,在16世纪中期,技术贸易所需的社会分工条件和社会法律制度已基本具备。不管当时的技术转移以何种形式进行,这种技术转移已体现出商品交换的属性。

受到当时历史条件的限制,国际技术贸易处于雏形阶段,主要表现在:

第一,作为商品的技术发明非常有限。这是因为,在技术并不发达的情况下,从事技术研究和发明的劳动者数量不多,技术发明也相对较少;在封建生产关系中,相当一部分技术发明被封建主无偿占有,在十分狭小的范围内应用;在专利制度尚不完备的情况下,部分发明得不到法律保护,部分发明依赖封建王室的恩准认可,这使得技术专利仅得到有限的保护与应用。

第二,技术劳动力的流动和雇佣关系是技术贸易的初级形式。在封建制度下,技术劳动力的人身依附制约了技术发明的推广应用。在15世纪,资本主义的雇佣关系逐步取代封建制度下的劳动力人身依附关系。同时,较为发达的商业及航海技术已使一般物质产品的买卖交换突破了国界,技术劳动力自由谋生和去国外谋生的要求日益强烈,不少技术发明者企图在实施专利制度的国家转让自己的技术发明和发挥其生产技能,以便从事进一步的研究发明。

当然,在这一时期,技术工人的广泛流动只是为技术贸易的发展提供了有利条件。流动的技术工人只有在实施专利制度的国家定居下来,才能转让技术。并且这种转让由于技术发明与经验技能的融合性,不一定是技术与货币之间的交换关系,而以较高的劳动报酬形式,体现于技术发明人和雇主的关系之中。因此,从理论上说,技术贸易的初级形式伴随了劳动力的自由转移和雇佣关系。

(二)国际技术贸易的成长阶段

18世纪初至19世纪中叶的英国工业革命使技术贸易发生了革命性的变化,是技术贸易方式的分水岭和转折点。在此之前的时代,技术转让主要依靠"人的流动"实现。英国工业革命后,技术转让就不仅仅依靠人的流动,而更多的是依靠贸易实现的。技术物化在商品中,随着商品的流动而流动。贸易发达了,技术转让也就增多了。

英国工业革命的成功使世界经济、工业生产、科学技术都有了极大的进步。据统计,在1820—1850年,全世界工业生产量增加了5倍。如1850年,世界船舶总吨位已达900万吨,航海技术的进步大大促进了洲际联系。电报的出现,无疑是这个时代通信技术的最伟大进步。所有这些都对国际的技术转让起到了巨大的推动作用,国际技术的转让活动也从原始的"梯度式"发展到现代的"跳跃式",即技术的转让不受地理条件的限制,可以跳过邻国,通过现代化的电信传输手段把技术在很短的时间内直接从供方转移到接受方。

第一,大部分技术发明以先进和改良后的生产工具为存在形式并用于交换。在工业革命以前,知识形态的技术主要潜在于劳动者体内,技能是反映和评判技术属性的主要标准。工业革命以后,动力和大机器的采用取代了传统的生产方式,劳动工具的发明和革新是表现技术知识先进性和实用性的主要依托。在这一时期中,一般劳动工具的买卖和物化技术装置的贸易结合在一起,既增大了商品贸易的规模,又为以后独立形态的技术交易奠定了基础。

第二,资本主义法律制度取代了封建强权,成为技术发明和技术使用权转让的社会保障。资本主义生产方式确立以后,私有制得到了充分的强化。由于资本主义所有制占主导和统治地位,任何技术发明都只有与资本结合起来,才能为资本所有者带来利润。受资本主义经济规律的制约,资本主义集团为发明技术和垄断技术进行了激烈的竞争,为了缓和并协调资本主义集团间的矛盾,在客观上需要一种完美的、系统的法律制度,以明确技术发明的独占权、使用权及转让条件。随着资本主义经济法规的完善,资本主义法律制度尤其是专利和贸易法规成为技术贸易的保障。

(三)国际技术贸易的发展阶段

现代意义的技术贸易是通过技术的商品化并伴随着资本主义商品经济的发展而逐步发展起来的,将技术知识作为一种商品来进行买卖最早出现在18世纪的西欧。因为在当时的西欧,专利制度的形成和专利法的颁布使专利买卖得以产生,并逐步发展为现代的专利技术许可证贸易。此后,许可证贸易的内容由专利技术扩大到专有技术和商标。到19世纪,技术贸易在一些科学技术发达、国内市场广阔的西方工业发达国家有了进一步的发展,但当时主要是在国内市场进行。直到19世纪末20世纪初,在大多数西方工业国家都建立了以鼓励发明创造和保护发明者权利为宗旨的专利制度,以许可证贸易为主要形式的技术贸易在这些国家间迅速展开。到这时,国际技术贸易才开始发展起来。

两次大战后,整个世界政治、经济形势都发生了巨大的变化。在这种情况下,国际技术贸易不论其内涵或方式都有了巨大变化,国际政治、军事的因素开始影响技术贸易。国际化经营兴起后,直接投资、技术转让便自然而然地成为当代企业经营战略上可供选择的经济活动内容。跨国公司在国际经济活动中举足轻重的地位,以及它们所拥有的庞大资本和先进技术,决定了它们成为当代国际技术贸易的重要实体。

20世纪80年代以来,特别是进入21世纪后,以信息为主导的新技术革命突飞猛进,全球经济进入了一个全新的发展时期。各国之间的经济竞争,归根结底是技术水平科技竞争力的较量,只有科技进步才能推动经济以最快的速度发展。因此,许多国家都大力发展科技,增加科技投资,积极扩大高新技术及其产品的出口。在新形势下,国际技术贸易呈现出更为复杂的状况,表现出更强的发展势头,主要体现在以下几个方面:第一,东西、南北关系让技术贸易问题日趋复杂;第二,知识积累速度空前加快,技术生命周期大大缩短,新技术不断涌现,为技术贸易增添了丰富的内容;第三,对技术贸易的学术研究空前活跃。

二、国际技术贸易的现状

"科学技术是生产力"已被世界各国普遍认同,为此,各个国家竞相开展国际技术转让活动。随着国际技术贸易中技术转让活动的日益增多,国际技术市场的竞争也日趋激烈,使当前的国际技术贸易出现了以下现象。

(一)发达国家在国际技术市场上占有统治地位

长期以来,国际技术转让活动主要集中在发达国家之间进行,发达国家的技术贸易额占世界技术贸易额的80%以上,而且主要集中在美、英、法、日、德等少数几个国家。这是因为它们既是技术的出口大国,也是技术的进口大国。从1995年至2010年的数据统计来看,发展中国家的技术进出口无论在数量上还是在种类上都有了长足的发展,但它们在国际技术市场上的份额极为有限,一般占国际技术贸易总额的10%左右,而这10%的技术贸易额还局限于少数几个新兴工业化的国家。实际上发展中国家在国际技术市场上所扮演的主要是接受者的角色,这主要与其经济发展水平低和技术水平落后有关。

(二)软件技术在国际技术贸易中的比重日益提高

20世纪80年代以前,国际技术贸易主要通过引进和出口先进设备等硬件来进行,以软件为交易对象的交易较少,进口国往往以购买设备等硬件为目的兼买软件。进入20世纪80年代以后,这种状况发生了根本性的变化,以许可贸易形式进行的软件交易占据了主导地位。技术的进口国往往为了购买某项专利或专有技术而附带进口设备。尤其是发达国家间的技术贸易,软件技术的转让已占其技术贸易额的80%以上,美国的软件技术销售额每年递增30%以上。近些年来,发展中国家开始注重技术引进的效益,减少硬件的引进,软件技术正逐渐成为其技术引进的主要标的。

(三)发达国家的跨国公司控制着国际技术贸易

国际技术贸易不仅集中在少数几个发达国家,而且被这些国家的跨国公司所控制。据统计,西方国家的跨国公司控制着发达国家技术贸易的绝大部分,发展中国家技术贸易的少量贸易额也被控制在它们手中。这主要与这些跨国公司资金雄厚、技术力量强大、重视技术开发并拥有众多的专利技术有关。正是跨国公司在技术贸易中的垄断地位,使其在技术转让的谈判中处于有利地位,它们往往以垄断高价向发展中国家出售其技术,并附加一些诸如限制性采购等条件。跨国公司转让技术一般与资本输出和商品输出相结合,通过在东道国建立子公司或合资公司进入。

(四)国际技术市场上的竞争日趋激烈

国际技术市场上的竞争主要表现为发达国家之间的竞争。美国的技术出口遍及全球,日本的技术市场主要是亚洲,法国多向非洲国家出口技术,东欧则是德国的技术市场。发达国家为保持原有的技术市场或扩大其技术市场份额,都在不断地进行技术的开发。美国为保持其对尖端技术的垄断,严格控制本国先进技术的外流,并经常运用国家安全机密法和出口管制法来限制某些先进技术的出口。与此同时,英、法、德三国也不甘落后,为了争取市场份额,经常联合开发与研究,如它们在20世纪70年代合作研制的空中客车飞机已对美国航空技术的垄断地位构成了威胁。国际技术领域中的竞争正成为新一轮贸易战中的主要焦点。

三、国际技术贸易的发展趋势

近年来,由于新技术革命的进一步深化和高技术产业的兴起,以及国际经济贸易关系的复杂多变,世界技术贸易的发展出现了许多新的趋势。

（一）硬件与软件、专利与专有技术在技术贸易中日益交融

在现代国际技术贸易中，单纯地购买设备逐渐被软硬件技术一揽子买卖所代替。事实上，先进的技术设备如没有配套的工艺流程和方法就难以发挥应有的功效；如不了解掌握技术设备的设计原理、制造工艺以及必要的技术资料，技术购买者就很难仿制或在原设备基础上改进和完善。在专利制度下，对先进技术的垄断不仅需要法律的保护，同时也需要发明者的自我保护。由于专利技术必须向社会公开，技术发明者对某些最关键的工艺技术、配方比例以及制作流程等内容并不申请专利，而作为专有技术保密。因此，在现代国际技术贸易中，一项技术转让所涉及的技术形态和类别可能是多种多样的。

（二）国际技术贸易正在由单向过渡到双向

长期以来，工业发达国家一直是技术和技术产品的输出国，广大发展中国家则为技术的输入国。而且由于产业部门技术发展水准上的差异，工业化国家间的技术贸易占主要地位的世界技术贸易格局近期内不会有太大变化。然而，随着技术、资金设备的转移和扩散，以及许多发展中国家经济上的崛起，这种局面将被打破。随着经济技术的发展，尤其是高科技的发展，一些发展中国家的技术输出也不断发展，它们的技术不仅向其他发展中国家出口，而且也加速向发达国家出口，例如20世纪90年代从亚洲"四小龙"的技术密集型产品进口就占了美国高技术产品进口的18.9%。

（三）国际技术贸易活动呈现区域集团化

与一般货物贸易一样，国际技术贸易中的保护主义也在加强，但各区域集团内部的技术贸易额却在持续增长。自20世纪70年代以来，以欧盟为代表的区域集团成员之间的技术贸易活动以平均每年13%的速度增长，并且随着欧盟统一市场的形成，这种增长势头在进一步加速。世界其他区域集团，如北美自由贸易区、东南亚自由贸易区等，也都在加速联合的步伐。

（四）国际技术贸易知识产权保护的国际化

在当前的国际经贸活动中，知识产权问题已经和贸易日益紧密地结合起来，出现了"与贸易有关的知识产权"这一新名词。发达国家主张将知识产权直接与贸易相结合，用贸易手段推动知识产权的保护。为能更好地处理贸易与知

识产权保护的争端,知识产权保护的国际化已成为大趋势。国际技术贸易的发展离不开一个比较完整的国际技术市场的建立,而市场机制又必须建立在对以工业技术为主的知识产权的保护上。知识产权的拥有者迫切需要知识产权的国际保护。100多年来制定的许多保护知识产权的国际公约和条约,已不适应形势发展的需要,必须加以修改,并使各缔约方的国内立法与之相协调,逐步向统一标准靠拢。

(五)国际技术贸易的结构呈现不断升级的趋势

从科技发展角度看,高科技正在由"幼年期"步入"成年期",其研究在许多领域已有重大突破,并从单纯研究阶段进入产业开发阶段,信息技术、生物技术、微电子、计算机的开发具有相当规模。这种技术本身及其产品极大地改变了国际贸易的结构。同时,高科技的市场规模也在不断扩大,在整个世界范围内,技术贸易的结构呈现不断升级换代的趋势。

思考练习题

思考题

1. 技术有哪些分类?请对我国技术水平在国际上的位置做简要描述。
2. 区分技术贸易主要有哪些方式?比较一下它们的利与弊。
3. 请结合实例阐述当代国际技术贸易的发展趋势。

练习题

一、单项选择题

1. 技术按其形态可分为(　　)。

　A. 工业产权的技术和非工业产权的技术

　B. 应用技术和尖端技术

　C. 公有的技术和私有的技术

　D. 软件技术和硬件技术

2. 国际技术贸易是指国际的技术(　　)转让。

　A. 有偿　　　　B. 等价　　　　C. 无偿　　　　D. 交换

3. 国际技术贸易的实际交易是转让技术的(　　)。

A.所有权　　　　B.制造权　　　　C.使用权　　　　D.产品销售权

二、多项选择题

1.国际技术贸易的方式有(　　)。

A.合作生产与合作设计　　　　B.工程承包

C.技术服务与技术咨询　　　　D.直接投资

E.间接投资

2.国际技术贸易与国际货物贸易的区别是(　　)。

A.贸易的对象不同　　　　B.贸易的经济效益不同

C.贸易的复杂程度不同　　　　D.前者比后者简单

E.政府的干预程度不同

3.技术贸易发展的趋势是(　　)。

A.硬件技术与软件技术、专利技术与专有技术在技术贸易中日益交融

B.国际技术贸易正在由单向过渡到双向

C.国际技术贸易活动日益呈现区域集团化,技术保护主义加强

D.国际技术贸易活动与知识产权保护的关系日益密切,从而促进知识产权保护的国际化

三、填空题

1.专有技术是具有_____、_____、_____专家知道并未在任何地方公开过完整形式和不受工业产权法保护的技术知识情报、数据方法,或能用于实际,尤其能用于工业的技巧、经验和技艺。

2._____是指在合同规定的期限和地域内,被许可方对转让的技术享有独占的使用权,即许可方自己和任何第三方都不得使用该项技术和销售该技术项下的产品。

3._____指合作双方事先达成合作承包协议,以各自的名义对外参加投标,不论哪家中标都按合作协议共同完成项目的承包形式。

四、简答题

1.简述国际技术贸易的方式。

2.简述国际技术贸易的各个发展阶段及特点。

第二章 国际技术贸易合同概述

学习要点与要求

1. 掌握国际技术贸易合同的概念与结构,了解其特征
2. 熟悉国际技术贸易合同的划分方式与相应的类型
3. 掌握国际技术贸易合同的基本条款与特殊条款
4. 了解国际技术贸易合同的认定登记与注意事项

引导案例

1984年5月,我国A厂与外方B公司签订了一份技术转让合同,合同中规定,B公司向A方提供一整套生产若干品种西药的技术(包括配方、工艺流程、技术标准以及质量控制等)。A方以提成的方式,按照产品净销售额的5%向B公司支付技术使用费,合同期限是10年。合同生效以后,外方将全部的有关技术资料交给中方,并派技术人员来华帮助具体实施。在双方的共同努力下,中方很快掌握了技术并生产出合格产品,打入国际市场。

但是由于在技术转让合同中没有对"产品净销售额"这个概念加以必要的定义,在中方支付提成费用时双方发生了争议。

中方认为:

$$产品净销售额 = 销售总额 - 销售退回 - 折扣 - 包装费 - 运输费 - 保险费 - 销售费 - 税款$$

外方认为:

$$产品净销售额 = 销售总额 - 销售退回 - 折扣$$

这样双方产生了分歧,中方计算的产品净销售额是400万美元,提成是20

万美元;外方计算的产品净销售额是500万美元,提成25万美元。

双方多次交涉,最后采用折中的方法,中方支付了22万美元解决本案。

依据本案例,请思考如何避免类似的纠纷。

第一节　国际技术贸易合同的概念、结构与特征

一、国际技术贸易合同的概念

国际技术贸易合同,也可称作国际技术许可合同或国际技术转让合同,一般是指技术的许可方将其所拥有的技术的使用权交给被许可方使用,由被许可方按照合同中商定的条件来支付技术使用费的合同。

国际技术贸易合同为不同国家的当事人之间签订的技术转让合同,其虽以转让技术知识为中心,但往往又和原料、机器设备、资金借贷、资本输出等交易结合起来进行。被许可人只能在合同规定的范围内行使其权利,并按照约定支付使用费用。许可人也要按照约定交付技术资料并提供必要的技术指导。

一般来说,一项有效的国际技术许可合同必须满足三个基本条件:第一,许可方必须是相关知识产权的所有人或者得到所有人的授权;第二,所许可的知识产权必须受到法律的保护,或者至少适于法律保护;第三,许可合同必须明确规定所许可的与知识产权有关的权利,而且必须表明哪些权利由许可方保留,或者是由自己将来授予第三方行使。

在国际技术许可交易尤其在专利实施许可中,被许可方之所以愿意签订合同并交纳使用费来使用许可方的知识产权,其基础就在于,国家赋予许可方知识产权的保护是垄断性的和排他性的,许可方的知识产权是有效的。各国法律一般都要求许可合同中许可方的知识产权应该是有效和合法的。比如,我国《合同法》第349条规定:"技术转让合同的让与人应当保证自己是所提供的技术的合法拥有者,并保证所提供的技术完整、无误、有效,能够达到约定的目标。"

二、合同的基本结构

我国《合同法》规定,当事人订立的合同,有书面形式、口头形式、其他形式之分。就国际技术贸易而言,绝大多数交易合同要求采用书面形式。尤其是随

着计算机信息技术在国际贸易中的运用,文本格式的标准化成为电子化的基本要求。国家专利局、工商行政管理总局等部门为技术交易合同设计出不同类别的统一文本,以便进行电子化管理。

正规的技术贸易合同通常由两大部分组成:一是合同的正文;二是合同的附件,包括技术附件与商务附件。

(一)合同的正文

合同的正文包括以下四项内容。

1. 合同首部(Title of Contract)。在统一文本中它通常表现为合同的封面(Front Cover),其内容包括合同类型、合同登记编码、技术项目名称、当事人双方的法定名称和法定地址、双方代表人、签订地点、签订日期、有效期限、合同监制部门名称。

2. 前言或序文(Preface/Preamble),即表明交易双方就某项技术转让或许可的愿望与态度。

3. 合同主体(The Body of Contract),即条款部分,一般包括以下几类条款。

(1)定义条款,对合同中出现的容易引起争议的关键名词与术语进行定义。

(2)技术条款,包括技术内容,许可方式与范围,技术资料的交付、验收标准与方法、保密要求与措施,技术服务等培训、技术改进与分享等。

(3)商务条款,包括使用费用或转让费用及支付方式、税费等。

(4)涉法条款,包括保证、侵权、不可抗力、违约与索赔、争议与解决、法律适用与仲裁、合同生效与变更及终止等。

4. 合同尾部(End Portion of Contract),具体包括:当事人双方签章、双方法人代表签章、签章日期。在统一文本中还包括当事人各方基本情况表,包括姓名、法人代表、联系人、单位名称、住所(通信地址)、电话、开户银行、账号,印花税票粘贴处、登记机关审查登记栏与签章处。

(二)合同的附件

附件主要是对合同中的技术部分、合同的履行进行较为详细的说明。根据技术贸易方式的不同,附件的内容各异。单纯的许可合同或转让合同比较简单,但有时也会因为交易双方的讨价还价,最后在签订合同时,按照双方或多方当事人的约定,将一些材料放到附件中,比如,在专利实施许可合同或专利权转让合同中,可能会出现如下附件。

1. 专利技术资料的名称与内容。
2. 合同产品的名称、型号、规格和技术参数。
3. 技术资料的内容、数量和交付计划。
4. 合同产品的考核程序和验收标准。
5. 许可方对被许可方人员的培训计划或派遣专家指导计划。
6. 专利名称、专利号、专利授予日期、专利权有效期等法律文书等。

(三) 国际技术贸易中对技术合同主体的称呼

在我国的《合同法》《技术进出口管理条例》《技术进出口合同登记管理办法》中,对于技术进出口合同主体的称呼,没有专门条款加以规定。但是,从国内现行有关法律条例和国外常用术语来看,对技术贸易合同主体的称呼大体上有以下几种表述。

1. 许可方(Licensor)与被许可方(Licensee)。这对术语主要使用于许可贸易合同中,如专利实施许可合同、专利申请技术实施许可合同、技术秘密许可合同、商标使用许可合同等。国家专利局监制的专利许可贸易合同文本就使用这对术语。

2. 转让方(Transferor)与受让方(Transferee)。该对术语使用在产权转让合同中,如专利权转让合同、专利申请权转让合同、商标权转让合同。国家专利局监制的专利转让合同文本中使用这对术语。我国《合同法》第十八章第三节中使用了"让与人"与"受让人"这对术语。虽然这两对术语的英语翻译相同,但由于使用了"让与人"这一术语,而不是"转让方",因此,该对术语既可以使用在技术使用权的"让与"合同中,也可以使用在技术所有权的"让与"合同中,即许可贸易合同与产权转让合同中都可以使用,扩大了使用范围。

3. 供方(Supplier)与受方(Recipient)。该对术语使用范围较大,在许可贸易合同和产权转让合同中都可以使用,并且还可以使用到混合型技术贸易合同中。中国《技术进出口合同登记管理办法》第七条"自由进出口技术合同登记的主要内容"中使用了这对术语,并且还增加了"技术使用方",即出现了第三方,这是因为技术受方并不一定是技术使用方。

4. 委托方(Trustier/Client)与受托方(Trustee),或委托人与受托人。该对术语主要用于技术咨询合同与技术服务合同中。我国《合同法》第十八章第四节"技术咨询合同与技术服务合同"中使用了这对术语。此外,在国家科学技术部《技术合同示范文本》的《技术转让(技术秘密)合同》中,也使用了这对术语。

不过,在国内某些地方科委和工商行政管理局合制的技术咨询合同文本中,使用的是"委托方"与"顾问方"(Consultant),技术服务合同文本中使用的是"委托方"与"服务方"(Server)这样的术语,并且合同中还有"中介方"(Tertium Quid)即第三方。

5. 出口方(Exporter)与引进方(Importer)或出口方与进口方。在技术贸易中,该对术语一般用在包括技术转让或许可在内的技术设备进口合同或出口合同中。2002年后实施的有关技术贸易法律条例中比较统一地使用"技术出口经营者"与"技术进口经营者"这样的术语,其使用面较广,可以用于各种技术贸易方式的合同中。

6. 出租人(Lessor)与承租人(Lessee)。在我国《合同法》第十三章"租赁合同"、第十四章"融资租赁合同"中使用该对术语。该对术语可专门用于国际租赁使用合同中。

7. 发包人(Promoter)与承包人(Contractor)。在我国《合同法》第十六章"建设工程合同"中使用该对术语。该对术语一般用于国际工程承包合同中。

8. 甲方(Part A)、乙方(Part B)、丙方(Part C)。这类称呼一般用在版权贸易合同中,也用于国际工程承包合同以及含投资在内的技术贸易、技术秘密转让合同中,尤其是涉及多方时。这些术语一般附在这些合同的专用术语之后,比如,在技术服务合同文本中有这样的表述:委托方(甲方)、服务方(乙方)、中介方(丙方);在技术秘密转让合同文本中有这样的表述:委托方(甲方)、受托方(乙方)。

9. 买方(Buyer)与卖方(Seller)。这对术语涵盖范围较大,比较口语化,一般用于交易所、拍卖行等地方。在正式的买卖合同中,一般以"买受人"和"出卖人"这样的术语来表达。

三、国际技术贸易合同的特征

国际技术贸易合同的特征概括起来有如下几点。

第一,国际技术贸易合同的主体是拥有、使用科学技术成果或者从事科学技术研究、开发的平等的当事人。所谓"平等的当事人",根据《民法通则》和《合同法》的规定,是指平等的自然人、法人和其他组织。

第二,国际技术贸易合同的标的是科学技术成果、开发科学技术项目的工作或利用科学技术成果为社会提供的服务,是无形的知识商品或与之有关的活动,主要有新技术、新产品或新材料、专利技术、技术秘密、特定技术项目的可行性论坛、技术预测、专题技术调查分析评价报告等。

第三,国际技术贸易合同内容涉及国家为鼓励科学发展、技术进步和扶持技术市场,在财政、信贷、税收和奖励等方面制定的各种优惠政策的贯彻实施。因此,技术贸易合同不仅要遵守有关技术交易的一般法律,也不得违背国家对技术交易制定的各种鼓励或限制政策。

第四,国际技术贸易合同的环节较多,履行期限较长,合同价款或报酬的计算与支付也很复杂,有很大的风险性和不可预见性。

第五,国际技术贸易合同的种类很多,而且各种合同还经常互相交叉。根据科学技术研究、开发活动的特点以及当事人的权利义务内容,将其分为技术开发合同、技术转让合同和技术服务合同等几类。

第二节　国际技术贸易合同的类型

国际技术贸易合同的分类在理论和实践上多种多样,不仅理论文献依据不同的标准而产生不同的分类,而且指导实践的不同法律法规在其分类上也有差异。比如,我国《技术进出口管理条例》第2条规定:"本条例所称技术进出口,是指从中华人民共和国境外向中华人民共和国境内,或者从中华人民共和国境内向中华人民共和国境外,通过贸易、投资或者经济技术合作的方式转移技术的行为。前款规定的行为包括专利权转让、专利申请权转让、专利实施许可、技术秘密转让、技术服务和其他方式的技术转移。"

综合文献中的相关内容和实践操作中的行为,可以按下述标准对国际技术贸易合同进行分类。

一、依据国际技术贸易合同的许可客体划分

(一)单纯型技术贸易合同

单纯型技术贸易合同是指以工业产权和非工业产权等技术性对象为基础的合同,具体包括:专利技术合同(包括专利实施许可合同、专利权转让合同、专利申请许可合同、专利申请权转让合同)、技术秘密转让合同、商标使用许可合同、技术服务与技术咨询合同、计算机软件著作权许可合同与集成电路布图设计专有权许可合同等。

(二) 混合型技术贸易合同

混合型技术贸易合同是指在其他类型合同中包括有上述技术贸易内容的任何一项或一项以上内容的合同,具体包括:与产品进出口一道进行技术转让的合同,技术转让与加工贸易(来料加工、来件加工、来样加工)合作生产结合进行的国际经济技术合作合同,技术转让与工程承包结合进行的国际经济技术合作合同,技术转让与合作设计、合作开发结合的国际经济技术合作合同等。

混合型技术贸易合同的技术交易对象与其他交易对象是相互联系的,互为实施条件和基础,所以当事人更容易相互合作,有利于加快技术的实际应用并可以提高技术的实际使用效果。

二、依据被许可方对许可方的技术使用权所享有的专有程度和范围划分

(一) 独占实施许可合同

独占实施许可合同(exclusive license contract)是指许可方在约定的期限和地域范围内,以约定的方式授予被许可方享有知识产权中一项或者数项权利,同时在同一地域和同一时间内,不得以相同方式行使相同权利或者再向第三方转让。

在签订这种协议的情况下,不论任何第三方还是许可方都不得在该许可证有效期内,在该地区内使用该项技术制造或销售产品。也就是说在独占实施许可中,尽管技术的所有权属于许可方,被许可方在约定的地域范围和时间内,有权排斥包括许可方在内的一切人以相同方式使用相关知识产权。由于独占实施许可授权的范围广,独占许可的使用费比其他类型的许可要高。

(二) 排他实施许可合同

排他实施许可合同(Sole License Contract)又称独家许可合同,是指在合同约定的地域范围和合同有效期内,被许可方对许可项下的技术享有独占的使用权,许可方在合同期间不再允许任何第三方拥有使用权,但许可方自己仍可在同一地区和同一时间内以相同方式行使相同权利。

独占实施许可与排他实施许可的差别就在于知识产权所有人自己能不能实施其知识产权。排他许可的特点在于排除第三方,而不排除许可方,这是仅

次于独占许可合同授权范围的一种许可方式。由于被许可方通过该合同所获得的该技术的使用权利比独占实施许可合同要小,因此其技术使用报酬比独占许可低。

(三) 普通实施许可合同

普通实施许可合同(Simple License Contract)是指许可方在约定的期间和地域内,以约定的方式授予被许可方知识产权中的一项或数项权利,同时保留了自己在同一地域和同一时间内,以相同方式行使相同权利或者向第三方许可的权利。

普通实施许可合同还可再细分为一般的普通许可和分许可(Sub-license Contract)。分许可是指被许可方经许可方同意后,自己能以"许可人"的身份再向第三方发出许可,且许可方可分享被许可方从分许可中得到的使用费。普通实施许可是许可方授权被许可方权限最小的一种授权,这种许可的转让费用一般要比前两种低。如果在许可中没有特别指明是何种性质的许可,一般视为普通实施许可。

(四) 交叉实施许可合同

交叉实施许可合同(Cross License Contract)是指合同当事人双方或者当事各方,均以其所拥有或持有的知识产权,按照合同约定的条件交换知识产权权利的使用权,供对方使用。交叉许可常见于原发明的专利权人与改良发明的专利权人之间,改良发明的专利权人需要得到原发明专利权人的许可,原发明专利权人更新其专利产品时,若必须采用改良发明专利权人的改良专利技术,也要得到改良发明专利权人的许可。此外,在合作开发、合作制造中,都有可能导致交叉许可。

三、根据科学技术研究、开发活动的特点以及当事人的权利义务内容划分

(一) 技术开发合同

技术开发合同是指当事人之间就新技术、新产品、新工艺或者新材料及其系统的研究开发所订立的合同。技术开发合同的标的具有创造性和新颖性。技术开发合同分为委托开发合同和合作开发合同。委托开发合同是指当事人

一方委托另一方进行研究开发所订立的合同。具体来说,就是委托人按照约定支付研究开发经费和报酬,提供技术资料、原始数据、完成协作事项、接收研究成果,受托方即研究开发人按照约定制定和实施研究开发计划,合理使用研究开发经费,按期完成研究开发工作,交付研究成果,提供有关的技术资料和必要的技术等,帮助委托人掌握研究开发成果。委托开发完成的发明创造,除当事人另有约定外,申请专利的权利属于研究开发人。研究开发人取得专利的,委托人可以免费实施该专利。

合作开发合同是指当事人各方就共同进行研究开发工作所订立的合同。具体来讲是指两个或两个以上的公民或法人,为完成一定的研究开发工作,当事人各方共同投资,共同参与研究开发,共享成果,共担风险的协议。如果一方当事人提供现金、设备、材料、场地等物质条件,承担辅助协作事项,另一方主要进行研究开发工作,则应当按照委托开发合同来处理。合作开发完成的发明创造,除当事人另有约定外,申请专利的权利属于合作开发的当事人共有。当事人一方转让其共有专利申请权的,其他各方享有以同等条件优先受让的权利。合作开发的当事人一方不同意申请专利的,另一方或其他各方不得申请专利。

(二)技术转让合同

技术转让合同是指当事人就专利权转让、专利申请权转让、技术秘密转让、专利实施许可所订立的合同。技术转让合同的标的是现有的、特定的、成熟的技术成果。由于转让技术的权利化程度和性质的不同,技术转让又可以分为四种基本类型。

1. 专利权转让。专利权转让是指专利人作为转让方,将其发明创造专利的所有权或持有权转交给受让方的技术转让形式。

2. 专利申请权转让。专利申请权转让是指转让方将其发明创造申请专利的权利移交给受让方的技术转让形式。

3. 专利实施许可。专利实施许可是指专利权人或者授权人作为转让方,许可受让方在约定的范围内实施专利的技术转让形式。

4. 非专利技术转让。非专利技术(技术秘密)转让是指转让方将其拥有的非专利技术成果提供给受让方,明确相互之间非专利技术成果使用权、转让权的技术转让形式。

（三）技术咨询合同

技术咨询合同就是专业技术人员作为受托人就特定的技术项目提供可行性论证、技术预测、专题技术调查、分析评价报告所订立的合同。技术咨询合同是一类独立的合同，包括技术开发合同、技术转让合同和其他各类合同中有关技术咨询的内容，不能适用有关技术咨询合同的规定，应当适用其所属合同的有关规定。

当事人可以在技术咨询合同中约定对咨询报告和意见的验收或者评价方法。委托人是否采纳以及如何采纳受托人的咨询报告或者意见，由委托人自行决策。受托人对委托人实施咨询报告或意见所受到的损失，不负赔偿责任，除非合同另有约定。对于技术咨询合同的当事人在履行合同义务之外派生完成的或者后续发展的技术成果，归属和分享的原则是：谁完成谁拥有；允许当事人做特别约定。

（四）技术服务合同

技术服务合同是指当事人一方以技术知识为另一方解决特定技术问题所订立的合同，不包括建设工程合同和承揽合同。技术服务合同可分为辅助技术服务合同，传授、传递科技知识和情报的合同。前者包括产品设计合同、工艺编制合同、测试分析合同、计算机程序编制合同等，后者包括技术培训合同、技术中介合同等。

技术服务合同具有以下特征：
(1)合同标的是解决特定技术问题的项目。
(2)履行方式是完成约定的专业技术工作。
(3)工作成果有具体的质量和数量指标。
(4)有关专业技术知识的传递不涉及专利和技术秘密成果的权属问题。

技术服务合同的服务方所运用的技术知识是现有的技术，不包括开发性的技术成果，也不包括专利技术和专有技术，不存在技术权属的转移，无须约定技术成果的归属以及分享条款，并对实施的结果承担责任。

第三节　国际技术贸易合同的主要条款

国际技术贸易合同由一系列确定许可双方权利和义务的法律条款组成。

在实践中,由于许可合同的主体和客体可能会存在很大的差异,许可合同的具体条款也不尽一致,但一般来讲,国际技术贸易合同的条款可以分为三大类:商务性条款、技术性条款和法律性条款。商务性条款包括技术使用费条款、税费条款等,其中技术使用费条款亦称作"价格条款"。技术性条款包括技术资料的交付条款、技术服务条款、考核和验收条款、技术改进条款等。法律性条款包括权利保证及侵权条款、保密条款、争议解决与法律适用条款、违约条款等。

根据我国《合同法》第 18 章对技术合同的规定以及相关法律对订立合同的要求,国际技术贸易合同的具体条款一般包括前言、定义、范围、价格、支付、技术资料的交付、技术服务、人员培训、保证、索赔、税费、侵权、保密、不可抗力、争议的解决以及合同生效等条款。

一、前言

前言部分主要包括合同的名称、合同的编号、双方当事人的法定全称、当事人的法定地址、联系方式、合同签订的时间和地点等,此外还有鉴于条款(Whereas Clause)。

合同名称应表明许可的技术名称、技术的性质和合同的性质,例如:关于××专利技术实施许可合同。合同的编号表明合同当事人的国别代号或公司代号、合同签订的年份、进出口国别地区、进出口企业所在地区、技术进出口合同标识、进出口技术的行业分类以及企业自定义。

例如,"19USBJE01CNTIC001"各部分的含义如下:

第 1—2 位表示制定合同的年份(年代后两位);

第 3—4 位表示进口或出口国别地区(国标两位代码);

第 5—6 位表示进出口企业所在地(国标两位代码);

第 7 位表示技术进出口合同标识(进口 Y,出口 E);

第 8—9 位表示进出口技术的行业分类(国标两位代码);

后 8 位为企业自定义。

合同签约的时间一般在合同生效时间之前或者与合同生效期一致,以表明合同确立的日期。合同签字的地点常常是决定该合同适用哪一国法律的重要条件。

鉴于条款表明双方当事人的签约目的、宗旨和双方当事人应当遵守的原则。鉴于条款主要说明双方当事人所经营的行业和他们通过订立许可合同转让有关技术的意愿以及转让技术的合法性。鉴于条款通常包括四个方面的内容。

(1)说明当事人的职业背景。

(2)说明许可方拥有的权利。

(3)说明双方的意愿。

(4)说明双方当事人的态度。

举几个鉴于条款的例子如下：

●鉴于许可方拥有设计、制造、装配、测试、检验、运行、维修和销售产品的专利。

Whereas the licensor has the patent for design, manufacture, assembly, test, inspection, operation, maintenance and sale of the product as required by licensee.

●鉴于许可方有权并同意向引进方转让上述产品的专利技术。

Whereas the licensor has the right and agrees to transfer the above-mentioned patent to licensee.

●鉴于被许可方希望利用许可方的设计、制造、维修、销售和出口产品的专利。

Whereas the licensee agrees to introduce the licensor's patent for design, manufacture, maintenance, sale and export of the product.

二、定义

定义部分是合同双方当事人就合同中关键性或是重复出现的词汇和术语达成一致的理解，并做出规定。定义涉及的词汇和术语一般包括以下几个。

(1)与合同标的有关的重要名词术语，如技术秘密、商标等。

(2)各国法律或惯例有不同理解或容易产生歧义的名词术语，如技术资料、净销售价、提成率等。

(3)重要的专业性技术术语，如防抱死制动系统。

(4)合同中多次出现、需要加以简化的名词和术语，如许可方、合同。

定义条款之所以重要，是因为在国际技术贸易中，当事人双方所在的国家或地区不同，语言可能会存在差异，法律规定和商业规则也会有很大差异，双方对同一个名词术语的认知很可能会不一致。为了避免给以后的合同履行带来争议，甚至影响整个合同的执行，需要通过合同的定义来统一双方的解释。

举个定义条款的例子如下：

●技术资料是指许可方按照合同附件的规定提供给引进方的所有文件，它包括下列内容：所有技术指标、图纸、设计，以及有关合同产品的设计、制造、计算、装配、安装、测试、检验、运行、维修和验收的技术文件。

The technical document means all documents to be supplied to the licensee by the licensor as stipulated in Annex of the Contract. It consists of the following: all the technical indices, drawings, design, technical documents relating to the design, manufacture, calculation, assembly, installation, test, inspection, operation, maintenance and acceptance test of the product.

三、合同的范围

合同的范围应当说明合同的对象、许可的权利范围、区域及其授权性质等。这一部分内容对于当事人来说是十分关键的，因为这一部分条款一定要对当事人双方的权利和义务约定清楚。

合同的对象，即许可合同的标的，就是要确定许可合同中所转让的技术的具体内容和要求。如果转让的是专利技术，则应注明许可方所许可的是哪几项专利，许可方式，在何时、何地取得该项专利权，并应注明专利编号、专利范围、保护期和有效期等法律依据资料。如果是某项技术秘密转让，则应写明该项技术秘密的有关文件和资料。如果是某一商标许可，则应附有商标的缩样。如果转让的是许可方提供的技术服务，则应清楚注明技术服务的项目和内容。

许可的权利范围则要说明国际技术贸易合同技术使用权的范围，包括许可的权利内容、使用该权利的时间期限和地域范围。

许可的权利内容由双方当事人商定，可以包括技术使用权、制造权和销售权。使用权是指许可方授予被许可方为某一特定目的利用其所转让技术的权利。当事人双方要约定好技术使用的范围，因为一种技术有可能有几种不同用途或可以生产一系列产品。制造权是指许可方授予被许可方在特定地域范围内销售其所生产的技术产品的权利。

时间期限是指许可方允许被许可方在多长时间内利用其技术或权利。对于有固定保护期限的技术客体，如专利和商标，许可方对它们授权的时间范围与合同的有效期可一致，但不能超过它们权利的有效期。

地域范围是指许可方允许被许可方使用其技术的特定区域范围。使用权和制造权的地域范围一般较窄，通常只限于被许可方所在国引进技术的工厂。销售权的地域范围会涉及产品的内销和出口，被许可方大多数情况下有权在其所在国地域范围内进行销售，但对于使用该项技术制造和生产的产品的出口地区问题要由当事人双方协商确定。有些许可方出于避免与被许可方在出口市场产品竞争的考虑,会严格限制被许可方的出口地区,这种约束在汽车和电子产品方面的技术引进合同中比较常见。

授权的性质是指国际技术贸易合同中要明确规定,许可方授予被许可方的权利是独占的还是排他的,抑或是普通的,是否可以再次许可等。

四、技术资料的交付

技术资料的交付是许可方为了把其拥有的技术转让给被许可方,在条款中要说明技术资料交付的时间、地点、方式、包装以及风险承担的问题等。技术文件交付的时间应该符合合同的约定和合同履行的进度要求。技术资料有时一次交付,有时可根据被许可方执行项目的计划和进度分批交付。如果是分批交付的话,就要明确规定每批资料所交付的时间和进度。

随着科学技术的飞速发展,技术资料的载体种类也日益繁多,因而交付方式也逐渐多样化。以纸件作为载体的技术资料一般体积小、重量轻、怕水淹和受潮,不适于海运,应以空运为佳,并且以收件机场印戳日期为技术资料的实际交付日期。以光盘、U盘作为载体的技术资料则应通过双方当事人的协商,来确定采取其他相应的交付措施。

技术资料的包装方式也需要在技术资料交付条款中做出规定,许可方应将技术资料正确包装、付运,交付的技术资料应具有适合长途运输、多次搬运、防雨防潮、防磁化(针对磁媒介为载体的资料)的坚固包装,每包资料的外包装上应当标明合同号、收货号、目的地、标记、重量、箱号或件号等,并且许可方在资料发运后应当及时发送发运通知给被许可方。

许可方应当保证所提供的技术文件资料完整、准确、有效,能达到合同规定的技术目标。如果由于许可方对技术资料的包装不完善,或者是技术资料在装运前保管不良,致使技术资料遭到损失,许可方则应按照有关规定负责更换、补充或赔偿。

举个技术资料交付条款的例子:

广州机场盖章的日期将作为技术资料的实际交付日期。

在每批技术资料交运后的两个工作日内,许可方应通过传真或者电子邮件将合同号、空运单号、提单日期、资料号、邮包号、重量、航班和预计到达的时间通知被许可方和合同工厂。与此同时,许可方应向引进方和合同工厂邮寄两套空运单与技术资料的详细清单。

如果技术资料在运输过程中发生遗失、损坏或缺少,许可方将在收到引进方的书面通知后 30 天内补发或更换。

　　许可方负责在合格的保险公司办理保险,投保费用由许可方负担。引进方为保险的受益人,投保金额为合同总价 110% 的"一切险"和"战争险"。

　　The date stamped by Guangzhou Airport shall be the actual date of delivering the technical documents.

　　The licensor shall, within two working days after dispatching each batch of the technical documents, inform the licensee and contract factory by fax or e-mail of the contract number, airway bill number, airway bill date, document number, parcels' number, weight, flight and expected arrival date. At the same time, the licensor shall airmail to the licensee and contract factory each two copies of the airway bill and the detailed list of the technical documents.

　　In case of any loss, damages or shortage caused to the technical documents during the transportation, the licensor shall make supplementary or replaceable delivery to the licensee within 30 days after receiving the licensee's written notice without any charges.

　　The licensor shall affect the insurance, with insurer from eligible source country, for an amount 110% of the contract price on all risks and war risks basis at the licensor's expenses with the licensee as the beneficiary.

五、技术服务和人员培训

　　在国际技术贸易中,如果被许可方通过技术资料仍然难以掌握该项技术,那就需要许可方提供技术服务和人员培训。技术服务是指许可方派遣技术人员到被许可方所在地提供技术指导和示范,具体条款的内容应包括许可方派遣技术人员的层次、人数、服务的具体内容和要求、服务的次数和时间以及服务费用的计算和承担等。

　　技术培训一般有两种方式:一种是许可方派技术人员至被许可方的工厂或车间等场所对被许可方人员进行培训;另一种是被许可方派遣人员至许可方的工厂或车间等场所参加培训。技术培训条款一般会约定:培训内容和要求,培训资料及交付,培训计划、进度、期限、地点和方式,教员资历和水平,学院人数和质量保证,教员、学员的食宿、交通、医疗费用的支付和安排,工作条件和协作事项,报酬及给付方式,考核标准和方法等。

六、价格计算与支付

价格计算与支付条款主要包括计价的方式、合同的价格、使用的货币和货币的外汇汇率计算方式、价款的支付方式以及支付的时间等。技术合同价款、报酬和使用费的支付方式由当事人协商议定,可以采取固定使用费方式支付,也可以采取可变使用费方式支付或者固定使用费附加可变使用费的方式。如果双方约定可变使用费支付方式,双方可以按照产品价格、实施专利和使用非专利技术后新增的产值、利润或者产品销售额的一定比例提成,也可以按照约定的其他方式计算。提成支付的比例可以采取固定比例、逐年递增比例或者逐年递减比例。约定提成支付的,当事人应当在合同中约定查阅有关会计账目的办法。

七、考核与验收

在考核技术许可方是否成功有效地将技术转让给被许可方时,通常的办法是对合同产品进行考核验收。只有在验收合格的情况下,许可方才算履行了全部义务;否则,如果验收不合格,应分清责任,进行处理。在制定考核验收条款时,有两个核心的内容需要慎重考虑,即考核验收标准和考核验收方法。

考核验收标准要选择一个合理、完善、对技术许可方有较强制约的标准。如果被许可方对所引进技术的情况比较了解,那应对合同产品的各项性能指标做出明确的规定;但如果被许可方不了解该技术,不得不使用许可方的技术标准时,可要求采用许可方自己所生产的产品相同的技术标准。

在考核验收方法的制定方面,因为对合同产品的验收方法通常有很多种,不同的验收方法又可能会得出不同的验收结果,为了防止技术许可方利用自己丰富的技术知识和实践经验,在合同中规定有利于许可方而不利于被许可方的验收方法,使不合格的许可技术凭借不合理的验收方法通过验收,给技术被许可方带来巨大的经济损失,被许可方应在合同中规定科学的验收方法,可以向国内同行请教,并向科研力量强、在该引进技术方面有专长的高校、研究所咨询。

八、保证

保证条款是指许可方对合同履行的保证,包括对技术资料和权利的保证、对合同产品性能的保证、对技术服务和人员培训等的保证。保证条款是为了约束许可方的行为,防止其在执行合同时以次充好、不认真和不负责等损害被许可方利益的行为发生,因而在合同中要求许可方做出一定程度的保证。

许可方应按照合同规定及时将有关的技术资料提供给被许可方,并保证所提供的资料是完整的、可靠的;保证其所提供的技术经过正确使用能达到合同规定的技术指标和经济效益;保证被许可方制造的产品与许可方提供的样品或合同中约定的技术标准具有相同的质量。

许可方应保证所提供的专利技术是在专利权的有效期内,如果提供的是技术秘密,许可方要保证所提供的技术秘密是没有公开的,是一般工作所不易掌握的。另外许可方应保证所提供的技术有合法的所有权,不应受任何第三人的指控,如果第三人指控使用该技术为侵权行为,许可方应承担全部法律责任。

九、侵权

在国际技术贸易中,大部分的知识产权法律保护具有一定的地域性,比如专利和商标。如果它们没有申请国际注册或者到别国(地区)注册,那从法律上讲,在大部分情况下,仅注册地会对它们提供法律保护。

许可方许可技术和商标时,可能产生对第三方的侵权问题,或者第三方侵犯许可方技术和商标的合法权益。许可方应保证其许可的技术和商标不会侵犯第三方的权利,一旦侵权,许可方应负责与此侵权有关的一切谈判事宜,并承担由此引发的一系列法律诉讼费用和经济责任。如果侵权行为是由被许可方单方面造成的,责任应由被许可方承担。

在侵权条款中,可以这样规定许可方和被许可方的责任:许可方单方与第三方交涉或向法院起诉,如在被许可方国家内,被许可方应提供协助。在独占许可情况下,被许可方也可以利害关系人的身份,单方与第三方交涉或向法院起诉;在排他许可的情况下,许可方应与被许可方联合与第三方交涉或向法院起诉,只有许可方不愿意与第三方交涉或向法院起诉时,被许可方才可以单独与第三方交涉或向法院起诉;在普通使用权许可的情况下,由许可方单独与第三方交涉或向法院起诉,被许可方不能在没有许可方授权的情况下单独与第三方交涉或向法院起诉。

十、赔偿

赔偿条款主要是合同双方当事人约定对在履行合同过程中所发生的可能违约的情况所进行的具体赔偿,包括赔偿金额、支付的比例和方式,以及赔偿金额不支付的后果等。

赔偿条款可以分为许可方的赔偿和被许可方的赔偿两个方面。许可方的赔偿实际上就是对被许可方的救济。在制定赔偿条款时,可以考虑下面的内容:如果许可方有拒不提供合同所规定的技术资料、技术服务或技术培训等的根本违约行为,被许可方有权解除合同,要求许可方退还已经支付的技术转让费,并按合同规定支付违约金或赔偿实际损失;如果许可方未能按照合同规定的时间提供技术资料,被许可方可要求许可方支付一定比例的罚款;如果许可方违反技术保证任务,提供的技术未能达到合同规定的技术标准,则根据具体情况,确定不同的赔偿办法;如果许可方违反权利担保责任,使被许可方遭到第三方的侵权指控并且侵权指控成立,许可方应承担由此产生的法律责任并赔偿损失。

对于许可方来说,如果被许可方不支付转让费用,许可方有权要求对方支付费用、停止履行自身义务或终止许可合同;如果被许可方延迟付款,许可方可主张一定比例的罚金;如果被许可方违反授权条款,扩大技术的使用范围,许可方有权要求被许可方停止侵害行为,并支付一定金额的赔偿金,直至解除合同;如果被许可方违反合同的保密义务,致使许可方的技术秘密泄露,许可方有权要求被许可方立即停止违约行为,并依合同赔偿许可方的实际损失。

十一、保密

保密条款既需要对许可方的技术信息保密,也需要对被许可方的商业经营情况保密。对技术的保密规定大都是对技术秘密而言的。在有的专利许可合同中也会有保密条款,这是因为许可方和被许可方的许可合同虽然以专利许可为主,但是如果没有许可方所掌握的"核心技术"秘密的转让,被许可方也不可能制造出合格的产品。另外,在以提成方式作为支付技术价款的合同中,因为许可方需要按照合同的约定来查阅被许可方的有关会计账目,以核实被许可方的销售成本和利润等情况,而这些商业经营情况如果公开披露出去,会损害被许可方的企业竞争力,因而被许可方大都和许可方约定许可方要对此保密。

保密条款主要包括保密期限、保密内容和保密方式。许可合同中,保密期限一般与合同期限一致,有时会超过合同期限。该期限应当根据所转让的技术秘密的实际寿命以及国家相关的法律法规来确定。保密期限一般为技术许可合同生效日后的 5~20 年,但也有保密期限为 40 年的个案情况。在保密期限内,对于由一方向另一方透露的任何改进,保密期限需要重新起计。

保密内容明确规定了合同当事人应当对哪些技术资料承担保密责任。保密资料是指有关许可技术的技术信息、技术诀窍,以及与此有关的各种形式的资料和数据,包括但不限于有关用于装置运转的设计、经验、制造、施工、运转、测试及维修的资料和数据,还包括有关许可方在合同有效期限内向被许可方披露的且不为公众掌握的在专有设备或改进方面的资料;同时许可方亦应对被许可方需要保密的信息承担保密义务。

但是,下列信息资料不应该在双方的保密范围之内:

(1)由于非信息接收方的行为或过错,在披露方披露保密信息时或者保密信息披露后,这些保密信息已经成为公共知识或者公众可以获得的信息。

(2)在披露方向接收方披露之前已经被接收方在不受保密限制的情况下合法地拥有。

(3)一方从有合法透露权的第三方在不受保密限制的情况下得到的信息。

保密方式通常有两种操作方式:一是在技术许可合同中规定技术资料的使用方法和回收方式,用合同条款来限制接触技术秘密的参与方;二是要求与接触核心技术秘密的个人签订保密协议,或者要求信息接收方在签署保密协议后,提供其与内部员工签署的保密协议,即要求信息接收方内部建立起有效的保密制度。

下面举个保密条款的例子:

受让方同意在合同有效期内,对于出让方提供给受让方的技术秘密予以保密,如果上述技术秘密的一部分或者全部被出让方或第三方公布,受让方对公开部分不再承担保密义务。

本合同终止后,受让方仍有权使用出让方提供的技术秘密,有权设计、制造、使用和销售合同产品。

Licensee agrees that licensee shall keep the know-how supplied by licensor under secret and confidential conditions within the validity period of the contract. In case a part or the whole of the above-mentioned know-how has been opened to the public by licensor or any third party and licensee obtains evidence of such opened parts, the licensee shall no longer be responsible for having the confidential obligations to the opened parts.

After the expiration of the contract, licensee shall still have the right to use the know-how supplied by licensor and still have the right to design, manufacture, use and sell the contract products.

十二、税费

税费条款主要涉及许可方在被许可方所在国,对于从被许可方所取得的技术转让收入缴纳税费的问题。许可方应缴纳的所得税的数额应依据被许可方的国家法律和有关的双边税收条约确定。

根据《中华人民共和国外商投资企业和外国企业所得税法》的规定,外国企业对于来源于中国境内的特许权使用费,应该向技术受方国缴纳所得税,这一所得税应由技术供方来承担,而不是技术受方承担。因此,在技术引进合同中采用"包税"条款是违反我国法律规定的。

"包税"条款的例子如下:

在合同有效期内,被许可方(即中方)要缴纳在中国所发生的所有税费,许可方(即外方)要缴纳在欧洲发生的所有税费。

During the effectiveness of this contract, the licensee shall be responsible for any taxation arising in China, while the licensor shall be responsible for any taxation arising in Europe respectively.

在国际技术贸易中要遵守所在国的相关法律规定。在实践中,一个合理的税费条款可以如下制定:

凡因履行本合同而发生在被许可方(即中方)国家以外的一切税费,均由许可方(即外方)承担。许可方因履行本合同而在中国境内取得的收入,也必须按中国税法纳税。

Any taxes, customs and other duties in connection with the performance of the contract arising outside licensee's country shall be borne by the licensor. In the execution of the contract, any income made by the licensor within China territory shall be subject to the taxation according to the Law of the People's Republic of China.

十三、不可抗力

不可抗力条款是每份合同都应有的条款,主要规定在合同的有效期内,由于遇到了协议规定的人力所不能控制的意外事故而影响合同的执行时,遭受此种事故的一方可能延迟履行或不履行合同,对方无权要求赔偿损失。

不可抗力条款应规定不可抗力的事故范围、发生不可抗力应如何出具有关证明、在什么情况下中止或延迟合同的执行以及允许延迟多长时间再履行合同等问题。不可抗力的事故必须是当事人不能预见、无法避免、无法预防,且不是当事人的过错造成的,如战争、水灾、火灾、台风、地震等自然灾害。当合同的一方遭受不可抗力时,应立即用电报或电传等将不可抗力的事故通知对方,并提交有关当局出具的书面证明。

下面举个不可抗力条款的例子:

合同双方中的任何一方,由于战争、严重水灾、火灾、台风和地震,以及双方同意的其他原因而无法按期履行合同时,则延长履行合同的期限,延长的期限相当于事故所影响的时间。

责任方应尽快将发生不可抗力事故的情况以电传或电报通知对方,并于15天内以航空挂号信将有关当局出具的证明文件提交另一方确认。

如不可抗力事故延续到120天以上,双方应通过友好协商尽快解决合同继续履行的问题。

If either of the contracting parties be prevented from executing the contract by such events of Force Majeure such as war, serious flood, fire, typhoon and earthquake, or other events agreed upon between both parties, the term for the execution of the contract shall be extended for a period equivalent to the effect of such events.

The prevented party shall notify the other party of the occurrence of the Force Majeure event by telex or cable within the shortest possible time and shall send by registered airmail, within 15 days thereafter, to the other party a certificate issued by the relevant competent authorities for confirmation by the other party.

Should the Force Majeure event last for more than one hundred and twenty consecutive days, both parties shall settle the problem of further execution of the contract through friendly negotiation as soon as possible.

十四、争议的解决

争议的解决条款规定了在履行合同时,合同双方当事人对所发生争议可采取的解决方式。在许可合同的执行过程中,如果双方发生争议,一般首先会通过双方友好协商或由第三方出面调解来解决。如果不能解决问题,可以提交仲裁机构裁决,也可以提交法院审判来解决。

(一)仲裁方式

合同双方需要在合同中约定仲裁条款,其内容主要包括仲裁地点、机构、程序、裁决的效力和仲裁费用的负担等问题。商订仲裁条款时应特别注意仲裁地点和仲裁机构的选定。一般来说,对中国的当事人来说,应力争在合同中规定,当合同发生争议时,由中国仲裁机构仲裁。如果难以在中国仲裁,也可以选择在第三国仲裁。

仲裁裁决一经做出,就具有法律效力,对双方当事人都有约束力,当事人应自动履行裁决。如败诉方不履行裁决,胜诉方可申请法院强制执行。

仲裁条款的例子如下:

因执行本合同所发生的或与本合同有关的一切争议,双方应通过友好协商解决,如通过协商仍不能达成协议,则应提交仲裁解决。

仲裁地点一般在瑞典斯德哥尔摩,按斯德哥尔摩商会仲裁院的仲裁规则和程序进行仲裁。

仲裁裁决是一裁终局的,对双方均有约束力。

仲裁费用由败诉方承担。

在仲裁过程中除了正在仲裁的部分条款外,合同的其他条款应继续执行。

(二)司法诉讼方式

根据最高人民法院审判委员会2007年6月11日通过和颁布并于2007年8月8日起施行的《关于审理涉外民事或商事合同纠纷案件法律适用若干问题的规定》第3条和第4条的规定,当事人选择或者变更选择合同争议应适用法律,应当以明示的方式进行。如果当事人在一审法庭辩论终结前通过协商一致,选择或者变更选择合同争议应适用的法律的,人民法院应予准许。

但如果当事人未选择合同争议应适用法律的,有以下几个可行的做法。

1. 当事人未选择合同争议应适用的法律,但均援引同一个国家或者地区的法律且未提出法律适用异议的,应当视为当事人已经就合同争议应适用的法律做出选择。

2. 当事人未选择合同争议应适用法律的,适用与合同有最密切联系的国家或者地区的法律。人民法院根据最密切联系原则确定合同争议应适用的法律时,应根据合同的特殊性质,以及某一方当事人履行的义务最能体现合同的本质特性等因素,确定与合同有最密切联系的国家或者地区的法律作为合同的准据法。

(1)最高人民法院的上述规定中,明确指出了各类合同解决争端的法律适用情形。下面对几种可能涉及国际技术转让情形的合同做一介绍。

①买卖合同,适用合同订立时卖方住所地法;如果合同是在买方住所地谈

判并订立的,或者合同明确规定卖方须在买方住所地履行交货义务的,适用买方住所地法。

②来料加工、来件装配以及其他各种加工承揽合同,适用加工承揽人住所地法。

③成套设备供应合同,适用设备安装地法。

④动产质押合同,适用质权人住所地法。

⑤建设工程合同,适用建设工程所在地法。

⑥委托合同,适用受托人住所地法。

⑦拍卖合同,适用拍卖举行地法。

⑧居间合同,适用居间人住所地法。

(2)当事人可以选择外国法律作为解决争端的法律时,如果存在下列情形,则必须适用中华人民共和国的法律。

①适用外国法律违反中华人民共和国社会公共利益的,该外国法律不予适用,而应当适用中华人民共和国法律。

②当事人规避中华人民共和国法律、行政法规的强制性规定的行为,不发生适用外国法律的效力,该合同争议应当适用中华人民共和国法律。

③当事人和人民法院通过适当的途径均不能查明外国法律的内容的,人民法院可以适用中华人民共和国法律。

④在中华人民共和国领域内履行的合同,适用中华人民共和国法律,如中外合资经营企业合同、中外合作经营企业合同等。

十五、合同生效及其他

合同生效及其他条款通常置于合同的结尾部分,其作用在于对合同未尽部分进行补充和完善。该条款的内容主要包括合同的生效、合同的期限、合同的变更以及终止、合同使用的文字和合同文字的法律效力问题、合同正文和附件的关联性问题的表述等。

大多数国家的法律都规定,国际技术贸易合同在签订后的一定期限内要呈报政府主管部门批准之后才能生效,在这种情况下,以最后一方的批准日期为合同生效日期。合同的期限长短可由双方当事人根据具体情况商订,中国规定的技术转让合同的有效期一般不超过 10 年。合同的终止有两种情况:一种是合同期满而终止;另一种是合同还未期满,由于某些原因(如违约)而提前终止合同。

合同生效及其他条款的例子如下：

本合同由双方代表于2019年11月8日签订,由各方分别向本国政府当局申请批准,以最后一方的批准日期为本合同的生效日期;双方应力争在60天内获得批准,用电传通知对方,并用信件确认,若本合同自签字之日起6个月仍不能生效,双方有权解除本合同。

本合同有效期从合同生效之日算起共7年,有效期满后,本合同自动失效。

本合同期满时,双方发生的未了的债权和债务不受合同期满的影响,债务人应向债权人继续偿付未了债务。

本合同用英文和中文两种文字写成,一式四份,双方执英文文本和中文文本各一式两份,两种文字具有同等效力。

本合同附件一至三为合同不可分割的组成部分,与合同正文具有同等效力。

本合同条款的任何变更、修改或删减,须经双方协商同意后,以方代表签署书面文件,作为本合同的组成部分,与本合同有同等法律效力。

在本合同有效期内,双方有关执行本合同的通信采用英文,正式通知应以书面形式进行,用航空挂号邮寄,一式两份。

This contract is signed by the authorized representatives of both parties on Nov. 8,2019. After signing the contract, both parties shall apply to their respective government authorities for ratification. The date of ratification last obtained shall be taken as the effective date of the contract. Both parties shall exert their utmost efforts to obtain the ratification within 60 days, and shall advise the other party by telex and thereafter send a registered letter for confirmation. In case the contract can not come into force within 6 months after the date of signing the contract, the contract shall be binding neither to party A, nor to party B.

The contract shall be valid for 7 years from the effective date of the contract. On the expiry of the validity term of the contract, the contract shall automatically become null and void.

The outstanding claims and liabilities existing between both parties on the expiry of the validity of the contract shall not be influenced by the expiration of this contract. The debtor shall be kept liable until the debtor fully pays up his debts to the creditor.

The contract is made out in English and Chinese languages in quadruplicate, both texts being equally authentic, and each party shall hold two copies of each text.

Appendixes 1,2 and 3 to the contract shall form an integral part of the contract and have the same legal force as the body of the contract.

Any changes, amendment, supplement or deletion to the stipulations of the contract shall be valid after the same shall be negotiated between and agreed upon by both parties and documents in written form shall be signed by the authorized representatives of both parties. Such documents shall form an integral part of the contract and shall have the same legal force as the contract.

In the course of the execution of the contract, the communications between both parties shall be in English. Formal notification shall be given in written form in duplicate and airmailed as registered matter.

十六、技术合同的特殊条款

作为一种特殊的商品,技术贸易合同也有它的特殊性,除了具备上述的一般共同点之外,不同内容的技术转让合同都有各自的特殊条款。

(一)专利许可合同的特殊条款

1.专利条款。鉴于专利问题的复杂性,在洽谈专利许可合同时,必须要求许可方把项目中所包含的专利内容一一列出,并标明专利号、专利申请国别、申请的时间和有效期限,目的是使引进方得以鉴别专利的真伪,有利于引进方选择适用的专利技术,比较准确地核算应支付的专利使用费。

2.专利的保持有效条款。根据各国专利法的规定,专利权人应按期向主管部门缴纳一定的费用,称为专利年费。年费的缴纳金额通常采取累进制,即越接近专利期末,年费就越高。所以,为了保持专利的有效,合同中应规定,许可方应按期向专利主管部门缴纳年费,以保持专利在合同有效期内的有效性。这样做对于当事人双方特别是引进方是有利的,否则,合同有效期尚未届满,专利却可能因未缴纳年费而失去法律的保护,当第三者利用该专利时,当事人均无法援引法律要求法院或专利局追究第三者的法律和经济责任,而且当事人之间亦会因此而发生纠纷。此外,供方为了维护自身的利益,往往要求在合同中订立供方对许可项下的专利权不负担保责任的条款,这显然对受方不利。受方为了维护自身的利益,则要求供方对专利权的有效性承担责任,并在合同中做出相应的规定。例如,当申请专利遭到拒绝或专利权被宣告无效时,受方有权终止许可合同,并有权收回预付的报酬。

3.侵权的处理。关于许可项下的专利权被第三者侵犯,或被第三者提出异议或指控时,在法律上称为侵权行为。但是,是否真正构成侵权行为,要通过一定的司法程序由法院判决。为此,在合同中也必须加以明确规定。一般规定包括以下几项:

(1)通知的义务。受方如发现上述情况,应及时通知供方,以便采取相应对策。也可规定双方都有通知对方的义务。

(2)起诉或应诉的义务。一般规定,当专利权受到侵犯时,应由供方到法院对第三方提出控告;被第三方控告专利权非法时,通常也应由供方对第三方的控告出庭应诉。

(3)关于诉讼期间提成费的支付。一般规定,在专利诉讼期间,受方有权暂时停止支付提成费,或只按约定的百分比支付提成费。

(二)商标许可合同的特殊条款

1.商标的内容和特征。合同中要明确写明商标名称、图样以及使用该商标的商品。

2.商标权的合法性和有效性。为了表明商标权的合法性和有效性,合同中必须明确规定商标注册的国别、时间、有效期限和适用的区域范围。

3.引进方使用商标的形式。引进方获得商标使用权许可的形式有多种,具体采用哪种形式要在合同中做出规定,一般有以下四种形式:

(1)直接使用。即引进方对许可方的商标不加任何改动,就将商标直接标在自己生产的产品上。

(2)联合使用。即引进方将自己拥有的商标与许可方许可的商标并列使用,如上海汽车制造厂引进德国大众汽车有限公司的技术和商标后,在上海汽车制造厂生产的汽车上使用"上海-Santana"作为商标。

(3)联结使用。即选择引进方拥有的商标和许可方许可的商标这两者有代表性的部分,联结在一起,组成一个新商标。如我国福建某彩色胶片公司引进美国柯达公司的技术和商标使用权后,连接成"FUDA"商标。需要注意的是,联接商标的所有权应属于引进方。

(4)注明许可使用。将许可方的商标与制造地点联系起来,即在使用许可方的商标时,注明××国××厂根据××许可方的许可制造。

在上述可供选择使用的形式中,一般多使用后三种。因为这涉及企业商标战略问题。引进方引进商标使用权的主要目的在于利用许可方商标的信誉,有利于产品的推销,并且希望以此逐步建立引进方自己产品的信誉。而第一种形式由于在合同期满后,引进方不得继续使用许可方的商标,这样就会大大影响将来产品的销路和市场。在引进制造技术时,也可以在合同中规定若干年内先用许可方商标,若干年后改用许可方、引进方的联合或联结商标,再过若干年后变为完全使用引进方的商标。

在一项商标许可或包含有商标许可的合同中,究竟采用何种方式,我国法律和政策都未做限制性规定。引进方应当有战略眼光,从企业的长远发展考虑,同时也要根据国际市场情况和产品的销售情况来决定具体采用哪种形式。

4.商标许可的备案或注册。商标许可合同或包含有商标转让的许可合同,均应视情况向引进方国家商标管理机关办理备案或注册手续,从而使转让的商标在引进方国家受到法律保护。办理备案或注册可由引进方或共同委托商标注册代理人办理。

5.关于产品的质量监督权。引进方在使用许可的商标时,许可方一般均要求对引进方生产产品的质量进行监督,即取得产品质量监督权,其目的在于维护商标的信誉。对于许可方的这一权利,各国法律大都予以承认。

(三)专有技术许可合同的特殊条款

由于专有技术具有秘密性,所以专有技术许可合同一般都规定有保密条款。保密条款一般包括以下几个方面。

1.保密的内容。保密的内容是指究竟哪些技术需要保密,对此在合同中必须加以明确规定。在我国技术引进合同中一般规定为:"在合同有效期内,受方保证不向任何第三方泄露本合同规定的技术秘密;如果发现本合同规定的技术秘密的部分或全部被供方或第三方公开泄露,并有充分地证据,受方不再负责保守已泄露的技术秘密。"也就是说,只有当供方继续保守秘密时,受方才承担保密义务,一旦供方或第三方已将其技术秘密公开,受方就没有义务再予保密。

2.保密的范围。保密的范围是指究竟对谁保密。通常只有对第三方保密,即受方保证不向第三方泄露合同规定的保密内容,但受方有权让自己企业的有关人员知悉,同时受方应限定接触核心技术秘密的人员。如在合同中规定,在整个保密期内,引进方能够接触许可方提供的核心技术秘密的人员,仅限于某些具体执行该合同的技术人员。凡是接触技术资料的人,都要与引进方或许可方签订保密协议。另外,对于技术资料保管人员的要求也应在合同中加以规定。

3. 保密的期限。保密的期限是指受方承担保密义务的截止日期。保密的期限一般应与合同的有效期限相一致。但供方有时要求,合同期满后仍让受方继续承担保密义务,受方一般是不会接受供方的这种要求的。只有在少数情况下,如供方将继续提供改进技术,受方才承担超过合同期限的保密义务。

4. 泄密的责任。该条款通常包括承担违约责任的条件和方式、违约赔偿的范围以及违约金的数额等。

承担违约责任的办法包括:立即停止违约行为,将非法所得交给对方;按照对方的要求停止合同的继续履行,退还全部技术资料;赔偿对方损失等。

确定违约赔偿的范围是一个复杂的问题。为了避免一旦发生违约在赔偿范围问题上纠缠不清,应尽可能在合同中对违反保密义务的赔偿范围以及计算方法做出明确规定。

此外,由于在专有技术许可交易过程中,受方有时也将自己的某些技术秘密提供给供方,尤其是合同中规定了相互交换改进技术时,这样受方也要求供方承担保密义务。对此,有些合同也对供方的保密义务具体加以规定。

案例分析

一、案例始末

2007年2月,某机修厂与意大利某宝石制造公司签订一份"宝石戒面生产线技术转让合同"。

合同约定,由意大利公司为机修厂建成一条年产10万粒宝石戒面的生产线,总价款为105万元人民币,其中设备费用为81万元,技术费用24万元。

在合同签订之后,机修厂应先预付一定的入门费:设备费的1/3,即27万元;技术费用的1/2即12万元,设备费用按交付进度及时付款。意大利公司要提供成套设备及全部技术资料,负责为机修厂培训技术人员,并派人到机修厂协助安装、调试设备和指导生产。

机修厂应按时支付费用、筹建厂房,按期选派人员参加培训。意大利公司保证长期优惠供应彩色刚玉,机修厂保证不从第三方购买。双方还约定,全套设备由意大利公司负责发运,运费由机修厂负担。

2007年9月,意大利公司收到机修厂预付的入门费39万元,随即开始生产设备和编制技术文件。机修厂也及时选派人员到意大利公司培训。2008年1月,意大利公司将全部技术文件交给机修厂。

之后,双方又对合同事项进行了部分修订:一是"应机修厂要求,意大利公司同意减少设备8台,计款28万元";二是"意大利公司在得到机修厂电报后才能发运货物",如果由于机修厂未发电报而导致迟延交货,意大利公司不承担法律责任。

2008年2月,机修厂电报通知意大利公司应于2月20日发货,意大利公司则要求机修厂付清余款后再发运货物,机修厂则坚持要求对方先行发货,待验收后才能付清余款。

由于双方未能达成一致意见,意大利公司一直未曾发货,机修厂又电告意大利公司应于3月20日前发货,但意大利公司置之不理。

2008年4月,机修厂撤销宝石车间并转产,意大利公司则以机修厂单方解除合同,属违约行为为由向我国某中级人民法院提起诉讼。

二、有关案件审理

在审理中,合议庭一致认为,双方所签的合同合法有效,意大利公司未依约按期发运货物,应承担违约责任,但是在如何承担违约责任上,出现了两种意见:

第一种意见认为,意大利公司已按约定向机修厂交付了全套技术资料,并培训了对方派来的技术人员,科学技术作为特殊商品,一经交付就无法返还,所以转让方应取得技术转让费24万元。至于意大利公司履行部分合同,没有按期交付设备,当然应承担此部分的违约责任,但机修厂单方面转产,致使合同无法履行,也应承担部分责任。应判决意大利宝石制造公司赔偿设备部分价款的10%。

第二种意见认为,本合同有两个标的,即"建成一条年产10万粒宝石戒面的生产线,并由意大利公司提供所需的成套设备和生产技术文件",这两个标的是合同整体的不可分割的组成部分,意大利公司虽然部分违约,也应看成是对整个合同的违约。由于意大利公司违约,致使生产线未建成,机修厂遭受了经济损失。应判决意大利公司返还机修厂支付的入门费39万元,并适当赔偿对方的经济损失。

思考练习题

思考题

1. 什么是国际技术贸易合同?
2. 一项有效的国际技术许可合同要具备哪些基本条件?
3. 国际技术贸易合同是如何分类的?各个不同类型的国际技术贸易合同的含义是什么?
4. 在国际技术贸易合同订立中,需要对哪些名词术语进行定义?为什么需要定义这些名词术语?
5. 国际技术贸易合同对许可对象的使用期限和地域范围是如何规定的?
6. 国际技术贸易合同中,如何规定技术资料的交付方式?
7. 在保证条款中,许可方需要做出哪些保证?
8. 国际技术贸易合同如何生效?

练习题

一、单项选择题

1. 被许可方之所以愿意签订合同并交纳使用费来使用许可方的知识产权的基础在于(　　)。

    A. 国家赋予许可方知识产权的保护是垄断性和排他性的,许可方的知识产权是有效的

    B. 许可方的知识产权能够给被许可方带来可观的经济利益

    C. 知识产权受法律保护,不能未经知识产权所有人许可而私自使用

    D. 国家法律强制性要求,方便对知识产权的管理

2. 主要用于技术咨询合同与技术服务合同中的对主体的称呼方式是(　　)。

    A. 许可方与被许可方　　　　　B. 买方与卖方

    C. 出口方与引进方　　　　　　D. 委托方与受托方

3. 下面关于国际技术贸易合同的特征,哪项是正确的(　　)?

    A. 技术合同的主体是买卖科学技术成果或者从事科学技术引进与开发的平等的当事人

    B. 技术合同的标的是科学技术成果、开发科学技术项目的工作或利用科学技术成果为社会提供的服务,是无形的知识商品或与之有关的活动

C.技术合同的环节较少,履行期限较短,合同价款或报酬的计算与支付并不复杂,比一般的货物贸易要简单易行

D.技术合同的种类不多,但各种合同经常互相交叉,可以将技术合同分为技术开发合同、技术转让合同和技术服务合同等

4.随着科学技术的飞速发展,技术资料的载体种类也日益繁多,因而交付方式也逐渐多样化。以光盘、U盘作为载体的技术资料应通过双方当事人的协商,来确定采取其他相应的交付措施。以纸作为载体的技术资料一般应以(　　)为佳。

A.海运　　　　　　　　　　B.空运
C.扫描以后用电子邮件的形式　D.陆运

5.根据《中华人民共和国外商投资企业和外国企业所得税法》的规定,外国企业对于来源于中国境内的特许权使用费,应该向技术受方国缴纳所得税。这一所得税应由(　　)来承担。

A.技术的受方　　　　　　　B.技术的供方
C.技术受方的管理机构　　　D.技术供方的管理机构

二、填空题

1.合同的范围应当说明_____、_____、_____等。

2.技术培训一般有两种方式:_____、_____。

3.如果双方约定可变使用费支付方式,双方可以按照_____、_____、_____一定比例提成,也可以按照约定的其他方式计算。

4.不可抗力条款应规定_____、_____、_____以及_____等问题。

5.由于专有技术具有秘密性,所以专有技术许可合同一般都规定有保密条款。保密条款一般包括以下几个方面:_____、_____、_____、_____。

三、简答题

1.根据下列给出的假设与主题,自设其他条件,起草一份技术咨询合同:

委托方(甲方):中国A公司。

受托方(乙方):法国B公司。

主题:新水电站的设计技术咨询。

委托方要求:新水电站设计可行性报告。

技术咨询目标:保证新水电站的初步设计不会对当地生态环境产生不利

影响。

2. 三个人合作,自设条件,撰写一份计算机软件许可合同。

3. 以小组形式,分成许可方与被许可方,合作撰写一份专利实施许可合同。

第三章　与国际技术贸易有关的国际公约、协定、惯例

学习要点与要求

1. 了解国际通行规则的概念及其特点
2. 理解《保护工业产权巴黎公约》基本原则与《与贸易有关的知识产权协议》(TRIPS)产生的背景
3. 掌握与国际技术贸易有关的其他国际公约与协定
4. 熟练掌握联合国《国际技术转让行动守则(草案)》列举的限制性商业惯例

引导案例

百度MP3搜索著作权纠纷案

环球唱片有限公司、华纳唱片有限公司、索尼音乐娱乐香港有限公司与北京百度网讯科技有限公司侵害录音制作者权纠纷上诉案【北京市高级人民法院(2010)高民终字第1694号、1700号、1699号民事调解书】。

环球唱片有限公司(以下简称环球公司)、华纳唱片有限公司(以下简称华纳公司)、索尼音乐娱乐香港有限公司(以下简称索尼公司)发现其享有录音制作者权的128首歌曲在北京百度网讯科技有限公司(以下简称百度公司)的百度网站MP3栏目中通过搜索框、榜单等模式,提供了链接以及相应的在线试听和下载服务。环球公司、华纳公司、索尼公司认为百度公司的上述行为侵犯了

其对上述歌曲录音制品享有的信息网络传播权,请求法院判决赔偿其经济损失和合理费用共计 6 350 万元。

第一节　与国际技术贸易有关的国际通行规则

一、国际通行规则综述

(一) 国际通行规则的概念

国际通行规则,是指以各国政府名义参与制定、加入的国际公约、条约、协定,国际组织指定用以规范法人、自然人的行为准则,以及各个领域长期实践形成的、被国际上广泛认可的、反复使用的习惯、做法的总称。

(二) 国际通行规则的特点

1. 公约、条约与协定。《维也纳条约法》对公约、条约、协定做出了如下定义:称"条约"者,谓国家间所缔结而以国际法为准的国际书面协定,不论其载于一项单独文书或两项以上相互有关的文书内,亦不论其特定名称如何。公约(Convention、Pact)是条约的一种,通常指国际有关政治、经济、文化、技术等重大国际问题而举行国际会议,最后缔结的多方面的条约。公约的内容多系造法性的行为规则和其他制度,如《海洋法公约》《维也纳条约法公约》等。公约通常为开放性的,非缔约国可以在公约生效前或生效后的任何时候加入。有的公约由专门召集的国际会议制定。公约除了倾向于立法形式的多边条约以外,它与条约并无实质性差别。它的内容一般是专门性的,不如条约的内容重大。协定(Agreement)多数是解决行政性、事务性的具体问题的协议,如司法协助协定、贸易协定、邮电协定、航空协定等。国际组织间缔结的协议多称"协定"。

条约(Treaty)的特点为:

(1) 条约是以国家名义缔结或加入、明确国家机构承担权利义务关系的书面文件,是两个或两个以上的国家就有关重大的政治、经济、法律等问题达成的协议,如边界条约、领事条约等。

(2) 缔约国享有的权利和应该承担的相应义务是对等的。

（3）条约无论名称如何，都必须采取书面形式，因为它是一种正式的法律文件，明确规定了缔约国享受的权利和应承担的国际义务。

（4）条约对于缔约国具有约束力。在国内法未做规定或与条约发生冲突时，条约的法律效力优先于国内法，即条约具有强制适用性。

2. 国际组织制定的规则、通则。规则、通则，是国际组织为适应国际交往的需要，根据有关领域当事人的要求，在调查研究的基础上，考虑各种不同法律制度，经各方面专家起草，由国际组织推荐，各国当事人自愿遵守的书面文件。采用或遵守某项规则、通则的当事人越多，其国际影响就越大，以至于不遵守者会在国际交往中遇到障碍。其特点是：

（1）规则、通则是公开的、普遍的，对任何当事人均无任何限制。

（2）规则、通则的约束力产生于当事人的明示选择，即明确规定当事人的有关权利义务适用哪项规则，则该项规则对当事人具有约束力。即使当事人未明示选择，在当事人将争端提交仲裁或法院时，仲裁机构或法院往往也会援引有关规则或通则的规定，作为解决争端的依据，此时，规则、通则对当事人也具有约束力。

3. 长期国际交往实践中形成的习惯与做法。国际贸易中，国家与国家之间逐渐形成的某些习惯和先例，后来得到许多国家的承认和遵守，这种习惯和先例就叫作国际惯例。

国际惯例不是法律，没有法律的强制性，对任何买卖双方没有法律的结束力；但它具有权威性，它得到世界各国的认可，是大家公认的做法，对国际贸易实践具有重要的指导作用。它的作用体现在两个方面：第一，惯例本身虽然并不是法律，对买卖双方不具有强制性，但如果双方同意采用某一惯例来约束这项贸易，并在合同中做出明确规定时，那惯例就有了强制性，即具有法律效力。第二，如果买卖双方对某一个问题没有做出明确规定，合同又未明确适用某一惯例，合同执行过程中发生了争议，司法机关或仲裁机构可以引用惯例条文进行判断或仲裁。

习惯与做法的特点有：

（1）习惯与做法必须确有相当多的人遵循的事实存在。

（2）内容必须有明确的规范性和确定性。

（3）内容虽然没有明文规定，但其并不与有关国家的法律、法规和国际条约相抵触。

（4）在确定法律关系时，当事人须确认并引用。

二、国际通行规则适用的一般原则

根据我国《民法通则》的规定,对于适用问题,首先适用我国法律;我国法律未做规定的,适用我国缔结或者参加的与合同有关的国际条约。"我国缔结或者参加的国际条约同我国的民事法律有不同规定的,适用国际条约的规定,但我国声明保留的条款除外;我国法律和我国缔结或者参加的国际条约没有规定的,可以适用国际惯例。"从上述的一般原则中可以看出,国际通行规则的适用有以下三种情况:

第一,选择性适用。对于国际组织制定的具有普遍性和非限制性的规则、通则以及长期实践中形成的习惯和做法,在国家法律没有明确规定的情况下,有关当事人有自愿选择适用的权利。一旦当事人确认并加以引用,就对当事人具有约束力。"中华人民共和国法律和中华人民共和国缔结或者参加的国际条约没有规定的,可以适用国际惯例。"

第二,强制性适用。凡以国家名义缔结或者参加、加入的国际条约,该国际条约具有强制适用性,也就是说,作为国际条约成员国的当事人应严格遵守。特别是国内法规定与国际公约有矛盾时,国际公约的效力高于国内法。"中华人民共和国缔结或者参加的国际条约同中华人民共和国的民事法律有不同规定的,适用国际条约的规定。"

第三,限制性适用,即适用的除外,这里主要有两种除外情况:一是国家在缔结或者参加国际条约时声明保留的条款;二是国家明令限制的。"中华人民共和国缔结或者参加的国际条约同中华人民共和国的民事法律有不同规定的,适用国际条约的规定,但中华人民共和国声明保留的条款除外。"

三、国际通行规则与国家利益的平衡

(一)国际通行规则与国家利益的冲突

1. 国际通行规则对国家利益的挑战。科学技术的迅猛发展,全球经济一体化趋势的加强,导致各国法律趋同化。在这种形势下,多边国际条约不断涌现,目前全球性的知识产权条约已达30多个,涵盖了知识产权的各个领域(著作权、专利、商标、计算机软件、商业秘密、未披露信息、集成电路布图设计等)。另外,在世界知识产权组织、联合国教科文组织和世界贸易组织的推动下,各个国家都自愿或不自愿地卷入了知识产权法全球化的潮流中。但是,这往往与国家利益存有一些矛盾,因为公约要求所有成员,不论其经济、技术水平如何,都必须按公约的最低要求,对其他成员方国民提供同样的保护。这必将对发展中国家的技术薄弱部门和已经捉襟见肘的经济造成冲击,给其技术利益带来一定的损害。例如,食品、化学制品(含农药和杀虫剂)制药及其工艺的专利保护问题,发展中国家反对保护这些产品,因为它们认为,这些产品对满足国民基本需求特别重要,不能给予发达国家公司以专利保护,以免导致价格垄断,使自己国家受制于人。发达国家的公司则认为,如果将这些产品排除在专利保护之外,无异于掠夺它们的利润,强烈要求将这些产品列入专利保护范围。

2. 国际通行规则比较多地反映了工业发达国家的利益。国际通行规则实质上是各国国内法的延伸、各种法律制度的折中、各种类型国家利益相互平衡的结果。工业发达国家为了保护自己的技术资产,将知识产权转化为经济竞争的一种手段,使其技术资产在全球范围获得最大限度的回报。为此,它们千方百计将本国的法律制度和战略意图渗透到各种国际条约中,例如 WTO《与贸易有关的知识产权协议》(以下简称《协议》),扩大了知识产权的保护范围,提高了知识产权的保护水平,将知识产权与国际商品贸易挂钩,从而工业发达国家通过这个《协议》轻易地实现了其国家利益在全球的拓展。而发展中国家由于经济、技术上发展滞后,知识产权制度不够完善,运用知识产权制度的经验不足,往往在制定和修改国际公约中处于被动地位,不能将发展中国家的利益充分反映在国际公约中。在这种弱势状态下,发展中国家还要按公约规定标准履行公约的义务,必然使其通过知识产权追求经济发展目标的努力付出更高的代价。

3. 国际通行规则压缩了各国法律选择的空间,削弱了主权国家选择加入国际条约的自主性。缔结或加入某项国际条约是主权国家的自由,每个主权国家都可以根据本国经济、技术发展的需要选择缔结或加入国际条约。但是,发展中国家迫于工业发达国家的压力或公约所规定的义务,不得不修改本国的法律。另一方面,世界贸易组织要求,所有成员对各项协议和附件必须一揽子接受。这又意味着世界贸易组织的所有成员必须无保留地执行《与贸易有关的知识产权协议》,以致使《协议》中涉及的原本未生效的或有些发展中国家不准备加入的单项国际公约都成了必须执行的条约。如《集成电路知识产权条约》尚未达到生效的条件,但因该《协议》将其列入了保护范围,迫使世界贸易组织100多个成员实际执行。

(二)与国际通行规则接轨和国家利益的保护

1.根据国家经济、技术和社会发展水平,有选择地缔结和加入国际条约。改革开放40多年来,我国在各方面取得了举世瞩目的成就,综合国力有了很大增强,被列入新兴工业化国家。但是,在技术水平上,我国与世界工业化国家相比仍然有不小的差距。根据权威资料,仅就改变未来的新型科学技术而言,在生物工程技术领域,美国占有世界专利总量的59%,欧洲占19%,日本占17%,包括中国在内的其他国家只占5%;在制药领域,美国占有世界专利的51%,欧洲占33%,日本占12%,包括中国在内的其他国家只占4%。在这样的技术背景下,就必须慎重考虑加入某些国际条约的必要性,即对保护我国弱小产业是否有利,是否有利于我国的科技发展。如果选择不当,不但会束缚自己的手脚,还会给跨国公司对我国实施技术壁垒大开方便之门。

法律趋同化虽然削弱了主权国家选择加入国际公约的自主性,但大多数国际公约还是以自愿加入为基本原则。所以,我们仍然可以根据我国的实际情况,做出加入或不加入的选择,或者加入某项国际条约时,对一些不符合我国法律原则的条款,声明保留。

2.在缔结和修改国际条约方面,我国应和发展中国家联合,共同维护发展中国家利益。我国是世界上最大的发展中国家,很多较小的发展中国家愿意与我们联合,维护发展中国家的利益。例如,在多哈召开的WTO第四次部长会议上,专门通过了《关于TRIPS协议与公共健康的宣言》,其宗旨是让所有的人能够使用受法律保护的药品,从而迫使很多发达国家制药公司的专利药,许可在发展中国家进行生产,给很多病人提供了获得与恢复健康的机会,这就是发展中国家联合斗争的结果。

3.在制定本国法律时,不要规定超过国际公约的保护标准。各项知识产权国际公约都要求,给予成员方国民的知识产权最低限度的保护,但不反对各国按国内法给予高于最低要求的保护。我国制定有关法律时,最好不要做高于国际公约最低要求的规定。例如,我国《计算机软件保护条例》第30条规定了个人用户使用盗版软件的法律责任,就超出了TRIPS协议规定的最低保护要求。

第二节 《保护工业产权巴黎公约》

一、《保护工业产权巴黎公约》的背景

《保护工业产权巴黎公约》(Paris Convention on the Protection of Industrial Property,简称《巴黎公约》),于1883年3月20日在巴黎签订,1884年7月7日生效。最初的成员为11个,到2004年12月底,缔约方总数为168个国家和地区。1985年3月19日中国成为该公约成员,我国政府在加入书中声明:中华人民共和国不受公约第28条第1款的约束。

19世纪以前,在有关保护工业产权领域,由于各国法律的差异性,在世界各国要想获得工业产权的保护是很困难的。而且,专利应用不得不同时在所有的国家产生,为的是避免在一国的公开导致了破坏其在其他国家的新颖性。这些现实问题引起了克服这些困难的强烈愿望。到19世纪的后半期,技术全球化趋势的加强以及世界贸易的增长要求工业产权法的和谐统一,尤其在专利和商标领域。

1873年,当奥匈帝国政府邀请世界其他国家参加在维也纳举办的一场有关发明的万国博览会时,许多国家的发明者考虑到对展览品没有充分的法律保护,而不乐意参展。这促进了以下两方面的发展:第一,奥地利通过一项特别法,对所有参加展览的外国参展者的发明、商标和工业品外观设计提供暂时性保护。第二,同年在维也纳召开了关于进行"专利改革"的会议,会上通过了几项决议,提出若干有效且实用的专利原则,并且敦促各国政府要积极倡导专利制度保护并引起世界范围内对专利的关注,以"早日达成专利国际保护协约"。

作为维也纳大会的后续工作,于1878年在巴黎召开了一次有关工业产权的国际性会议。与会代表决定请求各国政府召集一次正式的国际(外交)会议,以便解决在工业产权领域的"统一立法"问题。会后,法国准备了一份提议建立保护工业产权"国际联盟"的最终草案,由法国政府分送给各有关国家,并且连带着一份有关参加1880年在巴黎的国际会议的邀请函。那次会议采纳了一项草案公约,它大体上包含那些至今仍然表现为《保护工业产权巴黎公约》主要特征的实质性条款。

1883年,在巴黎召开了一次新的外交会议。最终,比利时、法国、巴西、萨尔瓦多、意大利等11个与会国通过并签署了《保护工业产权巴黎公约》(以下简称

《巴黎公约》),1884年7月7日公约生效。以后又有英国、突尼斯、厄瓜多尔等国家加入,至1985年,其成员已经达到了97个国家和地区。至1997年1月1日,已经发展到了140个联盟成员,包括中国在内的世界上大部分国家都参加了联盟。

《巴黎公约》的条款可以分为四个主要类别:

第一类,实体法规则,它们保证基本权利,即每个成员的"国民待遇"问题。

第二类,确立另一个基本权利,即"优先权"。

第三类,关于国际组织和成员之间法律的一致性和执法的统一性问题。要求或允许成员主管机关根据《巴黎公约》的条款制定出相应的法律条文,并且规定了申请人应遵守《巴黎公约》中规定的各项义务。

第四类,关于行政机构的问题,如联盟大会、国际局的设立、财务制度和分配原则等,并且还规定了各项最终条款。

《巴黎公约》自1883年签订以来,已做过多次修订,现行的是1980年2月在日内瓦修订的文本。现行文本共30条,分为三组,第1~12条为实质性条款,第13~17条为行政性条款,第18~30条是关于成员的加入、批准、退出及接纳新成员等内容,称为"最后条款"。

《巴黎公约》的调整对象(保护范围)是工业产权,包括发明专利权、实用新型、工业品外观设计、商标权、服务标记、厂商名称、产地标记或原产地名称以及制止不正当竞争等。公约的基本目的是保证一成员的工业产权在所有其他成员都得到保护。但由于成员间的利益矛盾和立法差别,公约没能制定统一的工业产权法,而是以各成员的国内或地区立法为基础进行保护,因此它没有排除专利权效力的地域性。公约在尊重各成员的国内或地区立法的同时,规定了成员必须共同遵守的几个基本原则,以协调各成员的立法,使之与公约的规定相一致。

二、《巴黎公约》的基本原则

(一)《巴黎公约》国民待遇原则

《巴黎公约》对国民待遇原则做了具体规定。

在工业产权保护方面,公约成员必须在法律上给予公约其他成员相同于本国国民的待遇;即使是非成员国民,只要他在公约某一成员国内有住所,或有真实有效的工商营业所,亦应给予相同于本国国民的待遇。

"①本联盟任何国家的国民,在保护工业产权方面,在本联盟所有其他国家内应享有该国法律现在授予或今后可能授予该国国民的各种利益,一切都不应损害本公约特别规定的权利,因此,他们应和该国国民享有同样的保护,对侵犯他们的权利享有同样的法律上的救济手段,但是以他们遵守对该国国民规定的条件和手续为限。②但是,对于本联盟国家的国民不得规定在其要求保护的国家须有住所或营业所才能享有工业产权。③本联盟每一国家法律中关于司法和行政程序、管辖权以及指定送达地址或委派代理人的规定,工业产权法中可能有要求的,均明确地予以保留。"(《巴黎公约》第2条)"本联盟以外各国的国民,在本联盟一个国家的领土内设有住所或有真实和有效的工商业营业所的,应享有与本联盟国家国民同样的待遇。"(《巴黎公约》第3条)

(二)《巴黎公约》优先权原则

《巴黎公约》规定凡在一个缔约方申请注册的商标,可以享受自初次申请之日起为期6个月的优先权,即在这6个月的优先权期限内,如申请人再向其他成员方提出同样的申请,其后来申请的日期可视同首次申请的日期。优先权的作用在于保护首次申请人,使他在向其他成员方提出同样的注册申请时,不致由于两次申请日期的差异而被第三者钻空子抢先申请注册。发明、实用新型和工业品外观设计的专利申请人从首次向成员方之一提出申请之日起,可以在一定期限内(发明和实用新型为12个月,工业品外观设计为6个月)以同一发明向其他成员方提出申请,而以第一次申请的日期为以后提出申请的日期。其条件是,申请人必须在成员方之一完成了第一次合格的申请,而且第一次申请的内容与日后向其他成员方所提出的专利申请的内容必须完全相同。

"①已经在本联盟的一个国家正式提出专利、实用新型注册、外观设计注册或商标注册的申请的任何人,或其权利继承人,为了在其他国家提出申请,在以下规定的期间内应享有优先权。②依照本联盟任何国家的本国立法,或依照本联盟各国之间缔结的双边或多边条约,与正规的国家申请相当的任何申请,应认为产生优先权。③正规的国家申请是指足以确定在有关国家中提出申请日期的任何申请,而不问该申请以后的结局如何。"(《巴黎公约》第4条A)

"因此,在上述期间届满前在本联盟的任何其他国家后来提出的任何申请,不应由于在这期间完成的任何行为,特别是另外一项申请的提出、发明的公布或利用、外观设计复制品的出售或商标的使用而成为无效,而且这些行为不能产生任何第三人的权利或个人占有的任何权利。第三人在作为优先权根据的

第一次申请的日期以前所取得的权利,依照本联盟每一国家的国内法予以保留。"(《巴黎公约》第 4 条 B)

"①上述优先权的期间,对于专利和实用新型应为 12 个月,对于外观设计和商标应为 6 个月。②这些期间应自第一次申请的申请日起算,申请日不应计入期间之内。③如果期间的最后一日是请求保护地国家的法定假日或者是主管机关不接受申请的日子,期间应延至其后的第一个工作日。④在本联盟同一国家内就第②所称的以前第一次申请同样的主题所提出的后一申请,如果在提出该申请时前一申请已被撤回、放弃或驳回,没有提供公众阅览,也没有遗留任何权利,而且如果前一申请还没有成为要求优先权的根据,应认为是第一次申请,其申请日应为优先权期间的起算日。在这以后,前一申请不得作为要求优先权的根据。"(《巴黎公约》第 4 条 C)

"①任何人希望利用以前提出的一项申请的优先权的,需要做出声明,说明提出该申请的日期和受理该申请的国家。每一国家应确定必须做出该项声明的最后日期。②这些事项应在主管机关的出版物中,特别是应在有关的专利证书和说明书中予以载明。③本联盟国家可以要求做出优先权声明的任何人提交以前提出的申请(说明书、附图等)的副本。该副本经原受理申请的机关证实无误后,不应要求任何认证,并且无论如何可以在提出后一申请后 3 个月内随时提交,不需缴纳费用。本联盟国家可以要求该副本附有上述机关出具的载明申请日的证明书和译文。④对提出申请时要求优先权的声明不得规定其他的手续。本联盟每一国家应确定不遵守本条规定的手续的后果,但这种后果决不能超过优先权的丧失。⑤以后,可以要求提供进一步的证明。任何人利用以前提出的一项申请的优先权的,必须写明该申请的号码,该号码应依照上述第②项的规定予以公布。"(《巴黎公约》第 4 条 D)

"①在依靠以实用新型申请为根据的优先权而在一个国家提出外观设计申请的情况,优先权的期间应与对外观设计规定的优先权期间一样。②而且,依靠以专利申请为根据的优先权而在一个国家提出实用新型的申请是许可的,反之亦一样。"(《巴黎公约》第 4 条 E)

"本联盟的任何国家不得由于申请人要求多项优先权(即使这些优先权产生于不同的国家),或者由于要求一项或几项优先权的申请中有一个或几个因素没有包括在作为优先权基础的申请中,而拒绝给予优先权或拒绝专利申请,但以上述两种情况都有该国法律所规定的发明单一性为限。关于作为优先权根据的申请中所没有包括的因素,以后提出的申请应该按照通常条件产生优先

权。"(《巴黎公约》第 4 条 F)

"①如果审查发现一项专利申请包含一个以上的发明,申请人可以将该申请分成若干分案申请,保留第一次申请的日期为该分案申请的日期,如果有优先权,并保有优先权的利益。②申请人也可以主动将一项专利申请分案,保留第一次申请的日期为该分案申请的日期,如果有优先权,并保有优先权的利益。本联盟各国有权决定允许这种分案的条件。"(《巴黎公约》第 4 条 G)

"不得以作为优先权根据的发明中的某些因素没有包含在原属国申请列举的请求权项中为理由,而拒绝给予优先权,但以申请文件从全体看来已经明确地写明这些因素为限。"(《巴黎公约》第 4 条 H)

"①在申请人有权自行选择申请专利证书或发明人证书的国家提出发明人证书的申请,应产生本条规定的优先权,其条件和效力与专利证书的申请一样。②在申请人有权自行选择申请专利证书或发明人证书的国家,发明人证书的申请人,根据本条关于申请专利证书的规定,应享有以专利、实用新型或发明人证书的申请为根据的优先权。"(《巴黎公约》第 4 条 I)

(三)《巴黎公约》专利、商标独立原则

申请和注册商标的条件,由每个成员方的法律决定,各自独立。对成员方国民所提出的商标注册申请,不能以申请人未在本国申请、注册或续延为由而加以拒绝或使其注册失效。在一个成员方正式注册的商标与在其他成员方(包括申请人所在国)注册的商标无关。这就是说,商标在一成员方取得注册之后,就独立于原商标,即使原注册国已将该商标予以撤销,或因其未办理续延手续而无效,都不影响它在其他成员方所受到的保护。同一发明在不同国家所获得的专利权彼此无关,即各成员方独立地按本国的法律规定给予或拒绝、或撤销、或终止某项发明专利权,不受其他成员方对该专利权处理的影响。这就是说,已经在一成员方取得专利权的发明,在另一成员方不一定能获得;反之,在一成员方遭到拒绝的专利申请,在另一成员方则不一定遭到拒绝。

"(专利:就同一发明在不同国家取得的专利是互相独立的)①本联盟国家的国民向本联盟各国申请的专利,与在其他国家,不论是否本联盟的成员国,就同一发明所取得的专利是互相独立的。②上述规定,应从不受限制的意义来理解,特别是指在优先权期间内申请的各项专利,就其无效和丧失权利的理由以及其正常的期间而言,是互相独立的。③本规定应适用于在其开始生效时已经存在的一切专利。④在有新国家加入的情况下,本规定应同样适用于加入时各

方面已经存在的专利。⑤在本联盟各国,因享有优先权的利益而取得的专利的有效期间,与假设没有优先权的利益而申请或授予的专利的有效期间相同。"(《巴黎公约》第4条之二)

"(商标:同一商标在不同国家所受保护的独立性)①商标的申请和注册条件,在本联盟各国由其本国法律决定。②但对本联盟国家的国民在本联盟任何国家提出的商标注册申请,不得以未在原属国申请、注册或续延为理由而予以拒绝,也不得使注册无效。③在本联盟一个国家正式注册的商标,与在联盟其他国家注册的商标,包括在原属国注册的商标在内,应认为是互相独立的。"(《巴黎公约》第6条)

三、《巴黎公约》中专利权保护的有关规定

(一)《巴黎公约》临时性保护

《巴黎公约》对发明、实用新型、外观设计、商标在某些国际展览会中的临时保护问题做出了规定。

"①本联盟国家应按其本国法律对在本联盟任何国家领土内举办的官方的或经官方承认的国际展览会展出的商品中可以取得专利的发明、实用新型、外观设计和商标,给予临时保护。②该项临时保护不应延展第4条规定的期间。如以后要求优先权,任何国家的主管机关可以规定其期间应自该商品在展览会展出之日开始。③每一个国家认为必要时可以要求提供证明文件,证实展出的物品及其在展览会展出的日期。"(《巴黎公约》第11条)

(二)《巴黎公约》专利权保护的最低要求

1. 专利独立。专利独立原则、国民待遇原则和优先权原则三者从不同侧面追求一个共同目标,以保证《巴黎公约》保护工业产权的广泛性和有效性。

2. 署名权。发明人有权在专利证书上署名。"发明人有权要求在专利证书上记载自己是发明人。"(《巴黎公约》第4条之三)

3. 影响专利权有效性的限制。

(1)在法律限制销售的情况下取得专利的条件。"不得以专利产品的销售或依专利方法制造的产品销售受到本国法律的限制或限定为理由,而拒绝授予专利或使专利无效。"(《巴黎公约》第4条之四)

(2)构成船舶、飞机或陆上车辆一部分的专利器件。"在本联盟任何国家

内,下列情况不应认为是侵犯专利权人的权利:本联盟其他国家的船舶暂时或偶然地进入上述国家的水域时,在该船的船身、机器、滑车装置、传动装置及其他附件上使用构成专利主题的装置设备,但以专为该船的需要而使用这些装置设备为限;本联盟其他国家的飞机或陆上车辆暂时或偶然地进入上述国家时,在该飞机或陆地上车辆的构造或操纵中,或者在该飞机或陆上车辆附件的构造或操纵中使用构成专利主题的装置设备。"(《巴黎公约》第5条之三)

(3)利用进口国的专利方法制造产品的进口。"一种产品输入到对该产品的制造方法有专利保护的本联盟国家时,专利权人对该输入产品应享有输入国法律对在该国制造的产品所授予的一切权利。"(《巴黎公约》第5条之四)

(三)《巴黎公约》的强制许可专利原则

《巴黎公约》规定:各成员方可以采取立法措施,规定在一定条件下可以核准强制许可,以防止专利权人可能对专利权的滥用。某一项专利自申请日起的4年期间,或者自批准专利日起3年期内(两者以期限较长者为准),专利权人未予实施或未充分实施,有关成员方有权采取立法措施,核准强制许可,允许第三者实施此项专利。如在第一次核准强制许可特许满两年后,仍不能防止赋予专利权而产生的流弊,可以提出撤销专利的程序。《巴黎公约》还规定了强制许可:不得专有,不得转让;但如果连同使用这种许可的那部分企业或牌号一起转让,则是允许的。

"①本联盟各国都有权采取立法措施规定授予强制许可,以防止由于行使专利所赋予的专有权而可能产生的滥用,例如不实施。②除强制许可的授予不足以防止上述滥用外,不应规定专利的取消。自授予第一个强制许可之日起两年届满前不得提起取消或撤销专利的诉讼。③自提出专利申请之日起4年届满以前,或自授予专利之日起3年届满以前,以后满期的期间为准,不得以不实施或不充分实施为理由申请强制许可;如果专利权人的不作为有正当理由,应拒绝强制许可。这种强制许可不是独占性的,而且除与利用该许可的部分企业或商誉一起转让外,不得转让,包括授予分许可证的形式在内。④上述各项规定准用于实用新型。"(《巴黎公约》第5条A)

四、《巴黎公约》中商标权保护的有关规定

(一)《巴黎公约》保护的范围

商标权保护的对象有专利、实用新型、外观设计、商标、服务标记、厂商名

称、货源标记或原产地名称。

(二)《巴黎公约》商标独立原则

《巴黎公约》对同一商标在不同国家所受保护的独立性做如下规定：

"①商标的申请和注册条件,在本联盟各国由其本国法律决定。②但对本联盟国家的国民在本联盟任何国家提出的商标注册申请,不得以未在原属国申请、注册或续延为理由而予以拒绝,也不得使注册无效。③在本联盟一个国家正式注册的商标,与在联盟其他国家注册的商标,包括在原属国注册的商标在内,应认为是互相独立的。"(《巴黎公约》第6条)

(三)《巴黎公约》对驰名商标的特殊保护

无论驰名商标本身是否取得商标注册,公约各成员方都应禁止他人使用相同或类似于驰名商标的商标,拒绝注册与驰名商标相同或类似的商标。对于以欺骗手段取得注册的人,驰名商标的所有人的请求期限不受限制。

"①本联盟各国承诺,如本国法律允许,应依职权,或依有关当事人的请求,对商标注册或使用国主管机关认为在该国已经属于有权享受本公约利益的人所有而驰名、并且用于相同或类似商品的商标构成复制、仿制或翻译,易于产生混淆的商标,拒绝或取消注册,并禁止使用。这些规定,在商标的主要部分构成对上述驰名商标的复制或仿制,易于产生混淆时,也应运用。②自注册之日起至少五年的期间内,应允许提出取消这种商标的请求。本联盟各国可以规定一个期间,在这期间内必须提出禁止使用的请求。③对于依恶意取得注册或使用的商标提出取消注册或禁止使用的请求,不应规定时间限制。"(《巴黎公约》第6条之二)

(四)《巴黎公约》禁用作为商标的标记和禁用的例外

《巴黎公约》规定了禁用作为商标的标记和禁用的例外。

1.《巴黎公约》禁用的标记：

"(a)本联盟各国同意,对未经主管机关许可,而将本联盟国家的国徽、国旗和其他的国家徽记、该国用以表明监督和保证的官方符号和检验印章以及从徽章学的观点看来的任何仿制用作商标或商标的组成部分,拒绝注册或使其注册无效,并采取适当措施禁止使用。"[《巴黎公约》第6条之三(1)]

2.《巴黎公约》禁用的例外：

"(b)上述(a)项规定应同样适用于本联盟一个或一个以上国家参加的政

府间国际组织的徽章、旗帜、其他徽记、缩写和名称,但已成为现行国际协定规定予以保护的徽章、旗帜、其他徽记、缩写和名称除外。"[《巴黎公约》第 6 条之三(1)]

(五)《巴黎公约》商标的使用

《巴黎公约》规定,某一成员方已经注册的商标必须加以使用,只有经过一定的合理期限,而且当事人不能提出其不使用的正当理由时,才可撤销其注册。凡是已在某成员方注册的商标,在一成员方注册时,对于商标的附属部分图样加以变更,而未变更原商标重要部分,不影响商标显著特征时,不得拒绝注册。如果某一商标为几个工商业公司共有,不影响它在其他成员方申请注册和取得法律保护,但是这一共同使用的商标以不欺骗公众和不造成违反公共利益为前提。

(六)《巴黎公约》商标权的转让

如果成员方的法律规定,商标权的转让应与其营业一并转让方为有效,则只需转让该国的营业就足以认可其有效,不必将所有国内外营业全部转让。但这种转让应以不会引起公众对贴有该商标的商品来源、性质或重要品质发生误解为条件。

(七)《巴黎公约》展览产品的临时保护

公约成员方应按其本国法律对在公约各成员方领域内举办的官方或经官方认可的国际展览会上展出的产品所包含的专利和展出产品的商标提供临时法律保护。

第三节 《与贸易有关的知识产权协议》

1994 年 4 月 15 日,历时 7 年之久的关贸总协定乌拉圭回合多边贸易谈判终于顺利结束,除签署了关贸总协定(1994)和服务贸易总协定外,还签署了与贸易有关的知识产权协议。该协议内容涉及知识产权的各个领域,不仅在很多方面超过了现有的国际公约水平,而且把关贸总协定关于有形商品贸易的基本原则引入知识产权保护领域,强化了执行措施和争端解决机制,特别是对过渡安排做了严格的规定,并通过设置不准保留条款和专门管理机构来达到强制执行的目的。可以说,《与贸易有关的知识产权协议》(TRIPS)是一部知识产权保护方面的国际法典,将是各国需长期执行的国际准则。

一、《与贸易有关的知识产权协议》产生的背景

总体而言,TRIPS的产生一方面是由于世界知识产权保护体系本身的弱点,另一方面是由于国际贸易发展的需要。

1967年7月14日,51个国家和地区在斯德哥尔摩签订了《世界知识产权组织公约》,下辖的国际知识产权条约共26个,形成了世界性的知识产权保护体系。但是这个知识产权体系从一开始就是脆弱的,主要表现在:其一,参加各公约或条约的成员参差不齐,使法律的约束力缺乏普遍性,有些条约像美国这样的超级大国都没有参加,这不能不令人怀疑这些条约的效力。其二,这些公约有的形成于一个世纪以前,其保护范围不能适应20世纪快速发展的技术革命的需要,如生物工程、集成电路、电子商务等未包容进去,这必然会影响其保护的整体水平。其三,缺乏有效的争端解决机制,这是世界知识产权组织最大的弱点。除了以上的原因外,世界贸易发展的新趋势也是促使TRIPS产生的一个直接的重要原因。

20世纪,人类在科学技术方面取得飞速发展,新技术、新发明层出不穷,特别是互联网的出现,使科学技术渗入到社会生活的每个领域,极大地促进了社会经济的发展,科学技术对经济增长的贡献由20世纪初的5%左右上升到60%~70%,技术成果和技术产品在全球范围内广泛流传和应用,改变了传统国际贸易的格局,使国际贸易从单一的有形货物转向多元的有形货物贸易、服务贸易和知识产权贸易,而且,知识产权贸易呈快速增长之势。据统计,世界技术贸易额在20世纪70年代中期为110亿美元,80年代中期为500亿美元,90年代达1 000亿美元。即使是有形货物也富含知识产权,所以20世纪末各国出口产品中知识产权含量逐年上升,特别是发达国家,如美国出口产品的这一比例为40%。知识产权贸易在当代国际贸易中占有重要地位,而欧美发达国家认为原有知识产权体制不能保护其利益,他国滥用其知识产品不付报酬,盗用其名牌商品,假冒仿制品、盗版录音录像制品和电脑软件屡见不鲜,知识产权持有人因此类侵权行为受到的损失极为严重,每年都达数十亿美元。

国际贸易中出现的这些新特点表明,世界性的知识产权保护日益集中体现在国际贸易领域,而原有的世界知识产权保护体系难以解决国际贸易中侵犯知识产权的问题,并导致了国际贸易中的不公平现象,违背了关贸总协定的基本

原则。20世纪70年代,发达国家与发展中国家之间因知识产权问题产生的贸易摩擦集中在工业产权,尤其是假冒商标问题上,迫使美国和欧盟共同提出一个反假冒法草案,但因为发展中国家一致认为关贸总协定没有资格处理知识产权问题,草案被搁置。80年代,发达国家和发展中国家的贸易摩擦开始扩大到版权和邻接权领域。为了缓和矛盾,世界知识产权组织(WIPO)多次召开会议,准备讨论形成一个新的与会国都能接受的草案。但在一系列最低保护标准上,发达国家和发展中国家都坚持两种不同的方案,由于WIPO的组织表决制度使得发展中国家能利用数量上的优势坚持其意见,发达国家要求的高标准很难通过,因此,美国等发达国家被迫放弃WIPO,而在关贸总协定的范围内寻求解决方法。所以,在乌拉圭回合谈判中,美国代表坚持将知识产权问题纳入谈判范围,甚至提出,如不纳入议题,美国将拒绝参加乌拉圭回合谈判。

所以,1989年关贸总协定在埃斯特角发表的部长声明中,将知识产权、服务贸易和投资措施三个新议题列入谈判议程,而且,欧美和日本的工业界代表以及美国知识产权委员会的专家直接参与了谈判的全过程,发达国家坚持高标准的最低保护标准。最后,在美国、欧洲等发达国家的坚持下,在乌拉圭回合的最后文本中形成了《与贸易有关的知识产权协议》,并于1995年1月1日生效。对于多数发展中国家来说,这个知识产权协议多少有点被迫接受的性质。因为乌拉圭回合谈判的最后文件是以"一揽子"的方式通过的,对单个国家来说只能全部接受或全部不接受,不能将各个文件分开进行考虑,从而形成在世界贸易组织的范围内达成知识产权协议的结果。

二、《与贸易有关的知识产权协议》的目的与宗旨

TRIPS正文具体包含了七部分内容:条款与基本原则;有关知识产权的效力、范围和使用的标准;知识产权的执法;知识产权的获得、维持及相关程序;争端的防止与解决;过渡性安排;机构设置和最后条款。在序言部分,TRIPS开宗明义地说明了其缔结的目的在于促进知识产权有效和充分的保护,以减少对国际贸易的扭曲和阻力,同时保证知识产权执法的措施与程序不至于变成合法贸易的障碍。

三、《与贸易有关的知识产权协议》的共识

关贸总协定成员就TRIPS达成的共识为:
(1)确认尽快建立一套解决国际贸易中关于假冒商品贸易的原则、规则和

纪律的多边框架是必要的,以此来防止假冒商品对正常贸易和各国家及地区经济发展的阻碍与危害。

(2)知识产权是私有的权利。

(3)承认知识产权保护方面各国家和地区内法律体系所寻求的最基本的公共政策目标,包括实现发展与技术进步的目标。

(4)各成员同意对最不发达国家和地区给予特殊的照顾和优惠,在保护知识产权和实施保护知识产权法律方面采取更灵活的做法,以免造成这些国家和地区过重的财政负担。

(5)通过多边程序达成有约束力的承诺,以解决成员间可能产生的有关知识产权的摩擦,缓解各国家和地区间的贸易矛盾,促进国际贸易的发展。

四、《与贸易有关的知识产权协议》的基本原则

(一)《与贸易有关的知识产权协议》的国民待遇原则

在知识产权保护方面,每个成员给其他成员国民的待遇不应低于它给予本国国民的待遇,许多知识产权条约对国民待遇做出规定时,甚至包含了这样一层意思,允许在某些事项上给予其他成员国民比本国国民更优惠的待遇。这种情况在一些发展中国家是普遍存在的。"在知识产权保护方面,在遵守《巴黎公约》(1967)、《伯尔尼公约》(1971)、《罗马公约》或《关于集成电路的知识产权条约》中各自规定的例外的前提下,每一成员给予其他成员国民的待遇不得低于给予本国国民的待遇。"(TRIPS 第 3 条)

(二)《与贸易有关的知识产权协议》的最惠国待遇原则

在 TRIPS 之前,最惠国待遇原则从未出现在知识产权条约中,而协定之所以包含这一原则是因为它是关贸总协定的基本原则之一,是为了保证公平竞争所必需的。在知识产权保护上,某一成员提供其他成员国民的任何利益、优惠、特权或豁免,均应立即无条件地适用于全体其他成员的国民。但是司法协助协议、伯尔尼公约或罗马公约所允许的可以不按国民待遇,以及本协议未规定的表演者权、录音制品制作者权及广播组织权等除外。这样,就为知识产权在所有成员方获得前所未有的保护打下了基础。"对于知识产权保护,一成员对任何其他国家国民给予的任何利益、优惠、特权或豁免,应立即无条件地给予所有其他成员的国民。"(TRIPS 第 4 条)

(三)《与贸易有关的知识产权协议》的目标原则

知识产权保护的目标是"知识产权的保护和实施应有助于促进技术革新及技术转让和传播,有助于技术知识的创造者和使用者的相互利益,并有助于社会和经济福利及权利与义务的平衡。"(TRIPS 第 7 条)

(四)《与贸易有关的知识产权协议》的公共健康与公共利益原则

"成员方可在其国内法律及条例的制定或修订中,采取必要的措施以保护公共的健康与发展,以增加对其社会经济与技术发展至关重要领域的公益,只要该措施与本协议的规定一致。"

(五)《与贸易有关的知识产权协议》的对权利合理限制原则

TRIPS 第 8 条第 2 款规定:"可以采取适当措施防止权利持有人滥用知识产权,防止借助国际技术转让的不合理限制贸易行为或不利影响行为,只要该措施与本协议的规定一致。"

五、《与贸易有关的知识产权协议》与国际技术贸易相关的内容

(一)知识产权的效力、范围和利用标准

《与贸易有关的知识产权协议》与技术贸易相关的内容,主要反映在 TRIPS 第二部分知识产权的效力、范围和使用的标准中,具体包括下列内容。

1. TRIPS 的版权和邻接权规定(Copyright and Related Rights)。TRIPS 首先肯定了《伯尔尼公约》的适用性,给予作者包括出租权在内的更广泛的经济权利。

在这部分中,与技术贸易有关的是计算机软件和数据库的保护问题。TRIPS 明确了计算机软件和数据库的性质、保护的侧重点以及与伯尔尼公约的关系。TRIPS 第 10 条规定,对于计算机程序,无论源程序还是目标程序,均按《伯尔尼公约》的文学作品给予保护,保护期限不短于授权出版之年起 50 年。数据库和其他材料的汇编,无论是机器可读形式或其他形式,只要内容的选取或者编排构成智力创作,也将给予保护。

关于出租权的保护,是协议著作权部分的另一项重要内容。根据 TRIPS 第 11 条的规定,至少对计算机软件和电影作品,各成员将赋予其作者或者合法继

承人,有许可或者禁止向公众商业性出租其版权作品的原件或复制品的权利。

2. TRIPS 的商标(Trademarks)规定。商标是重要的工业产权之一,也是国际技术贸易的对象。TRIPS 对商标下了明确的定义(第 15 条规定,能够使一类商品或者服务同其他各类商品或者服务相区别的任何标记或者标记的组合,均能构成商标),并对注册的条件、授予的权利、保护期限、使用的要求、许可与转让以及与《巴黎公约》的关系做了明确的规定。

商标首次注册保护年限为 7 年,且可无限地续延。商标注册后,如无正当理由而连续 3 年不使用的,该商标权应予以取消。

3. TRIPS 的工业品外观设计(Industrial Designs)规定。工业品外观设计是一种特殊的工业产权,既可以受专利法保护,也可以受版权法保护。TRIPS 规定:"各成员可以自行通过外观设计或版权法来履行该项义务。"TRIPS 对工业产品外观设计的保护规定涉及保护的条件、保护的目的(阻止第三方未经许可,为商业目的进行生产、销售或进口这种标的产品)、保护的例外、保护的期限(10年)。工业品外观设计也是技术贸易的对象之一。

4. TRIPS 的专利(Patents)规定。关于专利技术保护客体,TRIPS 第 27 条规定:专利应当适用于所有领域的任何发明,不论是产品发明还是方法发明,只要其具有新颖性、创造性并可付诸工业应用。根据 TRIPS 的相关规定,除了动植物品种、生物技术工艺等极少数发明外,医药产品、化工产品、食品等都被明确列入专利的保护范围。关于专利权的保护期,TRIPS 第 33 条规定,不应少于自申请日起 20 年。

关于专利人的权利,TRIPS 规定,专利权人享有专利的专有权。任何其他人未经专利权人许可,不得制造、使用、销售或进口其专利产品。专利权人有权转让其专利,或通过许可合同实施其专利。专利权的许可和转让也是技术贸易的重要对象之一。

5. TRIPS 的集成电路布图设计(Layout-Designs of Integrated Circuits)规定。集成电路布图设计是指多个元件,其中至少有一个有源元件,连同集成电路的全部或者部分联线组成的三维配置。集成电路布图设计与外观设计很相似,是知识产权法保护的内容,一般受版权法保护。但因为集成电路布图设计的工业实用性,WTO 成员都根据 TRIPS 以单独法规或以国际公约予以保护。1989 年 5 月 26 日世界知识产权组织在美国首都华盛顿召开外交会议,缔结了《关于保护集成电路布图设计知识产权的公约》(简称《华盛顿公约》)。TRIPS 对集成电路布图设计的规定实质内容与《华盛顿公约》一致,但在以下两个方面提高了保护标准：

(1)保护范围超出布图设计和由布图设计构成的集成电路本身,进而延伸到使用集成电路的任何物品,只要是含有非法复制的布图设计,即为非法。

(2)保护期间从《华盛顿公约》的8年延长到10年,自提交注册申请之日或者在世界任何地方首次投入商业使用之日算起。此外,还允许成员方规定,该保护期为自布图创作之日起15年后终止。

6. TRIPS 的未披露信息的保护(Protection of Undisclosed Information)规定。协议要求缔约方对未披露信息实行法律保护。协议所称的未披露信息,包括商业秘密和未公开的试验数据。至此,包括专有技术(Know-how)在内的商业秘密和未披露的试验数据,在国际公约中正式纳入了知识产权的保护体系之中。另外,对于新型化学物质制造的药品或农用化学品,经过巨大努力取得的未公开的数据或其他数据也予以保护,以防止不正当的商业使用。商业秘密也是技术贸易的对象之一。

(二)与国际技术贸易有关的其他内容

1. TRIPS 契约许可中对反竞争行为的控制。TRIPS 第 40 条规定,对可能对技术贸易产生消极影响,并阻碍竞争、阻碍技术的转让与传播的反竞争行为应予以控制。TRIPS 允许缔约方通过国内立法来防止和控制许可协议中的反竞争行为,制止滥用知识产权达到垄断的目的。TRIPS 列举了这类反竞争活动,包括独占回授条款、禁止对知识产权的有效性提出异议,或者强迫的一揽子许可等限制性商业做法,但没有直接以条约形式禁止这类行为,仅规定一旦发生此类纠纷,有关缔约方应相互合作,共同磋商解决。

2. TRIPS 的临时措施。

(1)诉前禁令。司法机关有权责令采取迅速和有效的临时措施以便:防止侵犯任何知识产权,特别是防止货物进入其管辖范围内的商业渠道,包括结关后立即进入的进口货物;保存关于被指控侵权的有关证据。在适当时,特别是在任何迟延可能对权利持有人造成不可补救的损害时,或存在证据被销毁的显而易见的风险时,司法机关有权采取不做预先通知的临时措施。司法机关有权要求申请人提供任何可合理获得的证据,以使司法机关有足够程度的确定性确信该申请人为权利持有人,且该申请人的权利正在受到侵犯或此种侵权已迫近,并有权责令申请人提供足以保护被告和防止滥用的保证金或相当的担保(TRIPS 第 50 条)。

(2)边境保护措施。各成员应在符合以下规定的情况下采取程序,使有正当理由怀疑假冒商标或盗版货物的进口有可能发生的权利持有人,能够向行政或司法主管机关提出书面申请,要求海关中止放行此类货物进入自由流通。各成员可针对涉及其他知识产权侵权行为的货物提出此种申请,只要符合要求。各成员还可制定关于海关中止放行自其领土出口的侵权货物的相应程序(TRIPS 第 51 条)。

六、《与贸易有关的知识产权协议》的特点与作用

与世界知识产权保护及原有知识产权保护体系相比,TRIPS 把知识产权的保护提升到了一个新高度,主要表现在以下几方面。

(一)TRIPS 涉及的知识产权在很多方面都超过了现有的国际公约

1. TRIPS 的涉及范围广。知识产权保护的范围扩大了,内容涉及面广,几乎涉及了知识产权的各个领域。根据 TRIPS 第二部分的规定,国际贸易领域内对知识产权提供保护的对象主要是国际知识产权贸易所涉及的标的,以及有形货物国际贸易中涉及的知识产权,包括著作权及其相关权利、商标、地理标记、工业品外观设计、专利、集成电路布图设计和未公开的信息,其中集成电路布图设计和商业秘密在国际性条约首次涉及。

2. TRIPS 保护的标准高、要求严,在许多方面超过了现有的国际公约对知识产权的保护水平。在保护期方面,延长了知识产权的最短保护期,规定专利的保护期不少于 20 年,包括计算机软件在内的著作权保护期为 50 年,集成电路布图设计的保护期不得少于 10 年。同时在第 72 条和保留条款中规定,未经其他成员同意,不能对本协议中的任何条款予以保留,这实际上是条禁止保留条款,反映出 TRIPS 保护的高标准。TRIPS 还从注重知识产权人的权利出发,降低了知识产权获得保护的条件,严格对知识产权进行限制的适用条件等,都反映出其对知识产权保护水平的提高。

(二)TRIPS 将知识产权保护引入有形商品贸易领域

世贸组织及其前身关贸总协定是世界范围内管理贸易的多边性框架,享有"交通规则"之称,成为解决国际贸易纠纷的依据。关贸总协定 1948 年 1 月生效,20 世纪 80 年代开始的乌拉圭回合谈判,将知识产权方面的问题列入议程。乌拉圭回合与贸易有关的知识产权谈判,经历了 5 年多的时间,终于在 1991 年

12月18日初步达成了《与贸易有关的(包括假冒商品贸易)知识产权协议(草案)》。这个协议共有七个部分,包括:总则及基本原则,有关知识产权有效性、范围和使用标准,知识产权的实施,知识产权的取得、维护和相关程序,争端的防止和解决,过渡阶段的安排,组织机构,共72条。这个协议的内容涉及知识产权的各个领域,不仅在很多方面超过了当时国际条约对知识产权保护水平的规定,而且把关贸总协定关于有形商品贸易的基本原则和一些具体规定引入了知识产权领域,强化了执行措施和争端解决机制。同时,还详细规定了知识产权法律保护的实施程序,包括行政、民事、刑事程序,并规定,今后各缔约方的国内法律均应向该协议靠拢,任何缔约方未能按照协议对外国知识产权提供有效保护的,受害方可按照关贸总协定争端解决程序中的交叉报复规则,对侵权方进行交叉报复。

(三)TRIPS完善了知识产权保护的各项机制

TRIPS第三部分"知识产权执法"规定了较详细的执法规则,强化了执法程序和保护措施,详尽地规定了成员的普遍执法义务,包括行政、民事和刑事程序。为了有效地制止侵犯知识产权的货物流入市场,把侵权活动遏止于初发阶段,TRIPS还规定了"临时措施"和"海关措施",以及争端解决机制。将TRIPS争端解决纳入WTO争端解决机制,将WTO中关于有形商品贸易的原则和规定延伸到对知识产权的保护领域,保证了世贸组织各成员在知识产权保护方面执法的公正性和国际监督的有效性,使得TRIPS对国际保护的效力大大提高,这正是TRIPS的魅力所在。

(四)TRIPS部分地考虑了发展中国家的特殊需要

美国是世界上的技术大国,为了保护其知识产权,在其贸易法中制定了"特别301条款",对拒绝为其知识产权提供充分有效保护的国家采取单方面惩罚性贸易制裁。欧共体也于1984年制定了264/84指令,内容和方式与美国类似。曾经遭受过美国特别301条款制裁的国家有新加坡、韩国、泰国、中国等。TRIPS的出现,使各方有了统一的国际规则,在很大程度上抑制了各方利用知识产权作为保护主义的手段,特别是一定程度上限制了美国动辄利用"特别301条款"报复别国和地区的可能性。

TRIPS的签订,在今后的一个时期内,对美国、欧洲等技术发达国家十分有利,而发展中国家为了引进技术必须付出很高的代价。但从保护知识产权的角度而言,它标志着知识产权的国际保护已迈上了一个新台阶。从长远来看,TRIPS 对发展中国家进一步完善知识产权立法、加强知识产权执法力度等是有积极推动作用的。它虽然存在自身的缺陷,但它的产生对促进国际贸易的发展不可或缺,有着十分积极的意义。它既提高了知识产权的整体保护水平,也提供了解决争端的有效机制,还有力地促进着知识产权国际化的进程。

第四节 与国际技术贸易有关的其他国际条约

一、《专利合作条约》

《专利合作条约》(Patent Cooperation Treaty,PCT)是巴黎公约之下的一个专门性国际公约,1970 年在华盛顿签订,1978 年 1 月 24 日生效,由世界知识产权组织国际局管理,总部设在瑞士日内瓦。《专利合作条约》只对《巴黎公约》成员开放,截至 2005 年 1 月 27 日,共有 128 个国家和地区加入,我国 1994 年 1 月 1 日正式加入该条约。该条约主要规定了专利国际申请制度,简化了跨国申请专利的程序,使申请人只需要一次申请就可以在其所选择的成员内生效,避免了跨国专利申请人和各国专利审查机关的重复劳动。我国专利行政主管部门是专利合作条约的国际受理局、国际专利检索单位和国际专利初步审查单位。

专利国际申请的程序是:

(1)申请人如想在若干成员内申请专利,只需要向受理局(一般是本国专利局)提交一份专利申请,指定所要申请的国家即可,无须向各国逐一提交申请。

(2)申请人可以根据 PCT 国际检索和初步审查单位提供的检索报告和初步审查报告,在国际申请的优先权日起 20 个月或 30 个月内,最后决定是否进入国内审批程序,从而可以节省大量精力和费用。

(3)国际申请进入各国的国内阶段时,各国专利局已收到国际检索报告,有的还有国际初步审查报告,这就大大地减少了各国专利局进行检索和审查的工作量,从而可以提高工作效率,避免重复劳动。

(一)《专利合作条约》的基本情况

《专利合作条约》(简称 PCT)是继巴黎公约之后专利领域的最重要的国际条约,是国际专利制度发展史上的又一个里程碑。

PCT 对专利申请的受理和审查标准做了国际性统一规定,在成员的范围内,申请人只要使用一种规定的语言在一个国家提交一件国际申请,在申请中指定要取得专利保护的国家,就产生了分别向各国提交了国家专利申请的效力,条约规定的申请程序简化了申请人就同样内容的发明向多国申请专利的手续,也减少了各国专利局的重复劳动。

国际申请程序分为"国际阶段"和"国家阶段"。在"国际阶段"受理局受理国际申请,国际专利检索单位检索已有技术并提出国际检索报告。申请人要求初步审查的,国际初步审查单位审查发明是否具备新颖性、创造性、实用性,并提出国际初步审查报告。申请人在规定的期限内没有要求初步审查的,国际申请自优先权日起 20 个月内进入"国家阶段",要求了初步审查的,自优先权日起 30 个月内进入"国家阶段"。在"国家阶段"各国专利局按照本国法律规定的条件和程序审查和批准专利。

中国是 1994 年 1 月 1 日正式成为 PCT 成员的,目前,中国专利局已成为 PCT 的受理局、国际检索单位、国际初步审查单位,中文成为 PCT 的工作语言。中国加入 PCT,加速了中国知识产权制度与国际接轨,标志着中国知识产权制度向国际标准迈出了重要的一步,对中国专利制度不断完善和发展,深化改革、扩大开放,发展与各国间的科技、经济贸易往来将产生积极的影响。

(二)《专利合作条约》的主要内容

《专利合作条约》包括:序言;通则;第一章国际申请和国际检索;第二章国际初步审查;第三章一般规则;第四章技术服务;第五章行政性规定;第六章争议;第七章修订和修改;第八章最后条款。

1. PCT 的目的。

(1)旨在对科学和技术的进步做出贡献。

(2)旨在改善对发明的法律保护,使之完备。

(3)旨在为要求在几个国家取得保护的发明,简化取得保护的手续并使之更加经济。

(4)旨在便利并加速公众获得有关发明资料中的技术情报。

(5)通过采取旨在提高发展中国家为保护发明而建立的国家和地区法律制度的效率的措施,来促进和加速这些国家的经济发展。其办法是,对适合它们特殊需要的技术资料提供方便易查的线索,以及为汲取数量日益膨胀的现代技术提供便利条件。

2. PCT 的意义。目前,全球专利制度正面临着危机,这种状况是由多方面原因造成的。发明专利日趋复杂、专利和非专利技术激增、可授予专利客体增加、专利制度全球化、国际专利申请成本上升、发展中国家相对较少的专利申请和众多国家专利局面临的快速增长的专利申请等,都是导致上述危机的重要因素。

审查专利申请是一个复杂且昂贵的过程。世界上最大的专利局——美国专利商标局目前的状况可以说明这一点。美国专利商标局的年度预算为13亿美元,需要9 000多名员工(包括全职和短期雇员)来提供服务。对许多领域,如生物技术领域的专利申请审查必须使用高端的计算机,否则无法对申请人的权利要求同含有上百万数据的DNA序列数据库进行比较。而且,当事人权利要求与现有技术的比较工作只能由相关领域具博士水平的专家才能进行。对许多申请的审查,还需要检索许多其他非专业专利数据库,而检索这些数据库的费用极高。

许多小的专利局根本无法高效地完成许多重要、复杂的专利申请审查工作。因此,这些专利局通行的做法是根据他国的专利局的检索结果做出审查决定,而不进行独立的审查。许多国家实行法律审查、事实登记制度。该制度导致的结果是:许多可能产生强大效力的专利申请只经过了很少的审查就被授予了专利权,而这对于其他被法律要求尊重这些权利的人是不公平的。

目前的全球专利制度也存在问题,它并没有给不发达国家的发明人提供平等的机会。专利权的关键就在于专利权人能够在全球市场上以最获利的方式出售专利。来自专利交易不发达国家的权利人,为就他们的创造性劳动获得补偿,必须获得一些大国,如美国、欧洲专利条约成员国和日本的专利保护,然而,多数发展中国家的国民难以负担在这些大国进行专利申请的高额费用。这种状况阻碍了发展中国家有效地参与全球专利市场,同样,这种障碍也损害了发达国家的利益,因为他们不能从来自世界大多数地区的专利中受益。

上述状况无疑会损害发展中国家的利益。为遵守TRIPS协议,发展中国家为来自发达国家的申请人授予强大的专利权,而这些申请人受到的审查却比他们在本国受到的审查少。与此同时,发展中国家的发明人却常常被关在全球专利市场之外。这种不平衡阻止了知识产权在世界范围内的持续增长,严重损害了各国为符合TRIPS协议所做的各种努力,也增加了多哈会议上出现的对TRIPS协议相关规定倒退的可能。世界知识产权组织一直在强调上述差异,也在努力为全球各国发明人建设一个更高效、低廉的专利制度。建设上述制度主要有两种方式:一是利用PCT加强条约缔约方的独立审查能力;二是为发展中国家发明人进行国际申请建立一个专门基金。

世界知识产权组织应当在PCT的管理下建立一个"虚拟"专利检索和审查机关,可以通过组织现有的专利局和非官方组织的力量来提供此类服务。在这种合作方式下,不再需要任何单个国家承担培训和雇佣大量精通技术的审查员的负担。各国非官方专利服务组织还可以辅助各国专利局的工作。这些非官方组织的选择可以通过招标方式进行,以确保他们在特定领域提供世界一流的审查服务。世界知识产权组织可以出资将世界各国专利及非专利技术资料汇总起来,并使世界各国的审查员都能以电子化方式检索这些数据库。电子申请将采用最高效的自动检索技术,这将大大降低审查员的工作难度。

新建立的检索和审查机构将与现存的根据PCT建立的主管机构并存。各国有权决定是否将世界知识产权组织的检索机构作为本国的审查机关,每个申请人也有权决定是否由世界知识产权组织检索机构进行检索。如果新的检索机构能够提供高质量、及时的检索服务,它就有可能被经常使用PCT专利系统的国家确定为国际检索机构。这样,就可以避免过度重复的专利检索和审查,专利申请人和各国专利局都可以从该中受益。专利局可以将这笔省下来的成本用于为国内发明人,特别是为那些中小企业提供更好的咨询和服务。

上述更高效、公正的全球专利制度将为那些发展中国家缺乏投资的发明人提供专利申请服务。世界知识产权组织可以决定建立一个基金,以资助发展中国家的专利申请。世界知识产权组织可以将一部分PCT会费收入投入该基金,还可以从各国政府、私人投资和国际发展银行等处获得资金,专利权人的部分专利许可使用费也可以补充该基金。

上述改革将在一定程度上减少各国专利局的工作负担,使他们得以为本国的技术革新群体提供更好的咨询和服务。此外,还应重视政府投资的实验室和学术机构提供相关服务的商业前景。应当对中小企业进行相关专利制度教育并促进他们的发明创造在全球范围内得到广泛应用。利用在新的专利制度下节省出的资源,各国工业产权主管机关能够在促进专利交易以及如何获得风险投资和联营伙伴方面提供更好的培训和支持。

以上措施将有助于建立一个更高效、公正的全球专利制度体系,它将获得更多来自世界各国和地区利益群体的支持,也必将赢得对知识产权的更多尊重。

二、《商标国际注册马德里协定》

（一）《商标国际注册马德里协定》的基本情况

商标国际注册马德里体系（简称马德里体系）的宗旨是解决商标的国际注册问题。该体系为商标注册人提供了一种仅提交一件申请即可确保其商标在多国受到保护的有效途径。马德里体系受两部条约管辖：1891年签订的《商标国际注册马德里协定》(Madrid Agreement Concerning the International Registration of Marks,简称《马德里协定》)以及1996年开始运作的《商标国际注册马德里议定书》(Protocol Relating to the Madrid Agreement Concerning the International Registration of Marks,简称《马德里协定议定书》)，各国可选择加入《马德里协定》或《马德里协定议定书》，或同时加入该两部条约。截至2005年9月22日，马德里体系共有78个成员，其中《马德里协定议定书》有67个成员，《马德里协定》有56个成员。中国于1989年10月4日加入《马德里协定》，于1995年12月1日加入《马德里协定议定书》。

马德里体系让商标注册人得以通过使用一种语言提交一件申请，并使用一种货币（瑞士法郎），交纳一套规费，即可在多个国家获得商标保护，简化了手续，节省了时间和费用。国际注册与申请人在所指定的每一个国家提出的商标注册申请具有同等效力。如果被指定国家的商标局没有在规定期限内驳回保护申请，则该商标所受到的保护如同其在该主管局注册一样。国际注册的保护期是20年，而且可以在保护期满后依次续延，每次展期都是20年。

（二）《商标国际注册马德里协定》的主要内容

《马德里协定》共有18条，根据协定的规定，参加这一协定的国家首先必须是《巴黎公约》的成员。协定的成员组成商标注册特别同盟，或称"马德里同盟"，由世界知识产权组织管理。缔结该协定的目的，主要是为了消除商标所有人在多个国家申请商标注册的不便，简化手续和节省注册费用。为此目的，协定规定的主要内容有以下几项。

1. 接受申请的机构。任何缔约方国民都可以通过所属国的注册当局，向世界知识产权组织国际局提出商标注册申请，以便在一切其他公约参加国取得其已在所属国注册的用于商品或服务项目的标记的保护。所属国是指申请人的营业地所在国家或住所地国家或国籍国。

2.对非成员的国民待遇原则。未参加公约的国家的国民,在依该公约组成的特别同盟领土内,满足《巴黎公约》第3条的要求,即有永久住所或真实的、正当的工商业营业所的,可与缔约方国民同样对待。

3.申请国际注册的内容及注册。每一个国际注册申请必须用规定的格式提出,商标所属国的注册当局应证明这种申请中的具体项目与本国注册簿中的具体项目相符合,并提及商标在所属国的申请和注册的日期、号码及申请国际注册的日期。申请人应说明要求商标保护的商品或服务项目,如果可能,也应说明其根据《商标注册商品和服务项目国际分类尼斯协定》所分的相应类别。申请人所做的类别说明须经国际局检查,由国际局会同本国注册当局进行注册。注册上应带有在所属国申请国际注册的日期。国际局应不迟延地将这种注册通知有关注册当局,根据注册申请所包括的具体项目,注册商标应在国际局所出版的定期刊物上公布。

4.商标国际注册的效力。申请人的商标从国际局注册生效的日期开始即在未予驳回的有关缔约方发生效力,得到这些国家的承认与保护,正如该商标直接在那里获准注册一样。办理国际注册的每个商标,都享有《巴黎公约》所规定的优先权。商标所有人的商标如果先在一个或更多的缔约方获准注册,后来又以同一所有人或其权利继承人的名义申请国际注册,则该国际注册应视为已代替原先国家的注册,但不得损害该所有人或其权利继承人基于原先的注册所获得的权利。

5.国际注册的有效期。在国际局注册的商标有效期为20年,并可续延,期限自上一次期限届满时算起为20年。保护期满前6个月,国际局应发送非正式通知,提醒商标所有人或其代理人确切的届满日期。对国际注册的续延还可给予6个月的宽限期。

6.国际注册的独立性。自国际注册的日期开始满5年时,国际注册即与在所属国原先注册的国家商标无关。但是,自国际注册日期开始5年内,在所属国原先注册的国家商标已全部或部分不复享受法律保护时,国际注册所得到的保护,不论其是否已经转让,也全部或部分不再产生权利。当5年期限届满前因引起诉讼而致停止法律保护时,国际注册也同样不再产生权利。

7.国际保护的放弃。以自己名义取得国际注册的人,可在任何时候放弃在一个或更多的缔约方的保护。在行使放弃权时应向其本国注册当局提出一个声明,要求通知国际局,国际局再依此通知已被放弃保护的国家。

8.所有人国家变更引起的国际商标的转让。当在国际注册簿上注册的一个商标转让给一个缔约方的人,而该缔约方不是此人以其自己名义取得国际注册的国家时,后一国家的注册当局应将该转让通知国际局。国际局对该转让予以登记,通知其他注册当局,并在刊物上予以公布。如果转让是在国际注册后未满5年内进行,国际局还应征得新所有人所属国的注册当局的同意。凡将国际注册簿上注册的商标转让给一个无权申请国际商标的人,均不予登记。

三、《保护文学艺术作品伯尔尼公约》

(一)《保护文学艺术作品伯尔尼公约》的基本情况

《保护文学艺术作品伯尔尼公约》(Berne Convention for the Protection of Literary and Artistic Works)1886年9月9日于伯尔尼签订,1887年12月15日生效。公约缔结后经过七次修改,现行有效的是1971年的巴黎文本,共38条。截至2005年1月19日,公约共有159个成员。我国于1992年7月10日正式加入该公约。公约的内容主要是三个原则和公约对成员国内立法的最低要求。

(二)《保护文学艺术作品伯尔尼公约》的宗旨

《保护文学艺术作品伯尔尼公约》的宗旨:各成员"尽可能有效、尽可能一致地保护作者对其文学和艺术作品所享权利"。

(三)《保护文学艺术作品伯尔尼公约》的基本原则

1. 国民待遇原则,即不论是成员方还是非成员方作者的作品,首次在某成员方出版均享受成员方给予本国国民的作品相同的保护;任何成员方国民未出版的作品,在其他成员方享有同该国给予其国民未出版作品的同等保护。

"(1)就享有本公约保护的作品而论,作者在作品起源国以外的本同盟成员中享有各国法律现在给予和今后可能给予其国民的权利,以及本公约特别授予的权利。

(2)享有和行使这些权利不需要履行任何手续,也不论作品起源国是否存在保护。因此,除本公约条款外,保护的程度以及为保护作者权利而向其提供的补救方法完全被要求给以保护的国家的法律规定。

(3)起源国的保护由该国法律规定。如作者不是起源国的国民,但其作品受公约保护,该作者在该国仍享有同本国作者相同的权利。

(4)起源国指的是:

(a)对于首次在本同盟某一成员方出版的作品,以该国家为起源国,对于在分别给予不同保护期的几个本同盟成员方同时出版的作品,以立法给予最短保护期的国家为起源国。

(b)对于同时在非本同盟成员方和本同盟成员方出版的作品,以后者为起源国。

(c)对于未出版的作品或首次在非本同盟成员方出版而未同时在本同盟成员方出版的作品,以作者为其国民的本同盟成员方为起源国,然而:①对于制片人总部或惯常住所在本同盟一成员方内的电影作品,以该国为起源国。②对于建造在本同盟一成员方内的建筑作品或构成本同盟某一成员建筑物一部分的平面和立体艺术作品,以该国为起源国。"(《保护文学艺术作品伯尔尼公约》第5条)

2. 自动保护原则,即一成员方国民的作品不需办理任何手续即可在其他成员方受到保护。

3. 独立保护原则,即一成员方国民的作品,在另一成员方依该国法律受到保护,不受作品在原所属国保护条件的约束。

4. 最低保护原则。公约规定:文学艺术作品,不论其表现形式如何,均享受保护。公约规定的最低保护限度包括:作者的署名权、保护作品完整权、翻译权、复制权、公演权、朗诵权、改编权、录制权和制片权。一般作品的保护期限为作者在世之年加死后50年。此外,公约对文学艺术作品的各类作品所享有的专有权利做了比较详尽的规定。

(1)保护的客体:包括文学、科学和艺术领域内的一切成果,不论其表现形式或方式如何,诸如书籍、小册子和其他文学作品;讲课、演讲、讲道和其他同类性质作品;戏剧或音乐戏剧作品;舞蹈艺术作品和哑剧;配词或未配词的乐曲;电影作品和以类似摄制电影的方法表现的作品;图画、油画、建筑、雕塑、雕刻和版画;摄影作品和以类似摄影的方法表现的作品;实用艺术作品;与地理、地形、建筑或科学有关的插图、地图、设计图、草图和立体作品。

(2)精神权利:作者为同盟任何成员的国民者,其作品无论是否已经出版,都受到保护;作者为非同盟任何成员的国民者,其作品首次在同盟一个成员方出版,或在一个非同盟成员和一个同盟成员同时出版的都受到保护;非同盟任何成员的国民但其惯常住所在一个成员方国内的作者,享有该成员方国民的待遇。

(3)著作权保护期:公约给予保护的期限为作者有生之年及其死后50年内。但就电影作品而言,同盟成员有权规定保护期在作者同意下自作品公之于众后50年期满,如自作品完成后50年尚未公之于众,则自作品完成后50年期满。至于不具名作品和假名作品,公约给予的保护期自其合法公之于众之日起50年内有效。但根据作者采用的假名可以毫无疑问地确定作者身份时,该保护期则为第1款所规定的期限。如不具名作品或假名作品的作者在上述期间内公开其身份,所适用的保护期为第1款所规定的保护期限。同盟成员没有义务保护有充分理由推定其作者已死去50年的不具名作品或假名作品。摄影作品和作为艺术作品保护的实用艺术作品的保护期限由同盟各成员方的法律规定,但这一期限不应少于自该作品完成之后算起的25年。作者死后的保护期和以上第2、3、4款所规定的期限从其死亡或上述各款提及事件发生之时开始,但这种期限应从死亡或所述事件发生之后次年的1月1日开始计算。

第五节 联合国《国际技术转让行动守则(草案)》

一、《国际技术转让行动守则(草案)》的历史背景

1976年11月至1978年7月,由联合国贸易与发展会议主持,在日内瓦举行了六次技术转让专家组会议,经过讨论,《联合国国际技术转让行动守则》形成了比较完整的草案。而后,由联合国关于国际技术转让行动守则谈判会议负责协调各方意见。

谈判各方分歧的关键是,西方工业发达国家千方百计地保护以跨国公司为主的技术转让方的利益,广大发展中国家则希望通过政府干预,保护技术受让方的利益,促进本国民族经济沿着健康的轨道迅速发展。由于国际技术转让问题涉及各国政治、经济、技术方面的重大利益,发展中国家与发达国家之间的上述重大分歧始终难以得到解决,导致草案最终未能正式通过。但它为国际社会留下了一份宝贵资料,可能对今后就国际技术转让法律调整问题的进一步国际磋商产生重要影响。

二、《国际技术转让行动守则(草案)》的主要内容

草案的文本包括十章正文,一个序言和一个附录。这十章的内容分别是:第一章,定义与适用范围;第二章,目的与原则;第三章,技术转让贸易活动的国内规则;第四章,关于技术转让合同的限制性规定;第五章,技术转让合同;第六章,对发展中国家的特别待遇;第七章,国际合作;第八章,国际执行机构;第九

章,适用法律与解决争端;第十章,其他。

(一) 序言

序言申明了制定行动守则的宗旨为:确立普遍的和公平的标准;促进当事人及其政府间的相互信任;鼓励各种技术转让,尤其是涉及发展中国家的当事人的技术转让,防止强势一方滥用权利,达成技术供方和受方共同满意的协定;增进技术信息的国际流动,使得各种技术在各国,尤其在发展中国家得到应用;增进各国,尤其是发展中国家的科学技术,增强其参与国际生产和贸易的能力;有利于技术贡献在解决各国,尤其是发展中国家,社会和经济问题中的作用;通过对于技术转让涉及的各种因素,如对转让主、制度和金融方面的评价,以防止不必要的一揽子交易。

(二) 定义和适用范围

草案对技术转让的定义如下:"技术转让"是指转让一项产品、应用一项工艺或提供一项服务的系统知识,但不包括只涉及货物出售或出租的交易。草案对该守则的适用范围规定为:技术转让方越过国境将其技术转让给技术受让方的交易。

(三) 目标和原则

草案明确规定,行动守则的目标是"制定普遍、平等的标准,作为技术转让当事人之间和有关各国政府之间关系的基础"。既考虑到各方当事人的合法利益,又适当承认发展中国家实现其经济和社会发展目标的特殊需要;鼓励在交易中各方当事人的谈判地位均等、任何一方不滥用其优势地位的条件下,进行技术转让交易,特别是涉及广大发展中国家的技术转让交易,从而达到满意的协定。

为达到上述目标,草案规定了以下几项基本原则:

1. 各国有权采取一切促进和管制技术转让的适当措施,其方式应符合其国际义务,考虑到所有有关当事方的合法利益,同时鼓励按照彼此同意的公平合理的条件进行技术转让。

2. 技术供应方在技术接受方国家中进行经营时,应尊重该国的主权和政治独立(尤其包括对外政策和国家安全的需要),各国主权平等。

3. 各国应在国际技术转让方面加强合作,以促进世界的尤其是发展中国家的经济增长。

4.技术交易中各方当事人的责任必须与不作为当事方的政府国家的责任划分明确,严格加以区分。

5.技术转让方和技术受让方必须互利互惠、交易双方必须互相得益,以及交易条件必须公平、合理,以便维持和促进技术的国际交流。

6.促进和增加以同意的公平合理条件取得技术的机会,特别是发展中国家的这种机会。

7.应普遍适用于技术转让交易的一切当事人以及一切国家和国家集团,不论其政治、经济制度以及发展水平如何。承认工业产权的保护由国内法授予。

8.技术转让方在技术受让方国家里的经营活动,应尊重该国的主权和法律,适当地考虑该国所宣布的发展政策和优先次序,努力为技术受让方国家的发展做出实际贡献。

(四)国家对技术转让交易的管制

草案首先说明各国有权制定和修改有关调整国际技术转让关系的法律、条例、规则以及政策。

其次,叙述了在制定和修改国家法律、条例、规则和政策时需要考虑的一般性标准。

再次,每个国家在制定有关保护工业产权的法规时,应考虑本国的经济和社会发展需要,并应保证国家法律授予的工业产权及其他权利得到有效的保护。

最后,列举各国对技术转让交易管制方面可能采取的各种具体措施。

(五)关于管制限制性商业条款问题

谈判各方经过反复磋商,基本达到一致,初步同意将下列限制性商业条款列入草案加以管制:单方面的回授条款;对技术有效性不允许提出异议;独家经营;对研究和发展的限制;对使用人员方面的限制;限定价格;对改进转让技术的限制;附带条件的安排(搭售行为);出口限制;包销或代埋的限制;共享专利或互授许可协定及其安排;对广告或宣传的限制,工业产权保护期满后的付费和其他义务;技术转让协定期满后的限制。草案规定,上述限制性商业条款应当予以排除,不得在技术转让合同中订立这种条款。但是,按照草案规定,如果获得技术一方所属国家的主管部门认为某项技术转让交易符合本国的公共利益,对国民经济利多于弊,则订有限制性贸易条款的技术转让协议仍可被认为有效。

(六) 当事人各方的责任和义务

草案规定了在技术转让协定的谈判阶段和合同阶段,当事人各方应共同承担的担保、责任和义务。

(七) 对发展中国家的特殊待遇

草案规定,发达国家有义务采取必要的措施,促进发展中国家科技能力的建立和加强,帮助它们达到社会经济发展的目标。同时要求给予发展中国家的特殊待遇必须配合它们在经济和社会不同发展阶段中的经济和社会发展目标,特别注意最不发达国家的特殊问题和条件。

首先,要求西方工业发达国家通过一般的政府政策,由本国政府和本国企业或机构采取各种具体措施,帮助发展中国家建立和加强符合其经济和社会发展目标的技术能力。其次,要求西方工业发达国家政府应把向发展中国家转让技术作为其实施发展援助与合作计划的一部分,并为响应发展中国家的具体要求采取行动。最后,要求西方工业发达国家政府鼓励并设法奖励本国企业和机构,在发展中国家内做出特别的努力。

(八) 国际协作

草案要求各国承认:各国政府、各政府机构、联合国系统内各组织和机构,包括依本守则建立的国际性机构,彼此间有必要进行适当的国际协作,以促进更多的国际技术交流,以加强各国的技术能力。

(九) 国际性体制机构

草案要求建立一个专门的国际性体制机构,来负责审议守则的法律拘束力,更好地适用和执行守则的各项条款等问题,并规定了国际性体制机构的各项职责。当某一项交易的当事方发生争端时,该国际性体制机构应避免卷入。

(十) 法律适用和争端的解决

这一部分的主要内容有关于适用法律的条款,解决争端的司法、行政及仲裁途径等问题,但长期以来谈判各方在有关问题上存在严重分歧,一直未能就此达成一致意见。

思考练习题

思考题

1. 何谓知识产权?
2. 简述著作权及其与专利权的区别。
3. 著作权转让合同的特征有哪些?
4. 如何理解著作权与邻接权的关系?
5. 取得注册的商标应具备哪些条件?
6. 专利权的主体有哪些?专利权的主体与专利申请权的主体有何不同?
7. 简述发明、实用新型和外观设计三者之间的联系和区别。
8. 商业秘密的构成要件是什么?
9. 集成电路布图设计计权的内容是什么?

练习题

一、单项选择题

1. 我国于(　　)成为世界知识产权组织(WIPO)的正式成员。
   A. 1980年6月3日　　B. 1981年6月3日　　C. 1985年3月19日
2. 以下知识产权国际公约中,最早订立的是(　　)。
   A.《保护工业产权巴黎公约》
   B.《保护文学和艺术作品伯尔尼公约》
   C.《世界版权公约》
3. 在商标方面的国际公约中,我国未加入的是(　　)。
   A.《商标国际注册马德里协定》
   B.《商标国际注册马德里协定有关议定书》
   C.《商标法律条约》
4.《保护工业产权巴黎公约》规定的"专利"与我国专利法规定的"专利"是否外延相同(　　)。
   A. 完全相同　　　　B. 前者大于后者　　　C. 后者大于前者
5. 根据我国专利法,职务发明创造的专利权应当属于(　　)。

A. 单位   B. 发明人   C. 单位与发明人共有

6. 我国专利法规定的授予发明专利和实用新型专利的"三性"条件是指（　　）。

A. 新颖性、创造性和实用性

B. 新颖性、创造性和显著性

C. 新颖性、独创性和实用性

7. 所谓外国优先权是指在外国第一次提出专利或者商标注册申请之后又在中国就相同主题或者相同商品上的同一商标提出申请的,可以根据国际条约、双边协议或者互惠原则享有优先权,即以在外国的第一次申请作为在中国的申请日,但享有优先权是受到时间限制的,根据我国专利法和著作权法的规定,该优先权期限分别是指（　　）。

A. 发明和实用新型是 12 个月,外观设计和商标是 6 个月

B. 发明是 12 个月,实用新型、外观设计和商标是 6 个月

C. 发明、实用新型和外观设计是 12 个月,商标是 6 个月

8. 转让注册商标的,商标注册人对其在同一或者类似商品上注册的相同或者近似的商标（　　）。

A. 应当一并转让   B. 可以分别转让   C. 应当给予强制许可

9. 我国商标法规定商标构成的要素有（　　）。

A. 文字、图形、字母、数字、气味、三维标志

B. 文字、图形、字母、数字、音乐、三维标志

C. 文字、图形、字母、数字、颜色组合、三维标志

二、填空题

1. 中国国内知识产权法的渊源为：_____、_____、_____、_____、_____、_____、_____、_____。

2. 不得作为商标的有：_____、_____、_____。

3. 注册商标使用许可形式主要有_____、_____。

4. 专利权的特点为：_____、_____、_____。

5. 商业秘密的构成要件为：_____、_____、_____。

6. TRIPS 的原则是：_____、_____。

7.《保护工业产权巴黎公约》的原则是：_____、_____、_____。

三、简答题

1. 国际通行规则的概念是什么？

2.《保护工业产权巴黎公约》的基本原则是什么？

3. 简述国际通行规则的特点。

4. 联合国《国际技术转让行动守则(草案)》列举的 20 项限制性商业惯例是什么？

5.《与贸易有关的知识产权协议》(TRIPS)产生的背景是什么？

第四章 技术贸易谈判

学习要点与要求

1. 掌握国际技术贸易谈判的基本概念与基本内容
2. 熟悉国际技术贸易谈判交易前的工作准备
3. 掌握国际技术贸易谈判转让的技术范围

引导案例

在碳酸饮料PET包装技术上,可口可乐持有该项较为先进的技术并且占据了碳酸饮料的绝大部分市场。康师傅、统一以及汇源在PE、PVC包装技术上则分割了果汁饮料市场。娃哈哈、农夫山泉等品牌在纯净水、矿泉水市场占据主要地位。从世界各饮料大国的市场份额来看,PET瓶装所占的份额都超过了70%。目前,我国也正处于PET饮料包装的高速发展阶段,聚酯瓶的需求量每年以两位数的速度增长。消费者广泛认为PET瓶具有"容量大、透明、直观性强、轻便易开启、可冷藏、携带方便、坚固、可回收"等特点,为其发展提供了广阔的市场前景。

伴随着各式各样饮料类型的出现,饮料包装工业也发展较快,如何更好地围绕"安全、健康、环保"的宗旨来发展包装业,是各企业急需考虑的问题。雀巢公司为了更好发展欲获取可口可乐公司最为先进的PET饮料包装技术,可口可乐公司则争取通过该技术从对方身上获得最大的收益。并建立长期友好关系。

两公司就普通可口可乐塑料包装技术许可权进行谈判。

第一节 技术贸易谈判的基本概念和主要内容

一、技术贸易谈判的基本概念

技术贸易是指技术拥有方把生产所需要的技术和有关权利,通过贸易提供给技术需求方加以使用。即把技术当作商品,按商业交易的条件和方式进行有偿转让,这是商品经济条件下技术转让的最主要方式。在技术贸易中,特别是发达国家和发展中国家之间的技术贸易中,一项交易除了技术知识外,往往还包括生产所必需的机器设备,其中技术知识常被称为软件,机器设备部分称为硬件,有些人因此把硬件交易也看成是技术贸易。但是应当指出,技术贸易指的是以无形的技术知识为对象的交易,机器设备交易则是有形物质的买卖,属于商品贸易。

(一)技术贸易谈判的主要特点

技术作为特殊的商品进行买卖,它有自己的特点:

1. 技术贸易多数是技术使用权的转让。由于同一技术同时可供给众多生产企业使用,所以国际上绝大多数的技术贸易都是技术使用权的转让,而不是技术所有权的转让。技术拥有者并不因为把技术转让给他人而失去所有权,他自己仍可使用或转让给其他人使用这项技术(技术贸易合同规定不得使用的除外)。

2. 技术贸易是双方一个较长期的密切合作过程。技术转让是知识和经验的传授,其目的是使引进方消化和掌握这项技术并用于生产,因此签订技术贸易合同后,履行合同一般要经过提供技术资料、培训技术人员、现场指导,以及进行技术考核、验收,乃至继续提供改进技术等过程。这就需要双方建立较长期的密切合作关系。

3. 技术贸易双方既是合作伙伴,往往又是竞争对手。技术贸易的双方往往是同行,技术转让方既想通过转让获取收益,又担心接受方获得技术后,制造了同一类产品,成为自己的竞争对手。因此,技术转让方一般不愿把最先进的技术转让出去,或者在转让时可能附加某些不合理的限制性条款以束缚接受方的手脚。

4. 技术贸易的价格较难确定。技术贸易中技术的价格不像商品那样主要取决于商品的成本,技术转让后,转让方并不失去对这项技术的所有权,他仍可使用这项技术或可多次转让,以获取更多的经济利益,因此,决定技术价格的主要因素是接受方使用这项技术后所能获得的经济效益。然而,接受方所获得的经济效益在谈判和签订合同时往往又难以准确预测,这就形成了确定技术贸易价格的复杂性。所以,技术贸易与一般的商品贸易在许多方面是有明显区别的。

(二) 常用形式和许可证贸易

技术贸易的形式主要有:许可证贸易、技术服务、技术所有权转让等。这里,我们主要介绍有关许可证贸易的谈判。

许可证贸易是技术贸易中最主要、最常用的方式。它是指技术拥有方允许技术需求方在一定条件下使用其技术进行产品的生产和销售的一种商业性交易。许可证贸易的交易双方通常被称为许可方和被许可方。许可证贸易是通过签订书面的许可证协议进行的。许可方和被许可方首先对某个技术转让项目进行磋商,然后双方就磋商的结果达成许可证协议。在协议中具体规定许可证贸易的主题、内容、许可使用的权限范围、期限以及使用费和支付方式等,以作为日后双方共同履约的法律依据。许可证贸易是技术使用权的一种转让,技术所有权没有转让,被许可方取得的只是技术的使用权,许可方并不因为许可别人使用而失去对技术的权利。许可证贸易的主题主要有:专利、专有技术和商标使用权的转让。根据许可方所提供的技术使用权的使用条件和范围,许可证贸易可以分为普通许可证、排他许可证、独占许可证、分许可证和交叉许可证。

二、技术贸易谈判的基本内容

技术贸易谈判包括技术服务、发明专利、工程服务、专有技术、商标和专营权的谈判。技术的引进和转让,是同一过程的两个方面。有引进技术的接受方,就有供给技术的许可方。引进和转让的过程,是双方谈判的过程。技术贸易谈判一般包括以下基本内容。

(一) 技术类别、名称和规格

技术的类别、名称和规格即技术的标的。技术贸易谈判的最基本内容是磋商具有技术的供给方能提供哪些技术,引进技术的接受方想买进哪些技术。

(二) 技术经济要求

因为技术贸易转让的技术或研究成果有些是无形的,难以保留样品以作为今后的验收标准,所以,谈判双方应对技术经济参数采取慎重和负责的态度。技术转让方应如实地介绍情况,技术受让方应认真地调查核实。然后,把各种技术经济要求和指标详细地写在合同条款上。

(三) 技术的转让期限

虽然科技协作的完成期限事先往往很难准确地预见,但规定一个较宽的期限还是很有必要的;否则,容易发生不必要的麻烦。

(四) 技术商品交换的形式

这是双方权利和义务的重要内容,也是谈判不可避免的问题。技术商品交换的形式有两种:一种是所有权的转移,买者付清技术商品的全部价值并可转卖,卖者无权再出售或使用此技术。这种形式较少使用。另一种是不发生所有权的转移,买者只获得技术商品的使用权。

(五) 技术贸易的计价、支付方式

技术商品的价格是技术贸易谈判中的关键问题。转让方为了更多地获取利润,报价总是偏高。引进方不会轻易地接受报价,往往通过反复谈判,进行价格对比分析,找出报价中的不合理成分,将报价压下来。价格对比一般是比较参加竞争的厂商在同等条件下的价格水平或相近技术商品的价格水平。价格水平的比较主要看两个方面,即商务条件和技术条件。商务条件主要是对技术贸易的计价方式、支付条件、使用货币和索赔等项进行比较。技术条件主要是对技术商品供货范围的大小、技术水平高低、技术服务的多少等项进行比较。

(六) 责任和义务

技术贸易谈判中技术转让方的主要义务是:按照合同规定的时间和进度,进行科学研究或试制工作,在限期内完成科研成果或样品,并将鉴定合格的科研成果报告、试制的样品及全部科技资料、鉴定证明等全部交付委托方验收。积极协助和指导技术受让方掌握科技成果,达到协议规定的技术经济指标,以收到预期的经济效益。技术受让方的主要义务是:按协议规定的时间和要求,

及时提供协作项目所必需的基础资料,拨付科研、试制经费,按照合同规定的协作方式提供科研、试制条件,并按接收技术成果的约定及进程支付酬金。

技术转让方如完全未履行义务,应向技术受让方退还全部委托费或转让费,并承担违约金。如部分履行义务,应根据情况退还部分委托费或转让费,并偿付违约金。延期完成协议的,除应承担因延期而增加的各种费用外,还应偿付违约金。技术转让方所提供的技术服务,因质量缺陷给对方造成经济损失的,应负责赔偿。如由此引起重大事故,造成严重后果的,还应追究主要负责人的行政责任和刑事责任。技术受让方不履行义务的,已拨付的委托费或转让费不得追回,同时还应承担违约金。未按协议规定的时间和条件进行协议配合的,除应允许顺延完成外,还应承担违约金。如果给对方造成损失的,还应赔偿损失。因提供的基础资料或其他协作条件本身的问题造成技术服务质量不符合协议规定的,后果自负。

第二节 交易前的准备工作

国际技术转让是一项复杂的工作。无论是技术受方还是技术供方,在交易前都需要进行一系列的准备工作,包括市场调查、可行性研究、方案制定等,其中技术受方的准备工作比技术供方更加细致。

一、交易前技术受方的准备工作

(一)机会研究

技术引进是一种投资行为,投资是需要获得收益的,所以,在选择项目投资前首先需要进行机会研究(Opportunity Study),即进行项目选择,确定投资方向。

1. 地区优势。根据国民经济和社会发展的长远规划、国家的产业政策、行业和地区的发展规划,以及国家的有关技术引进的法律与法规,分析、鉴定所在地区的优势,确定地区发展方向。

2. 部门优势。按照地区经济及发展的战略目标,分析、鉴定地区各部门优势,确定优先发展部门。

3. 资源优势。根据当地的资源状况,包括自然资源和人力资源,分析开发资源的意义与可能性。既要研究资源的现状,又要研究其发展的趋势,由此确定技术引进项目是否适宜,是否能充分利用当地资源,真正发挥其效益。在这个方面,发展中国家有过不少教训,盲目地追求技术的"高、新、尖",结果引进的先进技术和新建项目就业创造率很低,或者是引进的成套技术设备需要动员当地最大的资源(能源、原材料、技术力量)来保证其正常运转,由于难以长时间地保证其所需供给,不得不将其搁置一边,几百万、几千万美金付之东流。

4.企业优势。上述研究由政府部门进行,在此基础上形成一个初步的建议,落实到具体行业或企业去进行进一步研究。行业或企业需要根据政府提出的建议,结合本行业或企业的技术条件和对技术实施的需要,将技术内容具体化。这包括以下两个方面。

(1)选择产品:根据本行业或本企业优势、发展目标、市场需要,确定生产目的是进口替代还是以出口为主,再根据当地资源和企业自身条件,确定生产产品的品种、规格、档次和规模。

(2)选择技术和设备:根据选择的产品,确定技术和设备,提出技术引进和设备购买的粗略设想。

在中国,企业引进技术项目需要编报项目建议书,建议书内容应对技术引进项目的经济和社会效益做出初步评价。项目建议书被批准之后,才能进行(或委托)项目可行性研究开展工作。因此,企业在确定投资方向后,需要做进一步的研究论证。

(二)初步可行性研究与项目建议书

初步可行性研究又称预可行性研究(Pre-feasibility Study)。大中型项目在提交项目建议书申请立项时,须附初步可行性研究报告。初步可行性研究报告的内容可以参照可行性研究报告,采用比较简单的计算方法,精确度略低,一般误差为±20%。初步可行性研究报告可委托有资格的规划、设计单位或工程咨询单位编制。已经列入国家专项计划、明确不需另行审批项目建议书的项目除外。

项目建议书是在初步可行性研究的基础上编写的,其内容主要包括以下几个方面。

(1)项目的主办单位,包括法定地址、法定代表姓名、主管部门名称、生产经营的范围等。

(2)技术项目的内容和设立的理由,包括项目的名称、内容,设备的名称、规模和数量,生产工艺流程和生产条件,国内外技术差距和概况,投资的必要性及经济意义等。

(3)技术供方的名称,包括技术供方国别、法定地址、法定代表姓名和国籍以及资信情况。

(4)技术项目的范围和规模,包括技术产品的生产方案和生产规模,产品和副产品的品种、规格,质量指标,拟建规模。

(5)引进技术和设备情况分析,包括产品名称、市场初步预测分析、销售预案和内外销比例、外汇收支情况以及标准化水平分析。

(6)项目建设条件,主要是生产条件,如原材料、燃料、动力的种类、规格以及供应,资源供给的可能性和可靠性,交通运输、场地、协作配套人员的要求及现有条件等。

(7)项目总投资估算,包括投资总额、外汇总额、资金来源与筹措方案、初步安排使用方案。

(8)经济效益和社会效益初步评价,包括:产品成本和费用估算;财务分析;借款偿还能力分析;国民经济分析,即从国家整体角度考察项目的效益和费用,计算项目给国民经济带来的净效益;社会效益分析,如对节能的影响,对环境保护和生态平衡的影响,提高产品质量对用户的影响,对提高国家、地区和部门科技进步的影响,对节约劳动力或提供就业机会的影响,对减少进口、节约外汇和增加出口创汇的影响,对地区或部门经济发展的影响等。

(9)项目实施初步规划,包括项目实施进度表,如何时与外商洽谈、何时进行可行性研究、何时完工投产等。

(10)结论与建议。

如果邀请外商前来进行技术交流,或派员出国考察的话,还需列出附件(技术交流计划、出国考察计划)。如果技术引进项目是大型的成套技术设备并需新建工厂,那么,项目建议书的附件中除了项目初步可行性研究报告外,还需有:①厂址选择初步方案报告(新建项目);②主要原材料、燃料、动力供应及运输等初步意向性文件或意见;③资金筹措方案初步意向性文件;④有关部门对建厂地址或征用土地的初步意见;⑤资本金来源和融资意向的证明材料;⑥项目法人组建方案;⑦项目行业归口主管部门初步审核意见;⑧有资质的咨询机构或专家组的评估论证意见。

(三)可行性研究

项目建议书经业务主管部门同意、审批机关批准后,便被纳入部门的年度计划中。这时企业可以直接跟外商接洽,进行技术交流、询访或出国考察,为可行性研究报告做好必要的准备工作,但还不能跟外商签订任何有约束力的协议。在这个阶段,企业需要组织力量着手进行项目可行性研究,编制可行性研究报告。

可行性研究报告主要是对项目建设设计的有关问题,如市场、工厂生产能力、材料投入、建厂地址、工程规划、工厂组织、管理工程项目实施、财务、经济评估等进行更深入的调查研究、计算与调整,提出可行性最佳方案。预测市场对技术项目生产投入要素的可供性,对项目进行可行性研究,是提高决策水平和加强项目管理的关键环节。可行性研究需要采用精确数据,误差只能在±10%以内。进行可行性研究时,应做出多个方案,从多个方案的比较论证中选出最佳方案,尽量避免项目决策的失误。可行性研究报告是引进项目的决策依据,经批准之后,才能列入年度成交计划,对外签约。

1. 可行性研究报告的内容,主要包括:

(1)总说明,包括:项目名称、承办单位及法人、项目负责人、企业主管部门,可行性研究工作的主要技术负责人和经济负责人,项目建议书审批文件号,可行性研究工作的组织,可行性研究概论,项目提出的依据和必要性,结论和建议。

(2)承办企业的基本情况与条件,包括企业性质、生产能力、技术条件等。

(3)产品方案和市场预测,包括:产品的名称、规格、技术性能与用途,产品生产规模,国内外市场供需预测,进入国际市场的设想与措施,国内外产品销售价格调查与分析,分年国内外需求估算,产品生产能力的选定,分年产品产量与国内外销售量的规划等。

(4)物料供应规划,包括:原材料、半成品、配套件、辅助材料、电力燃料以及其他分年设施等的使用、来源、价格;物料选用可供选择方案的比较与论证,以及选择的理由;分年物料供应量规划,其中包括进口部分;运输方案。

(5)厂址选择,包括厂址的自然、经济、社会、交通运输等条件。

(6)技术与设备,包括:技术供方的国别与厂商名称;进口设备来源的国别与厂商;技术转让费的估算;技术设备的选定,包括主要生产设备与辅助设备的名称、型号、规格、数量、标准化情况;几个可供选择方案的比较与论证,以及选择的理由;设备分交方案及外国厂商合作制造方案;设备费用的估算。

(7)环境卫生与安全,包括环境保护、消防、合理用能专题论证、职业安全、卫生措施等。

(8)企业组织、劳动定员和人员培训。

(9)项目实施计划,包括询价、谈判、签订合同、工程设计、技术与设备交付、工程施工、调试与试生产进度及正式投产年月,建筑安装工程内容和工作量,施工力量的安排与施工组织规划等。

(10)总投资估算和资金筹措,包括项目的总用汇额,以及工作阶段实际发生的费用、外汇资金来源、偿还方式、资金筹措方案。

(11)经济分析,包括生产成本与销售收益估算、分年现金流量、分年计算表和资金平衡表、投资回收年限与投资回收率、净现值内部回收率、折现率依据、项目敏感性分析。

(12)结论以及建议。

2.可行性研究报告的附件,通常包括:

(1)出国培训或聘请外国专家计划。

(2)资金(外汇和国内资金)分年、分用途计划。

(3)利用外资贷款或补偿贸易项目的本息和补偿计划。

(4)厂址选择报告。

(5)工程项目一览表。

(6)有关主管部门对有关主要原材料、电力、燃料、配套件等供应来源落实情况与供应可能的意见书。

(7)有关主管部门对劳动安全、环保、消防卫生设施、地震、选址等方面的意见。

(8)国家外汇管理局、财政部或省级财政厅(局)对于外汇资金来源和安排的审核意见书。

(9)科学技术部或省级科委对拟引进技术的审核意见书。

(10)工业和机电设备进口审查部门对进口设备分交、合作制造方案的审定意见书。

(11)与外国厂商技术交流及非正式探询价格的有关资料。

(12)国内外技术市场调研和产品市场调研报告。

根据有关规定,技术引进项目中凡是有进口设备的,在报审可行性研究报告时,应同时附上申请进口的设备清单,以便审批时对进口设备进行审查。

3.进行可行性研究和编写可行性报告过程中,应当注意以下几个问题。

第一,在选择与确定技术和设备进口前,应及时了解国家最新的政策法规和技术供方相关法律。明确哪些产业、产品是国家重点鼓励发展的,哪些技术或产品是国家明文禁止或限制进口、出口的。

第二,引进的项目生产线(包括设备)和产品应当符合国内相应品种规格的发展方向;采用的标准要有利于改善国内标准体系,标准技术水平要先进合理,其水平不能低于国内现行标准。

第三,在选定技术、产品生产能力、物料、厂址上,最好提供几个可供选择的议案进行比较与论证,并说明选定的理由。

可行性研究报告编制完成后,应由编制单位的行政、技术、经济负责人签字。项目主管部门应组织有关方面的专家,对可行性研究报告进行预审或评估。

(四)评估与决策

项目可行性研究完成后,需要委托专门的咨询机构对该项目的财务效应、经济效应和社会效应做出综合的评估。

引进技术是一个政策性很强的业务,引进什么技术、从哪儿引进等,涉及国的产业政策和基本国情。20世纪80年代,中国不少地区追求技术和设备的"大、高、新";90年代,有专家根据国情提出"中间技术";其后更多的人提出"适用技术"。不管怎么说,进口的技术是否合理,一般要从技术性和经济性两个方面进行评估。

1. 就技术性而言,根据2002年1月1日实施的《中华人民共和国技术进出口管理条例》(简称《技术进出口管理条例》)的规定,"国家鼓励先进、适用的技术进口",并通过优惠政策加以引导。因此,引进的技术首先是先进的、适用的,此外,还应该是成熟的、可靠的。

(1)先进性是指超过国内现有的技术水平。如能够提高产品的质量和性能,有助于提高科学技术水平,缩小国内技术与国外技术之间的差距。

(2)适用性是指适合国内的社会环境和条件。如能够开发新产品;能够充分利用本国资源;能够降低生产成本,节约资源和原材料;能够最有效地满足社会的需要。

(3)可靠性是指技术成熟、性能可靠。即该技术不是正在试验中、性能不稳定的,而是技术成熟、性能稳定,生产出的产品质量很好。

2. 就经济性而言,技术引进项目的评估不仅应该考察项目本身的财务效应,而且还应该考察企业、行业长远的经济效益,以及国家和地区的社会效益。

(1)财务效益。从企业财务的角度进行营利分析,以评估该项目是否可行。常用的分析指标有静态指标和动态指标,前者有投资回收期、投资利润率、资本利润率、全员劳动生产率和盈亏平衡点等指标,后者有净现值、内部收益率等指标。

(2)经济效益。从企业和国民经济两个角度来分析评价,具体如下。

首先,从企业综合的角度分析净效益。分析评估该项目给企业发展可能带来的综合效益,以及不确定因素对项目经济效益的影响和风险程度。要考虑项目对现有技术、产品和装备的影响,对成本、市场销售额、利税、创汇、节汇的影响;预测的市场需求是否符合实际,由此确定的生产规模是否符合规模经济的要求;能源、原材料的供应是否能够充分保证,采取的补救措施有哪些,是否可行;运输能力的现状和改进的措施是否合理可行等。

其次,从国民经济的角度来分析效益和费用。这是从国家整体的角度来考察的,计算分析项目给国民经济带来的净效益。

最后,做出综合评价。

在经济效益评价上,常用的经济指标有经济内部收益率、经济净现值、收支平衡点、敏感性分析等。

(3)社会效益。这是从社会角度分析评价项目,是非量化的评价,其内容根据项目的具体情况而定。一般包括:技术引进对环境保护和生态平衡的影响,对节能的影响;提高产品质量对用户的影响;技术水平提高对国家、地区和部门科技进步的影响;新建工程对劳动力节约或就业岗位创造的影响;进口替代产品的生产或主要出口目标的确定,对减少进口、节约外汇或增加出口创汇的影响;项目对地区经济或部门科技发展的影响等。

总之,要求引进技术和设备应该是安全的、无污染的,不是重复引进的,是符合国家产业政策、环境保护政策、地区发展目标、行业技术更新换代要求的;项目不仅应该给企业带来效益,也应该给地区经济的发展注入活力,促进国民经济的发展。

评估机构或专家组根据上述三方面的效益分析做出评价。决策人可以根据对项目的财务效益、经济效益和社会效益的综合评估,做出自己的决策。

从项目的机会研究到可行性研究报告的评估,需要进行大量的市场调查、资料收集、数据处理等研究工作。一个企业或政府部门要独立地完成这些工作是很困难的,因此,企业和政府往往委托有资质的咨询机构、专业公司或科研、设计单位来编制。

(五)送交审批

无论是项目建议书,还是可行性研究报告,都需要按项目总额大小和项目隶属关系,送交国务院对外经济贸易主管部门审批;省、自治区、直辖市、计划单列市安排的技术引进项目,由当地人民政府对外经济贸易主管部门审批。根据国家经济委员会颁布的《关于技术改造和技术引进项目管理程序的若干规定》(1986年),技术改造和技术引进项目根据投资金额和外汇金额被划分为限上项目、限下项目和小型项目三类(除了国务院对个别地方或部门的报批额另有规定外):①凡投资总额在3 000万元以上(含3 000万元)的技术改造项目,或外汇总额在500万美元以上(含500万美元)的引进技术改造项目,称为限额以上项目(简称限上项目);②凡投资总额在3 000万元以下的技术改造项目,或外汇总额在500万美元以下的技术改造项目,称为限额以下项目(简称限下项目);③凡投资总额在100万元以下的技术改造项目,称为小型项目。

1. 限上项目。

(1)项目建议书、可行性研究报告,按企业隶属关系,送经省、自治区、直辖市、计划单列市或国务院主管部门审查同意后,报国家发展和改革委员会批准。后者委托中国国际工程咨询公司等有资格的咨询单位评估,其后根据评估报告进行审批。需要银行贷款的项目,审批时还要会签有关银行总行。技术引进中带有设备进口的,在审批可行性研究报告的同时,还需经中国机电设备招标中心对进口设备组织招标或设备分交。

(2)项目建议书、可行性研究报告报出以前,地方项目要征求国务院主管部门的意见,国务院各部门直属项目要征求所在省、自治区、直辖市、计划单列市的意见,报出时应附上述意见,并将正式报出的文件抄送。需要银行贷款和涉及环境保护的项目,还要将当地有关银行和环保部门的评估、审查意见,作为设计任务书和可行性研究报告的附件一并上报。

2. 限下项目。

(1)项目建议书、可行性研究报告,按企业隶属关系,由国务院主管部门或省、自治区、直辖市、计划单列市审批。审批单位可以指定或委托有资格的咨询单位,对认为需要评估的项目进行评估,提出评估报告。地方的所有技术引进项目和投资总额在500万元以上的技术改造项目,审批可行性研究报告之前,要与国务院主管部门协商,审批后同时抄报国务院主管部门。国务院主管部门如有异议,可在 个月内提出复议; 个月内未提出复议的,地方即可组织实施。

(2)对于技术引进项目,在申报可行性研究报告的同时,引进单位还应按隶属关系,将可行性研究报告所需设备清单报相应机电设备进口审查机构审批。

对具备招标条件的设备,应委托国家对外贸易主管部门(现为商务部)核准的机电设备招标公司组织招标。各部门和地方机电设备进口审查机构应及时将审批情况报国家机电设备进口审查办公室备案。审查办公室如有异议,应在收到审批件的20日内提出意见,有关部门和地方再组织复议,并做出决定。需要银行贷款的项目,企业上报可行性研究报告或技术改造方案时,应附有当地承担贷款银行的认可或评估、审查意见。

(3)对于技术改造项目,各省、自治区、直辖市以及计划单列市所属厅局、市县和企业的审批权限,可以自行确定。

3. 小型项目。投资总额在100万元以下的小型技术改造项目或者主要单台设备更新的项目,在项目建议书批准之后,只需编制技术改造方案,代替可行性研究报告或设计任务书。各主管部门的审批权限,可以自行确定。

值得注意的是技术引进项目的设备审查。技术引进项目中凡有进口设备的,都要经过进口设备审查。项目的引进单位,在报审可行性研究报告时,应同时附上申请进口的设备清单。计划部门将依据可行性研究报告对申请进口的设备内容进行审定,并通知有关单位开展设备审查工作。审查结果作为下达技术引进年度计划的依据之一。

随着中国对外开放度的日益扩大,原属国务院对外贸易主管部门或省、自治区的审批权限逐步下放,特别是中国加入世界贸易组织后,《中华人民共和国对外贸易法》(简称《对外贸易法》)将外贸经营者的范围扩大至自然人。地方政府主管部门的管理权限增大。项目建议书、可行性研究报告的报审,除了限上项目和要求国家支持的重大、重点项目必须报请国务院对外贸易主管部门审批外,限下项目一般都由省级或省级以下机关审批。

所谓重大项目,根据《技术进出口合同登记管理办法》(2002年)的规定,是指:①项目资金来源中含有国家财政预算内资金、外国政府贷款、国际金融组织贷款的项目;②国务院立项批准的项目。关于合同的管理规定,将在后面介绍。

二、交易前技术供方的准备工作

技术出口贸易在发达国家的出口贸易中占据十分重要的地位,贸易的方式主要包括许可贸易、技术咨询服务、合作生产、工程承包、国际租赁、与投资相结合的技术贸易、与设备相结合的技术转让等。中国技术出口起步较晚,但发展迅速,其中许可贸易、工程承包、与设备相结合或与投资相结合的技术转让以及软件出口增长迅速。不管采用哪种技术出口方式、出口何种技术,供方都需要进行一系列的出口前准备,包括市场行情的调查与研究、国内外政策的了解、适合技术项目的筛选、销售市场的选择、谈判策略的制定、价格的确定、经营方案的策划等。

(一) 市场调研

市场调研是交易前技术供方首先要做的工作,其目的是为了能够筛选出适合技术出口的项目,以便在可行性研究的基础上制定出贸易计划。市场调研的范围包括国内与国外两个方面。

1. 国外市场调研。

(1)经济调研。了解世界经济与政治形势,了解技术受方国家的经济状况、生产力发展水平、产业结构特点、国家宏观政策、消费水平和偏好、货币汇率制度、税收制度、相关法律法规、技术壁垒状况、存在的经济与政治风险等。宏观经济与政治状况的调研对于工程承包项目、与投资相结合的技术贸易项目尤为重要。

(2)技术调研。了解国外市场技术供需状况、技术标准化要求,以及国外同行的技术水平、生产状况、产品性能、特点、成本、市场竞争与垄断程度。技术调研对于贸易与经营方案的确定十分重要。

(3)客户调研。了解欲与之建立贸易关系的国外厂商(或可能发展成为客户)的历史、资金规模、经营范围、组织状况、经营作风、合作诚意、信誉等级,以及该厂商与世界各地其他客户开展贸易的情况。其中,国外客户的资金和信誉状况必须要有所了解,不可急于求成。客户调研对于选择确定贸易对象或合作对象十分重要。

2. 国内市场调查。了解本国对外技术贸易的政策法规,以及国内同行的生产状况、技术水平和成本、技术产品性能和特点、市场竞争力与垄断程度、对外贸易状况。通过这一调研,选择出口项目、出口地区、技术与产品价格、生产规模等。

上述市场调研可以通过以下几个途径进行。

(1)网上资料搜索,包括:官方公布的国民经济统计数据和资料,新闻媒体对时事政治、经济形势的报道,企业与客户网站上的自我介绍和媒体的报道等。

(2)通过本国外贸公司驻外分支机构和商务参赞处,在国外进行资料收集。

(3)委托国内外咨询公司进行调查。

(4)派遣代表团或小组出国调查。

(5)利用交易会、博览会、洽谈会,了解有关信息。

(6)查阅国内外相关报纸、杂志。

(二) 筛选技术项目

在市场调研的基础上,筛选适合的技术出口项目。筛选中需要考虑两个标准。

1.社会标准。所谓社会标准,就是法律、政策标准。中国《技术出口管理暂行办法》(1990)第五条规定,技术项目根据其对国家安全的影响、经济和社会效益、技术水平,分为禁止出口、控制出口和允许出口三类。

(1)下列技术禁止出口:①出口后将危及我国国家安全的技术;②中国特有的、具有重大经济利益的传统工艺和专有技术;③对外承担不出口义务的引进技术。

(2)下列技术控制出口:①在国际上具有首创或者领先水平的技术;②具有潜在军事用途或者具有较大经济、社会效益,尚未形成工业化生产的实验室技术;③我国特有的传统工艺和专有技术;④出口后将给我国对外贸易带来不利影响的技术。

(3)上述禁止出口和控制出口以外的技术,为允许出口技术。

在《对外贸易法》(2004年)和《技术进出口管理条例》(2002年)中,"控制出口"改为"限制出口","允许出口"改为"自由出口"。即技术出口项目根据其对国家安全的影响、对人民身体健康的影响以及经济和社会效益,分为禁止出口、限制出口和自由出口三类。

《对外贸易法》第16条和第17条,以及《技术进出口管理条例》第31条规定,国家基于下列原因,可以限制或者禁止有关货物、技术的出口:

第一,为维护国家安全、社会公共利益或者公共道德,需要限制或者禁止出口的。

第二,为保护人民的健康或者安全,保护动物、植物的生命或者健康,保护环境,需要限制或者禁止出口的。

第三,为实施与黄金或者白银进出口有关的措施,需要限制或者禁止出口的。

第四,国内供应短缺或者为有效保护可能用竭的自然资源,需要限制或者禁止出口的。

第五,输往国家或者地区的市场容量有限,需要限制出口的。

第六,出口经营秩序出现严重混乱,需要限制出口的。

第七,依照法律、行政法规的规定,其他需要限制或者禁止出口的。

第八,根据中国缔结或者参加的国际条约、协定的规定,其他需要限制或者禁止出口的。

第九,为维护国家安全,需要对与裂变、聚变物质或者此类衍生物质有关的技术出口,以及与武器、弹药或者其他军用物资有关的出口,采取限制或者禁止出口的。

第十,在战争时或者为维护国际和平与安全,需要在技术出口方面采取限制或者禁止出口的。

除了上述情况之外的技术,均可自由出口。

禁止或者限制出口的技术目录,由国务院外经贸主管部门会同国务院有关部门制定、调整和公布。企业在选择适合的技术出口项目前,必须对公布的目录有所了解。

2. 技术标准。所谓技术标准,就是技术本身的状况,它包括技术研制程度、法律保护状况、市场规模、服务配套以及标准化状况。

(1)拟出口的技术研制程度:技术生产周期处于研制期还是成熟期、衰老期;该技术是小规模生产获得成功,还是已经达到大规模商业化或产业化生产程度。

(2)法律保护状况:该技术是已经获得专利,还是正在申请专利;获得国外专利的可能性有多大;已经获得专利的有效年限还有多少。

(3)使用范围和技术产品市场规模:该技术生产产品的规模有多大,达到的经济效益如何。

(4)服务配套:企业能否向受方提供所需的技术配套服务,如人员培训、专家指导和培训基地;能否向受方提供技术设备、零部件、原材料等。

(5)标准化状况:该技术是否符合国际公认的标准,或者进口国认定的技术标准;是否获得进口国或国际权威机构的认证。

《技术进出口管理条例》第30条规定,国家鼓励成熟的产业化技术出口。因此,技术供方在筛选适合的技术出口项目时,最好选择国家鼓励出口的、成熟的、国内已经进行大规模产业化生产的技术。因为这类技术的出口在项目审批、出口信贷、出口信用保险、海关检验通关等方面享受很大的便利和优惠待遇,在项目的研发上也享受政府一定的资金支持。

(三)可行性研究

技术出口项目选定后,应着手进行可行性研究分析,这是在市场调研的基础上,根据所选择的技术,寻找出最有利的出口地区和合作伙伴。这需要:对拟出口国的政策法规、投资环境、市场需求以及风险进行有目标的研究分析;对技术受方或合作伙伴的经营状况进行具体研究,从而做出可行性分析。可行性研究对于国际工程承包项目、国际合作项目、与设备相结合的技术转让项目、与投资相结合的技术转让项目来说,尤为重要。它的内容涉及以下几个部分:

1. 法律、法规与政策的研究:技术受方国关于投资、技术与设备进口、税收、外汇管理和劳工等方面的法律、法规和政策规定。

2. 投资场地条件:投资地区的基础设施状况与生产供应条件,包括水、电、燃料、原材料、交通运输等情况。

3. 市场需求:当地的收入水平、消费偏好、市场容量;对商品品质、规格、包装、性能、价格的要求;经营商品的基本做法和销售渠道;可能发生变化的趋势。

4. 合作伙伴情况:资信情况、资金规模、经营效应、经营作风、合作诚意等。

5. 技术项目的效益:技术项目的名称、技术水平、专利情况;市场需求状况、价位预测;技术产品的特点、规格、包装、价格、产量;经营计划安排,包括采用的贸易方式、支付手段与结算方法、销售渠道与运输方式;投产后的经济效益;项目的营利性分析等。技术项目赢利与否,是决定项目投资的关键因素。

(四)填写申请书

技术出口项目需要报请国家指定的审批机构审批。技术出口项目的单位或个人应根据有关规定填写技术出口项目申请书,其内容包括:①技术的内容和基本特征;②技术的先进性和成熟性;③技术的经济效益;④技术和技术产品的出口情况;⑤技术出口的方式。

审批机构将对技术出口项目进行贸易审查、技术审查和保密审查。

1. 贸易审查。审查内容包括是否符合中国对外贸易政策,是否影响中国对外贸易的发展,是否违反中国对外承担的义务。

2. 技术审查。审查内容包括是否符合中国的技术政策,是否影响中国的技术优势。

3. 保密审查。审查是否符合中国的技术保密原则。属于国家秘密技术出口项目的保密审查,依照《国家秘密技术出口审查暂行规定》办理。

中国技术出口项目实行分级管理、各司其职的制度：国务院对外经济贸易主管部门负责全国的技术进出口管理工作；省、自治区、直辖市人民政府外经贸主管部门根据国务院外经贸主管部门的授权，负责本行政区域的技术进出口管理工作；国务院有关部门按照国务院的规定，履行技术进出口项目的有关管理职责。

国务院外经贸主管部门收到技术出口申请后，将会同国务院科技管理部门对申请出口的技术进行审查，并自收到申请之日起 30 个工作日内做出批准或者不批准的决定。技术出口申请一经批准，国务院外经贸主管部门将发给技术出口许可意向书。申请人只有在取得技术出口许可意向书后，方可对外进行实质性谈判，签订技术出口合同。

第三节　技术贸易中转让的技术范围及其作价

由于技术转让项目、内容和转让方式的不同，每项技术贸易谈判的内容并不完全相同。但在许可证贸易的谈判中，一般包括如下内容：转让技术的内容和范围；技术改进和发展的交换；技术文件的交付；技术人员的培训；价格和支付方法；考核与验收；保证与索赔；保密与侵权；税收问题；仲裁和法律的适用；限制性条款。

一、转让技术的范围

转让技术的内容和范围条款是技术贸易合同的中心内容，该条款主要规定许可方把何种技术转让给被许可方使用，被许可方对该项技术的使用权、制造权和销售权所享有的权利范围等。在确定转让技术的内容和范围的谈判中，主要应明确以下几个问题。

（一）要明确合同产品的型号、规格和性能

这是对转让技术的具体内容、技术参数和指标的要求。所谓合同产品，就是利用引进技术后将使其产品达到的水平，即利用转让技术设计制造出来的符合合同规定的产品，它可使转让技术的内容和价值具体化，使人能明白无误地看到技术的客观存在和经济效益。它是今后考核验收的依据。确定合同产品的型号、规格和性能主要取决于市场对该产品的需求。市场需求既关系到引进技术项目的成立，又决定着该项目的生存。因此，要在调查研究的基础上，对市

场需求进行预测,仔细分析合同产品具有多大的竞争能力、可获取多大的市场份额。

(二)对转让技术本身的选定,要考虑技术的先进性、适用性和可靠性

所谓先进性,是指从引进技术的发展水平来看,虽不一定是尖端的,但对引进方来说,应该是第一流的、高水平的,有利于缩短本国与世界技术水平的差距。所谓适用性,就是引进的技术要适合国情,要与本国的消化吸收能力、资源状况、设施配套能力以及现有技术体系相适应。所谓可靠性,是指引进的技术是经过生产验证的,具有可靠的成效并可以直接应用于生产实践。

(三)转让技术使用权时要注意以下三个方面

1. 注意专利技术的地域性。专利权受专利法保护,但是任何专利法都是国内法,迄今尚不存在国际性的超国家的专利法,因此专利的保护是有地域性的。我国准备引进的技术,应该是已在我国专利主管机关申请登记并经批准的;或虽未在我国登记和批准,但应用此项技术生产的产品要向一些国家出口,而在其中的一些国家,专利权所有人是享有专利的,才有必要购买此项专利。

2. 注意专利技术的时效。专利权具有时间性,在法律规定的期限内,所有人既可以自行使用,也可以出售转让给别人使用,从而取得利益和报酬。过了法定有效期,其技术内容从专有领域进入公有领域,任何人都可以实施利用。所以期满或即将期满的专利是不值钱的,这就需要在谈判之前做好充分的了解。

3. 分清专利与非专利的范围。受保护的专利技术是有一定范围的,超越了这一范围便成为非专利了。所以应该了解许可人是在何时、何国取得该项专利权的,以及该项的编号、保护范围和有效期等。然后,查阅公开发表的专利文献上的技术资料,查明是否属于申请登记并经批准的专利技术。

(四)确定许可方授权的范围

所谓授权范围,是指许可方授予被许可方使用权的种类、范围和性质等。

1. 许可使用权的种类。许可使用权包括技术的使用权、产品的制造权和产品的销售权。合同中应明确界定许可使用上述哪几种权利。

2. 许可地域,包括使用和制造的地域范围和销售的地域范围。

3. 使用权的性质,是指许可证的性质。如前面所说的,许可证可以分为普

通许可证、排他许可证、独占许可证、分许可证和交叉许可证等,应明确指定采取哪种性质的许可证。就转让价格而论,普通许可证比较便宜,排他许可证比较昂贵,独占许可证就更贵一些。就许可地区的市场性质和容量、专利、专有技术的特点而论,容量不大的市场和使用不广的专利、专有技术,以排他许可比较适合;反之,具有固定的大量需求的相应产品的专利和专有技术,即使存在着几个受方也不会妨碍产品的销售,所以不一定要排他许可,可选择普通许可,以便于节省开支;在市场竞争非常激烈的情况下,为了排除竞争、垄断产品,则可选用排他许可甚至独占许可。

二、转让技术的考核与验收

技术转让是一个传授和掌握技术的过程,一般要通过人员培训和技术指导等方式由技术供方传授给技术受方。这种技术的转让过程,必须通过考核和验收来判定供方是否完整无误地转让和传授了技术,受方是否掌握了技术,转让的技术是否达到了预定的目标。因此,技术转让合同都有考核与验收条款,它主要包括技术资料的验收和合同产品的考核验收两方面的内容。

(一) 技术资料的验收

技术资料按期、按质、按量地由技术供方交付给技术受方是技术转让的一个重要环节。技术供方应保证所提供的技术资料的完整性、准确性和有效性,保证能达到合同规定的技术指标;技术文件交付的时间应符合技术受方工程或生产计划的进度要求。因此,技术资料的验收条款主要是要求技术供方按照协议规定的资料交付时间和资料的内容,正确无误地将资料提交给技术受方。技术受方收到资料后,应立即按合同规定清点资料内容和数量,如无缺损,即出具技术资料已收到的证明;如出现技术资料短缺、丢失或损失,技术供方应在收到受方通知后一定期限内补充提供短缺、丢失或损坏的部分,费用由供方负担。

(二) 合同产品的考核验收

技术资料是否完整、准确、有效,只有在试制样机(或样品)后才能最终验收,所以,合同产品的验收,才是验证技术转让是否成功最重要的方法,应有专门条款规定。

在产品考核条款中,应对考核内容、标准,考核地点、时间、次数,考核使用的设备及原材料等做出明确具体的规定,并对双方在考核验收中的责任及考核不合格的处理办法、补救措施和费用负担等做出规定。对合同产品的考核,应有双方人员参加,一般可以允许进行 2~3 次。考核合格后,由双方签署验收合格证书;如不合格,应分清责任,限期进行再次考核,所需费用由责任方负担。如果合同规定的最后一次考核仍不合格,其责任在技术供方的,受方有权要求供方给予经济补偿或终止合同,并确定赔偿办法;如果责任在技术受方的,则应验收,但供方仍有义务协助受方改进,直至考核合格为止。

(三) 限制性条款

限制性条款是指技术供方在技术转让合同中对技术受方在使用和发展有关技术等方面加以各种限制而强加给技术受方的条款。它不是协议中的专门条款,是包含在有关条款中反映双方冲突的内容。如前所述:技术转让的特点之一是交易双方既有合作关系,又存在着双方利益的矛盾冲突。供方为了防止受方日后成为其竞争对手,总是千方百计地利用自己拥有技术的优势地位,强迫受方在合同中接受某些限制性条款,以保持其技术垄断地位。

这种不合理的限制性条款,违反合同双方平等互利的原则,损害了受方的利益,因此许多国家在有关技术引进的法律或条款中,均有禁止列出某些限制性条款的规定。

思考练习题

思考题

1. 在选择项目投资前技术受方需进行的机会研究包括哪些内容?

2. 国际技术贸易的受方在进行可行性研究和编写可行性报告过程中,应当注意哪几个问题?

3. 根据《对外贸易法》,国家会因为哪些原因而限制或者禁止有关货物、技术的出口?

4. 技术贸易谈判有哪些特点?

5. 采用提成支付,首先必须确定提成基础,一般来说有哪几种基础?

6. 技术贸易谈判中技术转让方和技术受让方的主要义务分别有哪些?

练习题

一、单项选择题

1. 初步可行性研究报告的内容可以参照可行性研究报告,采用比较简单的计算方法,精确度略低,一般误差为( ),可行性研究需要采用精确数据,误差只能在( )。

A. ±20%, ±10% B. ±10%, ±5%
C. ±15%, ±7.5% D. ±7.5%, ±5%

2. "国家鼓励先进、适用的技术进口",并通过优惠政策加以引导。因此,引进的技术首先是先进的、适用的。此外,还应该是成熟的、可靠的。所谓的"适用性"指的是( )。

A. 超过国内现有的技术水平。能够提高产品的质量和性能;有助于提高科学技术水平,缩小国内技术与国外技术之间的差距

B. 适合国内的社会环境和条件。能够开发新产品;能够充分利用本国资源;能够降低生产成本,节约资源和原材料;能够最有效地满足社会的需要

C. 技术成熟、性能可靠。即该技术不是正在试验中,性能不稳定的,而是技术成熟、性能稳定,生产出的产品质量很好

D. 适合国内的经济形势和环境。能够扩大就业,缓解我国资源浪费的现状,并且符合大多数人的利益

3. 国务院外经贸主管部门收到技术出口申请后,将会同国务院科技管理部门对申请出口的技术进行审查,并自收到申请之日起( )个工作日内做出批准或者不批准的决定。

A. 10 B. 20 C. 30 D. 40

4. 下面哪个不属于技术转让的范围( )。

A. 合同产品的型号、规格 B. 合同产品的性能
C. 技术本身的先进性、可靠性 D. 技术的期限

5. 以下不属于特殊的提成支付规定的是( )。

A. 最低提成费 B. 最高提成费
C. 平均提成费 D. 递减提成费

二、填空题

1. 项目建议书的附件中除了项目初步可行性研究报告外,还需有:_____;_____;资金筹措方案初步意向性文件;有关部门对建厂地址

或征用土地的初步意见;_____;_____;项目行业归口主管部门初步审核意见;有资质的咨询机构或专家组的评估论证意见。

2.《技术进出口管理条例》第30条规定,国家鼓励成熟的产业化技术出口。因此,技术供方在筛选适合的技术出口项目时,最好选择_____、_____、_____的技术。

3.技术贸易的形式主要有:_____、_____、_____。

4.技术贸易谈判一般包括_____、_____、_____、_____、_____和_____的谈判。

三、简答题

通过到企业实习或到网上查找资料,模拟撰写一份《技术引进项目建议书》。

第五章 技术引进合同

学习要点与要求

1. 了解有关技术贸易合同的基本知识,熟练掌握有关合同签订条款
2. 技术贸易合同的种类和特征,包含的一般条款及应注意的问题
3. 熟悉技术贸易合同谈判的过程以及在签订过程中遇到的主要问题

引导案例

案例一 1951年三洋电机公司董事长发现洗衣机市场巨大的潜力,决定制造洗衣机。先是投资几千万日元研制一台样机。这台样机与当时市场上正在销售的洗衣机相比,无论在产品的安全性、使用方便程度以及价格方面均略胜一筹。但是正当这种洗衣机即将推向市场时,他们发现英国胡佛公司已推出最新的涡轮喷流式洗衣机,这种涡轮喷流式洗衣机较原先搅拌式洗衣机性能有很大改进。三洋公司果断地放弃了原产品转而引进胡佛公司的技术,并进行了改进与创新,终于在1953年研制出新一代涡轮喷流SW-53型洗衣机,并巧妙地避开了胡佛公司的专利,申请取得自己的专利。这种性能优异、价格只及传统搅拌式洗衣机一半的新产品,一上市便引起轰动。当时这项技术引进创新不仅为三洋公司带来巨大的经济利益,而且奠定了三洋公司在洗衣机行业的领先地位。

案例二 20世纪60年代中期,韩国为发展纺织、食品等劳动密集型工业,将重点放在引进对出口贡献较大的中低档技术,与此同时建立了许多出口加工区,大大推动了60年代韩国的经济发展。70年代,韩国工业发展开始转向资本和技术密集型工业,国家将钢铁、机械、电子、汽车、石油化工列入重点,通过许可贸易大量引进与上述工业发展相关的技术,这些技术对韩国的工业现代化起到了重要作用。

到80年代韩国又开始发展知识密集型工业,如半导体、计算机、生物工程等,同时引进发达国家的有关先进技术。1988年5月,韩国在修订《外资引进法》时,规定今后引进一般技术,一律不享受优惠政策,以此鼓励引进先进技术。更重要的是,韩国对引进技术项目实行监控与考核制度,要求企业每引进一项技术,都要制定出相应的消化吸收创新目标,由政府定期检查执行情况,总结经验,发现问题,及时纠正。

第一节　订立技术合同的基本程序及其特征

技术合同是平等的当事人之间就技术开发、技术转让、技术咨询和技术服务所达成的具有明确权利义务内容的协议。一般情况下,一份完整的技术合同应当包括两个部分:一部分是合同条款,即约定双方当事人之间的权利义务关系;另一部分是工作说明书,详细说明技术合同所涉及技术项目的范围及实施方法、实施过程、进度以及验收方法等。

签订技术合同一般需要经过要约和承诺两个阶段。

一、要约

合同要约(Contractual Offers)也称定约提议,是指当事人一方向另一方提出的订立技术合同的建议和要求。提出要约的一方,称为要约人,接受要约的一方,称为受约人。要约是要约人单方的意思表示,可以向特定对象提出,也可以向不特定的对象提出。

(一) 合同要约的生效时间

有效的要约必须具备以下条件。

1. 有明确的签订技术合同的意思表示。
2. 有明确、肯定的技术合同条款。
3. 有明确的答复期限。
4. 要约在传达受约人时生效。

要约是一种法律行为,是要约人向对方做出的承诺。在其有效期限内,要约人受要约的约束。在有效期限内如果要约人撤销或变更要约,应承担由此给对方造成的损失。如果要约人在要约生效前改变或撤销自己的要约,则必须及时通知受约人。要约人撤销超过有效期限的要约,不承担责任。

(二) 合同要约与要约邀请

合同要约与要约邀请有本质区别。要约邀请又称要约引诱,是指希望他人向自己发出要约的表示,其与要约的区别主要有以下几点。

1. 根据当事人的意愿来区分,要约包含有当事人受要约拘束的意旨,而要约邀请只是希望对方主动向自己提出订立合同的意思表示。

2. 依法律规定做出区分,这是指按法律明确规定为某种行为是要约还是要约邀请来区别。

3. 根据订约提议的内容来区分,如果定约提议的内容中包含了合同的主要条款,则为要约,否则为要约邀请。

4. 根据意思表示是针对特定人还是不特定人发出来区分,要约邀请大多数情况下是向不特定人发出的。

二、承诺

承诺(Commitment)是指当事人一方对于他方提出的要约表示完全同意,即受约人接受要约人提出的建议,对要约的内容表示完全同意的意思表示。要约一经承诺,如法律无其他规定,经双方签订书面协议,合同即告成立,双方就负有履行合同的义务。有效的承诺必须具备下列条件。

(1) 必须由承诺人本人或其代理人做出。
(2) 必须在有效期限内做出。
(3) 对要约人的要约必须表示完全同意。

承诺也是一种法律行为。在有效期限内,承诺的撤回必须在承诺生效前或与承诺同时到达,才能有效;否则,承诺人要承担法律责任。超过有效期限的承诺,合同不能成立。

第二节　技术合同的签订

一、合同的签订

(一) 合同及技术贸易合同的签订

在经过反复洽谈和协商,双方就合同的主要条款达成一致意见后,便要履行签订合同手续。合同一经双方签字并呈报当事双方的主管当局批准后,即具有法律效力,合同双方必须全面履行合同规定的义务。为了表示对合同的重视和合作的诚意,通常合同双方首席代表或更高层次的主管会出席签字仪式,郑重地签约生效。

技术贸易合同主要指有关技术开发、技术转让、技术咨询和技术服务四种由社会公证机构认可的法律文件。从本质上说,技术贸易合同与一般的买卖购销等商务合同是一致的,但由于技术商品的特殊性,无论是在合同内容还是在形式上,技术贸易合同都比一般的商务合同更为复杂。

随着知识产权保护的加强,包括专利法在内的保护知识产权的法规在世界各国的推广与完善,以及合同法等相关法规的实施及完善,技术商品的转让使用(无论是所有权转让还是使用权许可)都要依据一定的法律。技术贸易合同是在这个基础上,通过书面文字等形式明确双方的权利义务。合同经签字生效并备案或经呈报当事人双方的主管当局批准后,即成为约束双方行为的法律文件,签约双方必须按合同条款履行各自的义务。如果一方在执行合同过程中违反了有关规定,引起纠纷并经调解无效,另一方就有权向法院提起诉讼,或向仲裁机构申请裁决,法院或仲裁机构根据法律条款判断处置。

技术贸易合同在签约以前和签约以后所涉及的问题是不同的:前者在于合同条款的合理性;后者在于执行条款的合法性。

在签订技术贸易合同以前,合同条款是双方谈判的主要内容。谈判进入明确阶段,合同条款的书面形式(合同草案)就要确定。这样,双方以合同草案为基础,逐条、逐句地进行反复推敲,直至对合同各项条款取得一致,再进行签约和办理审批手续。

合同的订立有书面形式、口头形式和其他形式。根据《中华人民共和国合同法》(简称《合同法》)第3节第342条、第238条、第270条的规定,以及《技术进出口合同登记管理办法》(2002年)的要求,专利权转让合同、专利申请权转让合同、技术秘密(Know-how)转让合同、专利实施许可合同、融资租赁合同、建设工程合同以及其他涉外技术贸易合同,都应当采用书面形式订立。

合同的内容由双方约定,一般包括以下条款:技术许可方与被许可方的名称;地址;标的;数量;质量;价款或者报酬;履行期限;地点和方式;违约责任;解决争议的方法。贸易双方可以参照各类技术贸易合同示范文本订立合同。

根据中国对外经贸主管部门的有关规定,有关公司对外谈判,应该选择与技术先进、商务条件优惠的外商签订合同。合同的主签为公司,附签为项目单位。

(二)签订技术引进合同应注意的问题

签订技术引进合同时应注意以下几个问题。

第一,合同内容应完整,条款具体、明确,文字应准确。合同内容应全面,力求明确、具体,特别是双方的权利、义务和违约责任应做清楚和详尽的规定,以免由于含糊不清或过于简单而使执行合同时引起争端。合同条款用语,不论以何种文字书写,语言和文字都应规范化,用词要准确,措辞要严密。

第二,合同内容要完整,条款之间、合同正文与附件要前后一致,不能自相矛盾。

第三,合同必须明确双方当事人的法律地位。双方签约人一般应是法人代表,如果当事人不具备法人资格,但具有法人委托的正式书面授权证明,也可作为代理人签约;否则,所签订的合同不具备法律效力。

第四,合同签字后,应在规定的时间内报请双方主管机关备案或领取许可证。

二、合同中不应带有的限制性条款

中国《技术进出口管理条例》第 29 条规定,技术进口合同中不得含有下列限制性的条款。

(1)要求被许可方接受并非技术进口必不可少的附带条件,包括购买非必需的技术、原材料、产品、设备或者服务。

(2)要求被许可方为专利权有效期限届满或者专利权被宣布无效的技术支付使用费或者承担相关义务。

(3)限制被许可方改进许可方提供的技术或者限制被许可方使用所改进的技术。

(4)限制被许可方从其他来源获得与让与人提供的技术类似的技术或者与其竞争的技术。

(5)不合理地限制被许可方购买原材料、零部件、产品或者设备的渠道或者来源。

(6)不合理地限制被许可方产品的生产数量、品种或者销售价格。

(7)不合理地限制被许可方利用进口的技术生产产品的出口渠道。

三、合同的生效

中国《技术进出口管理条例》第17条、第39条,《禁止出口限制出口技术管理办法》第14条规定,自由进出口技术合同自依法成立时生效,不以登记为合同生效的条件;限制出口技术的技术出口合同自技术出口许可证颁发之日起生效。

第三节　技术合同的认定登记

一、技术合同认定登记的定义

技术合同认定登记是指由技术合同登记机构依法对当事人申请认定登记的合同文本从法律、技术上进行审查,确认其是否真实、是否符合《合同法》的要求、是否属于技术合同和属于何种技术合同并核定其技术性收入金额,依法按照合同类型分类予以登记,发给技术合同登记证明,当事人凭登记证明享受国家在信贷、税收等方面提供的优惠待遇并获取相应奖励的行政执法行为。技术合同认定登记的目的是加强技术市场管理,保障国家有关促进科技成果转化政策的贯彻落实。因此,技术合同认定登记是国家科技行政主管机关实施技术合同管理、促进技术市场及技术交易健康发展、保障国家有关加强科技成果转化政策贯彻落实的制度。

《技术合同认定登记管理办法》第8条规定:"技术合同认定登记实行按地域一次登记制度。技术开发合同的研究开发人、技术转让合同的让与人、技术咨询和技术服务合同的受托人,以及技术培训合同的培训人、技术中介合同的中介人,应当在合同成立后向所在地区的技术合同登记机构提出认定登记申请。"

二、自由进出口技术合同的备案登记

为了规范自由进出口技术合同的管理,建立技术进出口信息管理制度,促进技术进出口的发展,2001年11月16日,国家颁布了《技术进出口合同登记管理办法》。根据该管理办法,技术进出口合同包括专利权转让合同、专利申请权转让合同、专利实施许可合同、技术秘密许可合同、技术服务合同和含有技术进出口的其他合同,均实行登记管理,自由进出口技术合同实行网上在线登记管

理。对外经贸主管部门是技术进出口合同的登记管理部门。

中外合资企业、中外合作企业和外商独资企业成立时作为资本入股并作为合资章程附件的技术进口合同,按照外商投资企业的有关法律规定办理相关手续。

2004年,国家又颁布了新的《中华人民共和国对外贸易法》。该法第9条规定,除了法律、行政法规和国务院对外贸易主管部门规定不需要备案登记的以外,从事货物进出口或者技术进出口,对外贸易经营者都应当向国务院对外贸易主管部门或者其委托的机构办理备案登记。未按照规定办理备案登记的,海关不予办理进出口货物的报关验放手续。

根据该法第15条、第19条的规定,属于自由进出口的技术,进出口应当向国务院对外贸易主管部门或者其委托的机构办理合同备案登记;属于限制进口或出口的技术,实行许可证管理。

对于自由进出口技术合同的登记,实行分级管理制度。即国家对外经贸主管部门负责对重大项目(即项目资金来源中含有国家财政预算内资金、外国政府贷款、国际金融组织贷款的项目,及国务院立项批准的项目)的自由进出口技术合同的登记管理工作;各省、自治区、直辖市和计划单列市外经贸主管部门负责对重大项目以外的自由进出口技术合同的登记管理工作;各地区、市、县外经贸主管部门在本省、自治区、直辖市和计划单列市外经贸主管部门的授权下,负责对当地自由进出口技术合同的登记管理工作。中央管理企业的自由进出口技术合同,按属地原则在地方外经贸主管部门办理登记。

三、技术进出口合同的备案登记程序与事项

(一)技术进口合同的备案登记程序

根据我国《技术进出口管理条例》第二章、第三章以及《技术进出口合同登记管理办法》的规定,属于自由进出口的技术,其合同的备案登记程序如下。

1. 网上登记。技术进出口经营者在合同生效后,应该在中国国际电子商务网上进行登记,并持技术进口或出口合同登记申请书、技术进口或出口合同副本和签约双方法律地位的证明文件,到外经贸主管部门履行登记手续。

2. 内容核对。外经贸主管部门在收到上述文件起3个工作日内,对合同登记的内容进行核对。

3. 颁发证书。外经贸主管部门对合同登记内容核对无误,应向技术进出口

经营者颁发《技术进口合同登记证》或《技术出口合同登记证》。

4.办理相关手续。申请人凭《技术进口合同许可证》或者《技术进口合同登记证》,办理外汇、银行、税务、海关等相关手续。

5.错误补正与修改。对申请文件不符合《技术进出口管理条例》规定要求的或登记记录与合同内容不一致的,外经贸主管部门应当在收到申请文件的3个工作日内通知技术进出口经营者补正、修改,并在收到补正的申请文件或修改的登记记录起3个工作日内,对合同登记的内容进行核对,颁发《技术进口合同登记证》或《技术出口合同登记证》。

6.合同变更。技术进出口经营者若要变更已登记的自由进出口技术合同的内容,应当重新办理登记手续。

7.合同终止。经登记的进出口技术合同在执行过程中因故终止或解除,技术进出口经营者应当持技术进出口合同登记证等材料,及时向外经贸主管部门备案。

(二)技术合同登记中主要应注意的事项

技术合同认定登记工作的主要任务和注意的事项包括以下三方面。

1.审查、确认技术合同的合法性。首先,审查、确认合同主体的合法性,即技术合同的当事人须具有权利能力、民事行为能力、赔偿能力和相应的技术能力。其次,审查、确认合同客体(即合同的标的及其内容)的合法性以及合同是否属无效技术合同。最后,审查、确认合同签订及其申请认定登记程序的合法性。

2.审查、鉴别技术合同的性质,分类登记。综合运用科学技术、社会生产和法律政策方面的知识,依据《合同法》和《技术合同认定登记管理办法》等法律法规和规章,对合同的性质、类别进行审查、鉴别,判定其是否属于技术合同和属于何种技术合同,分类予以登记。

3.核定技术性收入。主要是鉴定技术交易额及技术性收入,在此基础上,以技术性收入为基数按一定比例计算奖酬金提取额。

四、登记的主要内容与标准代码

自由进出口技术合同登记的主要内容为:合同号;合同名称;技术许可方;技术被许可方;技术使用方;合同概况;合同金额;支付方式;结汇方式;信贷方式。

国家对自由进出口技术合同号实行标准代码管理,编制技术进出口合同号应符合下述规则:

(1)合同号总长度为17位。

(2)前9位为固定号:第1~2位表示制定合同的年份(年代后2位)比如2015年,写作15;第3和第4位表示进口或出口国别地区(国标2位代码);第5和第6位表示进出口企业所在地区(国标2位代码);第7位表示技术进出口合同标识(进口为Y,出口为E);第8和第9位表示进出口技术的行业分类(国标2位代码);后8位为企业自定义。

例如:18USBJE01CNTIC001。18表示2018年;US表示美国;BJ表示北京;E表示出口;01表示出口技术的行业分类,比如农业技术;CNTIC001为企业自己定义的合同编号;18USBJE01CNTIC001为该合同的合同号。

案例分析

2009年7月20日,合肥新站区投资的国有企业安徽鑫昊等离子显示器件有限公司(以下简称"鑫昊")与日立等离子显示器股份有限公司签订合作协议。根据合作协议,鑫昊引进日立等离子产品技术、制造技术及生产线设备,并承诺日立等离子30年的技术积累和技术团队,同时获得专利许可,建设一条年产能力为150万片的等离子面板生产线,产品规格覆盖42英寸、50英寸、60英寸、85英寸等未来主流大尺寸。这消息一经报道,便引发争议。鑫昊自称此举可以"学以致用",但一些专家学者则担心,此举可能是"重金收破烂"。

日本从1955年至1975年,引进技术的费用增加14倍,而全国的科研费一般为技术引进费的2~3倍。日本在技术引进中非常重视选择消化能力强的企业,进行应用、消化。在引进前准备好消化、改进的各项条件,把引进工作与科研密切结合,使基础理论、应用研究、生产研制三位一体,共同配合,研究、改进并有所创新,同时注意引进先进的企业管理技术,因而取得了很大的成效。日本用了20年时间花50亿美元引进近4万项外国先进技术,并投入约占技术引进费7倍的费用(350亿美元)进行引进技术的消化吸收、再创新和应用,建立起了属于日本自己的技术体系。它们的钢铁工业八大技术,就是在从国外引进300多项新技术的基础上,通过消化、吸收和再创新而形成的。日本先后从苏联、美国、法国、奥地利、瑞士等国引进钢铁技术,加以消化吸收、创新、扩散,终于形成了世界先进水平的本国大型高炉顶吹转炉和连铸连轧技术,使日本当时的钢铁产量跃居世界之首。

　　印度在引进第一座核能发电技术时,就制定了一套自力更生的战略,对引进外国技术采取了选择、参与、吸收、掌握、发展和创新等循序渐进对策。建设第二座核电站时,印度科技人员就参与到设计、建设和开发过程,在外国专家的指导下,由印度本国科技人员担当起核电站建造、运行、管理的重任。建造第三座核电站时,就由印度自己的专家负责设计、建造和管理,完整地掌握了核能发电技术,并有能力向其他国家出口核电技术、核电设备和核技术产品。在这个过程中,印度组建了4个相当规模的核能研究中心,每年有150多位科学家、学者和技术人员在这些中心进行培训,成为印度发展核能技术的人才培养基地。

　　从上述案例中,日本和印度两个国家值得我们学习和借鉴的经验有哪些?

思考练习题

思考题

1. 订立技术合同一般需经过哪些阶段?
2. 技术合同认定登记工作的主要任务有哪些?
3. 技术引进合同的具体环节和步骤有哪些?

练习题

1. 在实验室模拟训练技术贸易合同签订的各重要环节。
2. 到相关单位全程跟踪一笔技术贸易合同的签订履行过程,并写出实验报告。

第六章　国际技术贸易中的税费

学习要点与要求

1. 了解国际技术贸易中的税费及征税原则
2. 掌握国际重复征税的概念、原因、影响与避免重复征税的办法
3. 熟识国际技术贸易的征税规定以及中国对技术贸易的征税做法
4. 了解处理国际技术贸易税费问题的建议及措施

引导案例

案例一　甲国某公司派雇员S先生(S先生是甲国的公民和居民)到乙国从事技术指导,S先生的薪金由该公司支付。甲国根据这笔薪金支付地是在本国,而判定其来源于本国。乙国则根据劳务的提供地在本国,也判定这笔薪金来源于本国。因此出现了重复征税的现象。

案例二　A国甲公司从B国乙公司引进技术,A国税务机关认为,乙公司有来源于A国的技术使用费收入,根据收入来源管辖权原则,要求乙公司就该项收入依照A国法律向A国税务机关缴纳所得税。B国税务机关认为,乙公司为B国企业,按照居民管辖权的原则,B国要求乙公司就该项收入依照B国法律向B国税务机关缴纳所得税。这样,一项技术的买卖在两个国家都征收了税金。

第一节 国际技术贸易中的税收种类及征收原则

一、国际技术贸易中的税收种类

近些年,随着国际技术贸易的迅速发展,越来越多的企业参与了技术进出口的经济活动。在国际技术贸易中,技术的供受双方均需要履行依法纳税的义务,不同的交易方式及不同的技术类型涉及的税种也不尽相同。从国际税收体系来看,税种主要分三类:所得税类,如个人所得税、企业或公司所得税;财产税类,如一般财产税、个别财产税等;商品税类,如关税、增值税、周转税等。三种税在国际技术贸易中都有所涉及。

(一) 所得税

所得税(income tax),也称收益税,它是指国家对法人、自然人和其他经济组织在一定时期内的各种所得征收的一类税收。所得税是国际技术贸易涉及的主要税种,征税对象是技术使用费所得。技术使用费是特许权使用费的重要组成部分。技术使用费(Technology Costs)是指技术许可合同所规定的技术被许可方应向许可方支付的全部费用,对技术许可方来说是一项特定技术使用权的"卖价",对被许可方来说是为了引进一项特定技术而支付的成本。技术使用费一般由三部分组成:进行许可贸易所发生的直接费用;部分研制开发费用的分摊;所得利润的分摊。

(二) 财产税

财产税(property tax)是以纳税人所有或属其支配的财产为课税对象的一类税收。它以财产为课税对象,向财产的所有者征收。财产包括一切积累的劳动产品(生产资料和生活资料)、自然资源(如土地、矿藏、森林等)和各种科学技术、发明创造的特许权等。国家可以选择某些财产予以课税。对各种财产课征的税,按一般税收分类方法,统称为财产税。它通常不是课征当年创造的价值,而是课征自往年创造价值的各种积累形式。在国际技术贸易中,财产税的计征依据以估算的许可收益为准,常与许可使用费相关,由技术转让方缴纳,转让方经常计入转让直接费用,转嫁给技术购买方。

(三) 关税

关税(Tariff)是指进出口商品在经过一国关境时,由政府设置的海关向进出口商所征收的税收。当国际技术贸易涉及技术相关的进出口时,需要对引进的技术设备、仪器征收关税。此外,根据《中华人民共和国海关审定进出口货物完税价格办法》第11条的规定,以成交价格为基础审查确定进出口货物的完税价格时,未包括在该货物实付、应付价格中的特许权费用应当计入完税价格,但是符合下列情形之一的除外:

1. 特许权的使用费与该货物无关。
2. 特许权使用费的支付不构成该货物在中华人民共和国境内销售的条件。

由于所得税是国际技术贸易涉及的最主要税种,所以这里主要讨论国际技术贸易所得税的征收问题。所得包括经济所得、投资所得、劳务所得、财产所得,主要包括个人、公司(企业)所得税、预提税、资本利得税。

二、国际技术贸易中税收征收原则

国际技术贸易征税的核心是对技术使用费征收所得税,世界上大多数国家都根据收入来源及居住地相结合的原则征收。技术供方所在国依据居民管辖权原则,要求供方在居住国缴纳所得税;技术受方所在国依据从源管辖权原则,对来源于该国的技术使用费征收所得税。

(一) 技术供方政府对技术使用费的征税

依据居民管辖权原则,技术供方政府有权对其居民从国外获得的合法收入依法征税。居民包括在该国从事经济活动和交易、拥有中心经济利益的法人和在该国从事一年以上经济活动和交易的自然人。

(二) 技术受方政府对技术使用费的征税

在收入来源地设有营业机构的纳税人,其技术使用费所得一般并入营业利润,计征企业所得税。在收入来源地未设营业机构的纳税人,则采取从源控制,在技术被许可方向许可方支付使用费时,税收部门代扣缴,称为预提所得税。预提所得税不是一个独立的税种,而是所得税的一种征收方式。这种方式主要针对所得来源地未设立机构的外国企业、公司、外国人,由于当地税务部门直接向许可方征税比较困难,因此,将征税的任务交给被许可方,以预提方式扣缴使用费所得税,税率一般低于公司所得税。

在国际技术贸易中,交易双方不属于同一个国家,采用的税收征收原则也不尽相同,因此会出现对同一笔技术交易征收双重的税费,从而产生重复征税的情况。为了使我们更详尽地了解国际技术贸易中的税费问题,在第二节中笔者将着重介绍国际重复征税的相关内容。

第二节 国际重复征税

一、国际重复征税概念

想要了解什么是国际重复征税,必须先明确重复征税的含义。所谓重复征税就是对同一人(包括自然人和法人)或同一物品(税源或征税对象)征税两次以上。按其性质的不同,一般可将各国普遍存在的重复征税现象分为税制性重复征税、法律性重复征税和经济性重复征税。其中,税制性重复征税是同一课税权主体对同一纳税人、同一税源课征不同形式的税收,这种重复征税是由各国实行复合税制所造成的;法律性重复征税是不同的课税权主体对同一纳税人的同一征税对象进行的多次征税,它是由于法律对同一纳税人采取不同征税原则造成的;经济性重复征税是对同一税源的不同纳税人的重复征税,通常是由于股份公司经济组织形式引起的。国际重复征税一般属于法律性重复征税。

对于国际重复征税的定义,不同学者有着不同的理解。德国学者道恩认为,国际重复征税是指几个独立的征税权力对同一纳税人同时征收同一税种。美国学者比歇尔和费恩斯莱伯则认为,国际重复征税是两个或两个以上国家对同一所得征税的结果。学者姚梅炎、郝如玉认为国际重复征税是指由两个或两个以上的主权国家对跨国纳税人来自同一税源的课税对象,同时行使税收管辖权所造成的两次或多次征税。学者高尔森认为,国际重复征税一般指两个国家各自依据自己的税收管辖权按同一税种对同一纳税人的同一征税对象在同一征税期限内同时征税。综合各学者对国际重复征税(International Double Taxation)的定义,我们可以从狭义和广义两个方面去理解国际重复征税。狭义的国际重复征税是指两个国家或地区,基于各自的税收管辖权原则,在同一税收期限内,对同一跨国纳税人和同一征税对象,征收同一或类似的税收。它强调纳税主体与纳税客体的统一性。广义的国际重复征税是指两个或两个以上国家对同一或者不同跨国纳税人的同一课税对象或税源所进行的交叉重叠征税。

其征税涉及的范围要比狭义的国际重复征税宽泛,不但包括狭义的国际重复征税,而且包括由于纳税主体与课税客体的非统一性所发生的国际重复征税,以及因对同一笔所得或收入的确定标准和计算方法的不同所引起的国际重复征税。

二、重复征税的原因及其影响

(一)重复征税的原因

国际上之所以会产生重复征税问题有其深刻的政治经济根源。国家主权是国际重复征税产生的政治基础;所得国际化是国际重复征税产生的经济基础;各国现行征收的税种以及实行的税收管辖权、居民身份的判定、收入来源地的确认是国际重复征税产生的法律基础和根本原因。

1. 国家主权是国际重复征税产生的政治基础。国家主权是国家的根本属性,是一个民族国家之所以能够独立于世界民族之林的生命支柱,不可分割,不可转让。经济主权是国家主权的延伸,即一国政府在国内外的一切经济事务上享有独立自主之权。经济主权在税收层面具体体现为国家税收主权。国家税收主权是指一国在决定实行怎样的国内和涉外税收制度等方面均享有完全的自主权,如有权决定对哪些人征税、征哪些税以及征多少税等,不受其他国家的干涉,具有明显的独立性和排他性。在国际税收出现之前,国家税收主权仅仅表现为一国政府对本国公民征税的权利。在国际税收出现后,国家税收主权有了涉外因素,即不论其国籍或注册地的个人、企业或组织,只要在某国的管辖范围之内,该国就享有税收管辖权,该个人、企业或组织就要无条件地服从该国的税收法律制度。结果导致两个甚至两个以上的国家依据国家税收主权原则,按照本国的税收法律制度分别对同一征税对象征税,从而出现重复征税。

2. 所得国际化是国际重复征税产生的经济基础。第二次世界大战结束后,随着科技的进步和分工的高度发展,生产、资本、技术、贸易不断跨越民族、国界,逐渐形成经济的全球化。跨国公司是经济全球化发展过程中最活跃的经济主体,在全球化经济中占有十分重要的地位,一方面它是经济全球化的产物,另一方面它又进一步推动了经济的全球化。尤其是进入 21 世纪后,经济全球化进一步发展,国与国之间的经济交往更加密切,国际跨国公司不断增多,全球性的资本、产品流动更加频繁,国际经济关系更加复杂,国际贸易得到了前所未有的发展,所得国际化成为常事,为国际重复征税埋下了伏笔。与此同时,全球性的经济问题日益增多,国际重复征税现象日益严重,国家间的经济纠纷不断升级。为此,国家之间、国际组织也在不断寻找国际经济协调合作的规则,各国在经济全球化过程中不得不让出或放弃某些主权以达到博弈的平衡,一批新的全球性经济规则随之产生,防止国际重复征税的协定雨后春笋般出现,各国的所得税制也在不断完善。各国根据税收主权原则,维护本国经济权益,一般都实行属人和属地的课税原则:一方面按照属人原则,对于国内纳税人来源于本国境内、境外的所得课税;另一方面按照属地原则,对于涉外纳税人来源于本国境内的所得课税。这样,进行跨国经济活动的个人、企业或组织的所得,就存在两个或两个以上国家主张其税收管辖权。同一笔跨国所得,不仅要向国籍所在国政府缴纳税款,而且还要向所得来源国政府缴纳税款,税收法律关系复杂化,由以前的一国政府与本国纳税人之间的利益博弈扩展为国家之间的税收利益的博弈,这正是产生国际重复征税的根本原因。

3. 税收管辖权冲突是国际重复征税产生的法律基础。

(1)居民税收管辖权之间的冲突。鉴于各国对居民身份的认定标准不同,导致跨国纳税人在两国均有居民身份,若两国均按居民税收管辖权对同一纳税人的征税对象征税,从而引起的冲突。例如:甲国规定居民标准是一个纳税年度内在甲国居住满一年以上者,乙国规定的居民标准是在乙国有永久性住所。当某人在乙国拥有一套固定的住房,又在甲国住满了一年,在此期间从丙国取得了一笔专利收入时,甲、乙两国都要对这笔收入凭借居民税收管辖权征税。

(2)居民税收管辖权和收入来源地管辖权之间的冲突。即一国按居民税收管辖权而另一国按收入来源管辖权,对同一纳税人所得重复征税而引起的冲突。例如,A国甲公司从B国乙公司引进技术,A国税务机关认为,乙公司有来源于A国的技术使用费收入,根据收入来源管辖权原则,要求乙公司就该项收入依照A国法律向A国税务机关缴纳所得税。B国税务机关认为,乙公司为B国企业,按照居民管辖权的原则,B国要求乙公司就该项收入依照B国法律向B国税务机关缴纳所得税。这样,一项技术的买卖在两个国家都征了税。

(3)收入来源地税收管辖权之间的冲突。这种冲突是由于各国对所得来源地的认定不一导致。一般来说,一个国家所管辖的地域是十分清楚的,不大可能两个或两个以上的国家同时使用收入来源管辖权而产生国际重复征税的问题。之所以会出现收入来源地税收管辖权的交叉重叠,主要是由于有关国家对收入来源地的规定和理解不同造成的。比如有些国家对收益、所得的来源采用所得活动地标准,有的国家采用所得支付地标准,因此产生了国际重复征税。

(4)居民税收管辖权与公民税收管辖权的冲突。居民和公民有一定的差异,当不同国家分别采用居民税收管辖权和公民税收管辖权时,就会产生国际重复征税。

(二)国际重复征税的影响

1.国际重复征税对国际贸易的影响。

(1)国际重复征税违背了税收公平的原则。税收公平原则作为税法基本原则之一,它要求税收负担必须依法在纳税义务主体间进行公平分配。依据这一原则,必须普遍征税、平等征税、量能课税。税收公平原则要求同等收入承担同等税负,不论来自国内还是国外。由于国际重复征税的存在,跨国纳税人要同时承担来源国与居住国的双重纳税义务。由此可以看出,国际重复征税是一笔来自境外的收入负担重于等额国内收入的税收,同样的经济能力负担了更多的税收,这是不公平的。

(2)国际重复征税不利于跨国资金、技术和劳动力的流动。国际经济合作与交流的扩大,是当今世界经济发展的必然趋势,它能使资源要素在国际上实现更加合理高效地利用,促进国际专业分工,加速各国经济发展。而国际重复征税的产生,为资金、技术、劳动力等生产要素在国内外的选择上制造了障碍,削弱了各国潜在的国际经济活动能力。跨国投资、经营、技术合作的积极性受到影响,生产要素的流动受到制约,从而制约了国际经济的进一步发展。

(3)国际重复征税对国家间税收收益的影响。国际重复征税会引起国家与国家之间的税收权利和利益的冲突。当两个或两个以上国家同时对同一笔跨国所得征税时,必然会产生税收权利和利益的冲突。一国认为自己有权对其纳税人征收所得税,另一国则认为对方国家的征税是对自己权利和利益的侵犯,当彼此无法协调时,利益冲突便不可避免。不仅如此,由于重复征税给纳税人带了沉重负担,他们就会千方百计去规避纳税义务,利用各国税收管辖权的摩擦和税制差异,减轻或消除在有关国家的税收义务。这种直接侵犯国家利益的行为,同样也会导致国家间的矛盾。

(4)国际重复征税不利于国际交往。社会化大生产的发展要求社会分工、协作的国际化,要求国家之间在更大的范围内交流与合作,这是国际经济发展的趋势和方向。但由于国际重复征税的存在,使得跨国投资者的对外投资所得同时要承担两次或多次的纳税义务,额外加重了他们的税收负担。这无疑将极大地打击跨国投资者的投资愿望,给国际上经济、技术、文化的相互交流合作,给商品、劳务、资金、人才的国际交流造成障碍,阻碍了国际经济的发展。

2.国际重复征税对技术贸易的影响。重复征税问题有损国际技术贸易双方及其国家的经济利益,影响国际技术转让和引进的积极性,不利于国际技术贸易的健康发展,主要体现在两方面:

(1)重复征税影响了技术供受双方的正常贸易。对技术使用费的重复征税使技术供方的实际收入减少,为了达到预期收益,供方往往提高技术报价,这样就降低了市场竞争力,在国际市场上处于不利地位。同时,由于技术供方将征税负担转嫁给技术受方,增加了技术受方的经济负担,提高了技术引进的成本,从而降低了新增利润。

(2)重复征税影响了技术供受双方国家的经济利益。重复征税降低了技术提供国企业的国际市场竞争力,减少了国际技术转让和技术产品出口的机会,使技术提供国外汇收入相应减少,对其国际收支产生消极影响。双重征税同时也增加了技术引进企业的引进费用,外汇流出相应增加,使其国际收支恶化。

总之,国际重复征税对国际贸易以及国际技术贸易都有着不利的影响,进而影响了世界经济和技术的发展。因此,国际重复征税问题是国际技术贸易必须解决的重大问题。如今,国际重复征税的弊端已引起了各国政府、跨国纳税人、经济学家和国际经济组织的高度重视,各国都在积极寻求减轻国际重复征税的途径和方法。

三、避免国际重复征税的办法

国际重复征税问题的存在,不仅对纳税人不利,而且对国际资本流动和技术交流不利。因此,采用行之有效的方法来解决国际重复征税问题显得尤为重要。目前,国际上比较流行的避免国际重复征税的方法主要有五种:免税法、抵免法、税收饶让法、扣除法、低税法,具体介绍如下。

(一)免税法

免税法(Method of Tax Exemption)是指居住国对本国居民来源于或存在于来源国的跨国所得及一般财产单方面放弃居民税收管辖权,以避免国际重复征税。免税法的具体做法有两种:

1.全额免税法,即一国政府在向本国纳税人征税时,将其来自有税的国家所得从其总所得中扣除,仅对其国内所得和某些不能豁免的国外所得征税。由于全额豁免的口径太大,免税过多,因此多数国家不使用或不经常使用。

2. 累进免税法,即征税国对境外所得虽然给予免税,但在确定纳税人总所得的适用税率时,却要将免税所得并入计算。

假设 A 国居民一年内取得的收入是 2 万元,该国实行累进税率,相适应的税率为 40%。该居民 2 万元收入中,有 1 万元是在国内取得,1 万元是在国外取得。当 A 国对纳税人来自国外的一万元实行"累进免税"时,其计算方法为:

2 万元适用的税率为 40%,其应该缴纳的税款为:
$$20\ 000 \times 40\% = 8\ 000(元)$$

实行"累进免税",用国内收入乘以 40% 税率:
$$10\ 000 \times 40\% = 4\ 000(元)$$

豁免额为:
$$8\ 000 - 4\ 000 = 4\ 000(元)$$

如果该居民在国外获得收入是已经纳过税的净收入,即他在国外的收入为 12 500,收入来源国的适用率为 20%,税款为 2 500(12 500×20%),那么该居民便可以从本国"累进免税"中获得 1 500 元的税收好处。如果该居民的海外收入来自避税区或者低税区,那么他在海外的 12 500 元收入会有更多的机会躲避国内纳税义务,甚至全部豁免额都归纳税者本人。

(二)抵免法

抵免法(Method of Tax Credit)是指居民法人根据其来源国内外的总收入计算应纳税额,但允许对其来自外国的已缴纳税款从应向国内缴纳的税收中全部或部分的扣除。实施抵免法的政府,实际上承认了收入来源国政府的征税优先权,但并不放弃居民税收管辖权。抵免法分为直接抵免法与间接抵免法。

1. 直接抵免。直接抵免(Direct Credit)是指母国对其居民或国民纳税人的全球所得或财产征税时,允许该纳税人从其应纳税额中扣除已经在国外缴纳的税额的征税方法。直接抵免法消除的是不同国家征税主体对同一纳税人的同一征税对象进行的法律性重复征税。直接抵免法又分为全额抵免与限额抵免。

(1)全额抵免。全额抵免(Full Credit)是指居住国政府将居民的国内外所得全部汇总计算,允许居民将其向国外政府缴纳的所有税款在应向本国缴纳的税款中全部扣除。

例如:某居民一年内共获得 80 000 元收入,其中从居住国获得 50 000 元,在国外获得 30 000 元,国外适用税率为 30%,居住国税率也为 30%。居住国允许居民将在国外已经缴纳的税款从应向本国缴纳税款总额中扣除,于是得出:

居民总所得应缴纳本国税款：
$$80\ 000 \times 30\% = 24\ 000(元)$$
居民在国外收入来源国所缴纳税额为：
$$30\ 000 \times 30\% = 9\ 000(元)$$
居住国实收税额：
$$24\ 000 - 9\ 000 = 15\ 000(元)$$
纳税人实缴税额：
$$15\ 000 + 9\ 000 = 24\ 000(元)$$

居住国实行全额抵免,放弃纳税人国外收入 30 000 元的征税权利,即放弃了 9 000 元税收收入。

(2) 限额抵免。限额抵免(Ordinary Credit)也叫作普通抵免,是指居住国政府对跨国纳税人在收入来源国缴纳的税款给予抵免时,不能超过最高抵免限额的直接抵免法。仍然以上述为例,只是假设外国税率不是30%,而是40%,于是得出：

居民总所得应缴纳本国税额：
$$80\ 000 \times 30\% = 24\ 000(元)$$
居民在国外收入来源国所缴税额为：
$$30\ 000 \times 40\% = 12\ 000(元)$$
居民实际纳税额：
$$50\ 000 \times 30\% + 30\ 000 \times 40\% = 27\ 000(元)$$
国外收入按国外税率和本国税率计算差额：
$$30\ 000 \times 40\% - 30\ 000 \times 30\% = 3\ 000(元)$$

居住国实行限额抵免,放弃税额 9 000 元,居住国不能抵免的税额为 3 000元。

2.间接抵免。间接抵免(Indirect Credit)是指一国政府对本国居民间接缴纳的外国所得税给予抵免的方法。间接抵免与直接抵免的区别主要在于,直接抵免适用于总分公司形式的跨国公司,而间接抵免适用于母子公司形式的跨国公司。在法律上母公司与子公司是两个独立的经济体,因而在税收上构成了两个不同的纳税主体。母公司与子公司是控股关系,所以子公司的收入并不完全属于母公司,而是把税后利润按股权比重分配给母公司。母公司得到来自子公司的股权收入时,已经承担了子公司所在国的税款,但这部分税款不是由母公司直接缴纳的,而是间接承担的,所以母公司向所在国缴纳税款时应获得间接抵免,抵免该股息收入承担子公司已缴纳的所得税款。

按照国际通行的原则,能享受间接抵免待遇必须符合下列条件:第一,享受间接抵免的法人股东必须是直接投资者;第二,作为直接投资者的法人股东在付出股息公司中拥有的股份必须达到一定的数量;第三,享受者必须是法人股东,而不是自然人股东。

(三)税收饶让法

税收饶让法是税收抵免方式的一个延伸和扩展,其理论意义和实践作用超出了处理国际重复征税的范围,税收饶让与保障各国税收优惠措施的效果有着极为密切的关系,在促进国际经济交往与发展方面发挥着越来越重要的作用。税收饶让(Tax Sparing)是指居住国政府对跨国纳税人在非居住国得到优惠减免的那部分所得税税款,视同已经纳税,给予饶让抵免。税收饶让分为差额饶让与定率饶让两种方式。

1. 差额饶让。差额饶让(The Difference Between Sparing)是指居住国政府对本国居民来源于非居住国的所得,按非居住国税法规定税率计算的税额与按税收协定规定的较低税率计算的税额之间差额,视为已纳税额予以饶让抵免。

例如:甲国总公司获得来自乙国分公司 100 万元的营业收入,乙国的所得税率为 30%,因为对外资实行税收减半的政策,税率降为 15%。甲国所得税率为 35%。

乙国分公司实纳税额:

$$100 \times 15\% = 15(万元)$$

甲国总公司可获得的饶让差额:

$$100 \times 30\% - 100 \times 15\% = 15(万元)$$

甲国总公司实纳税额:

甲国总公司应纳税款 - (乙国分公司实纳税款 + 甲国总公司获得的饶让差额) =

$$100 \times 35\% - (15 + 15) = 5(万元)$$

采用差额饶让抵免方式,其饶让抵免数额的大小取决于非居住国税法规定的税率和税收协定规定的税率之间的差距。两者差距越大,饶让抵免的数额也就越大;反之,两者差距越小,饶让抵免的数额也就越小。

2. 定率饶让。定率饶让(Fixed Rate Sparing)是指居住国政府对本国居民在国外享受的减免税款或按税收协定限制税率享受的差额税款,视同已缴纳税款,但只允许按一固定税率计算的税额进行抵免。

例如：甲国母公司获得乙国子公司50万股息收入,乙国规定股息预提税率为35%,外国投资企业的优惠税率为25%,甲国所得税税率为30%,甲、乙两国的税收协定规定股息固定税率为20%。

乙国子公司实际纳税额：
$$50 \times 25\% = 12.5(万元)$$

协定规定抵免的固定税额：
$$50 \times 20\% = 10(万元)$$

母公司实纳税额：
$$50 \times 30\% - 10 = 5(万元)$$

此例可以看出乙国子公司已缴纳税款中的2.5万(12.5-10)并未被抵免。当收入来源国税率高于规定税率时,定率饶让抵免法不能将纳税人在收入来源国所缴纳的税额完全抵免掉,只有当收入来源国税率低于规定税率时,收入来源国的优惠政策才能发挥作用,所以,在国家间签订的税收协定中,对投资所得的饶让抵免多数为定率饶让抵免法,如日本与我国签订的税收协定中就规定,日本政府对日本居民来自中国的特许权使用费按已经缴纳20%的税率给予抵免。

我国重视和坚持税收饶让原则,税收饶让对吸引外国资本是有效的。在我国发展经济的过程中,为了吸引外国资本和引进先进技术,对外资提供了税收优惠政策,为了达到授惠于纳税人的目的,我国常常要求投资母国、特别是发达国家做出税收饶让的允诺。但有些国家(如美国)认为税收饶让政策有失公平性。美国认为税收饶让有违资本输出中性原则。资本输出中性原则要求税收制度不能改变国际资本在各个国家之间的流入或流出,也不能影响投资者在国内、国外或各国之间的投资选择。在多数收入来源国实行税收优惠并要求居住国给予税收饶让的情况下,投资国内和投资国外的纳税人之间的税负不均,他们更偏向于国外投资或者在与居住国签订有税收饶让协定的国家投资,这违反了资本中性原则。因此,美国与其他国家签订的税收协定中从来没有饶让抵免的条款。

(四)扣除法

扣除法(Deduction Method)指居住国政府对其居民取得的国内外所得汇总征税时,允许居民将其向外国政府缴纳的所得税作为费用在应税所得中予以扣除,就扣除后的余额计算征税。这种方法实际上就是居住国政府将其居民的国外所得的税后收益并入该居民的国内所得一起征税。

例如：A 国居民在 2018 年纳税年度内来自 A 国的所得为 10 万元，来自 B 国的所得为 2 万元。A 国政府规定所得税率为 40%，B 国政府规定所得税率为 50%。分析应缴纳税款是多少？

居民总所得：
$$10 + 2 = 12(万元)$$

向 B 国缴纳税款：
$$2 \times 50\% = 1(万元)$$

应向 A 国缴纳税款：
$$(12 - 1) \times 40\% = 4.4(万元)$$

(五)低税法

低税法(reduction method)是居住国政府对其居民国外来源的所得，采用单独制定较低的税率(或征收标准)以减少重复征税的方法。

例如：甲国某居民 2018 年纳税年度来自国内所得 80 万元，来自乙国所得 20 万元，甲国的所得税税率为 35%，但对本国居民来源于国外的所得规定适用 10% 的低税率，乙国的所得税税率为 40%。

应纳甲国税收：
$$(80 + 20) \times 35\% = 35(万元)$$

已纳乙国税收：
$$20 \times 40\% = 8(万元)$$

甲国实征税收：
$$80 \times 35\% + 20 \times 10\% = 30(万元)$$

居民纳税总额：
$$30 + 8 = 38(万元)$$

甲国放弃税收：
$$35 - 30 = 5(万元)$$

在重复征税条件下，该居民需纳税 43 万元(35 + 8)，而在低税法条件下要纳税 38 万元，少缴了 5 万元税款。

低税法只能在一定程度上降低重复征税的数额，即在某种程度上缓和了实际重复征税的矛盾，但不能根本解决重复征税问题。低税方法只是一些国家在采用抵免法的同时，对重复征税问题灵活处理的一种方式。如新加坡规定，对本国居民来自英联邦成员的所得已缴纳的所得税,提供税收抵免待遇,对来自英联邦成员以外的非缔约国家的所得,则实行降低税率的办法。此外,新加坡还对其居民在国外设立永久性贸易公司的营业收益,给予两年减征所得税40%的待遇。

第三节　国际上对国际技术贸易的征税规定

国际税收协定是指两个或两个以上的主权国家,为了协调相互间处理跨国纳税人征税事务方面的税收关系,本着对等原则,经由政府谈判后所签订的一种书面协议。具体来讲,凡是由两个以上国家参加签订的协定,称为多边国家税收协定。凡协定的内容适用于缔约国之间各种国际税收问题的,称为一般国际税收协定;凡是协定的内容仅仅适用于某项业务的特定税收问题的,称为特定国际税收协定。涉及技术贸易的税收协定主要有以下几种。

一、联合国《关于发达国家与发展中国家间避免重复征税的协定范本》

国际技术贸易中主要涉及的就是技术使用费收入的所得税。技术使用费是特许权使用费的主要组成部分,《关于发达国家与发展中国家间避免重复征税的协定范本》(下文简称《联合国范本》)有关特许使用费的规定有以下六条内容。

(1) 发生于缔约国一方、支付给缔约国另一方居住者的特许权使用费,应仅在缔约国另一方征税。

(2) 虽然如此,这些特许权使用费也可以在特许权使用费发生的缔约国,按照该国法律征税;但是,如果收款人是特许权使用费受益所有人,则所征税款不应超过特许权使用费总额的一定比例(百分数通过双方谈判确定)。缔约国双方主管部门应相互协商,决定实行上述限制的方式。

(3) 本条所使用的"特许权使用费(Royalty Fee)"这一用语是指由于使用,或有权使用任何文学、艺术或科学著作,包括电影影片、无线电广播或电视广播使用的影片、录音磁带在内的版权,任何专利权、商标、设计或样式、计划、秘密处方或程序作为报酬收到的各种款项;也包括由于使用,或有权使用工业、商业或科学设备,或有关工业、商业或科学实验的情报作为报酬收到的各种款项。

(4) 如果特许权使用费受益所有人是缔约国一方居住者,在特许权使用费发生的缔约国另一方,通过所设常设机构进行营业或通过所设固定基地在缔约国另一方从事独立个人劳务活动,而特许权使用费所据以支付的权利或财产又与①该常设机构或固定基地,或者②第七条第1款c项规定的营业活动有实际联系的,不适用本条第1款和第2款的规定,应视具体情况适用第七条或第十四条的规定。

(5)如果特许权使用费支付人是缔约国一方政府本身或其附属行政机构,或地方当局,或该国的居住者,应认为特许权使用费发生于该缔约国。虽然如此,当特许权使用费支付人,不论其是否为缔约国一方的居住者,在缔约国一方设有常设机构或固定基地,而支付特许权使用费所据以发生的义务与该常设机构或固定基地有联系并由其负担特许权使用费的,上述特许权使用费应认为发生于常设机构或固定基地所在缔约国。

(6)由于支付人与受益所有人之间或者他们双方与其他人之间的特殊关系,如就有关的使用、权利或资料而论,所支付的特许权使用费总额超出没有上述关系情况下支付人与受益所有人所能同意的金额时,支付款项的超出部分,仍可按每个缔约国的法律征税,但应对本协定其他规定予以适当注意。

《联合国范本》提出消除重复征税的办法是:第一,缔约国一方居民取得的所得或拥有的财产,按照本协定的规定可以在缔约国另一方征税时,首先提及的国家应对该项所得或财产给予免税;第二,缔约国一方居民取得的各项所得,根据规定可以在缔约国另一方征税时,首先提及的国家应允许从对该居民的所得所征税额中扣除,其金额等于另一国所缴纳的税款,但该项扣除不应超过对来自另一国的该项所得扣除前计算的税额。

二、《经合组织关于对所得和财产课税的协定范本》

《经合组织关于对所得和财产课税的协定范本》是在1977年《经合组织关于避免对所得和财产重复征税的协定范本》的基础上重新修订的。《经合组织关于对所得和财产课税的协定范本》(以下简称《OECD范本》)是经合组织的财政事务委员会研究制定的,仅仅考虑发达国家间的利益分配关系,促进相互间的投资增长。《OECD范本》涉及技术使用费的相关内容有以下四条。

(1)发生于缔约国一方并支付给缔约国另一方居民的特许权使用费,如果该居民是特许权使用费的受益所有人,应仅在另一国征税。

(2)本条"特许权使用费"一语是指由于使用,或有权使用任何文学、艺术或科学著作,包括电影影片的版权,任何专利、商标、设计或模型、计划、秘密配方或程序作为报酬的各种款项;或者由于使用,或有权使用工业、商业或科学设备,或有关工业、商业或科学实验的情报作为报酬的各种款项。

(3)如果特许权使用费受益所有人是缔约国一方的居民,在特许权使用费发生的缔约国另一方,通过所设常设机构进行营业或通过所设固定基地从事独立个人劳务,支付特许权使用费的有关权利或财产与该常设机构或固定基地有实际联系,不应适用第1款和第2款的规定。在这种情况下,应视具体情况适用第七条或第十四条的规定。

(4)由于支付人与受益所有人之间或者他们双方与其他人之间的特殊关系,就有关使用、权利或情报支付的特许权使用费数额超出支付人与受益所有人没有上述关系所能同意的数额时,本条规定应仅适用于后来提及的数额。在这种情况下,支付款项的超出部分仍可按各缔约国的法律征税,但应适当考虑本协定的其他规定。

《OECD范本》第一条与《联合国范本》有些不同:《联合国范本》采取的是税收分享原则,认为缔约国双方都有征税权,但支付方所在国征税时,如果收款人是特许权使用费的受益人,则应使用限制税率,具体税率由双方谈判确定;《OECD范本》则规定居住国独占征税权。

避免重复征税的方法体现在《OECD范本》的第23条中。该条有两种备选方法:第23A条适用于采用免税法的国家;第23B条适用于采用抵免法的国家。其具体规定如下。

第23条A 免税方法:

(1)缔约国一方居民所取得的所得或拥有的财产,按照本协定的规定可以在缔约国另一方征税时,首先提及的国家应对该项所得或财产给予免税。但第2款和第3款的规定除外。

(2)缔约国一方居民取得的各项所得,按照第十条和第十一条的规定,可以在缔约国另一方征税时,首先提及的国家应允许从对该居民的所得所征税额中扣除,其金额相等于在另一国所缴纳的税款。但该项扣除应不超过对来自另一方的该项所得扣除前计算的税额。

(3)按照本协定的任何规定,缔约国一方居民所取得的所得或拥有的财产,在该国免税时,该国在计算该居民其余所得或财产的税额时,可对免税的所得或财产予以考虑。

第23条B 抵免方法：

（1）缔约国一方居民取得的所得或拥有的财产，按照本协定的规定可以在缔约国另一方征税时，首先提及的国家应允许：从对该居民的所得征税额中扣除，其数额等于在另一国所缴纳的所得税收。但该项扣除，在任何情况下，应不超过视具体情况可以在另一国征税的那部分所得或财产在扣除前计算的所得税额或财产税额。

（2）按照本协定的任何规定，缔约国一方居民取得的所得或拥有的财产，在该国免税时，该国在计算该居民其余所得或财产的税额时，可对免税的所得或财产予以考虑。在签订双边协定时，注释把选择免税法还是抵免法的权利交给了缔约国。缔约国也可以自由选择结合使用这两种方法。

三、欧盟《对适用于不同国家关联公司间对支付利息和特许权使用费征税的共同制度指令》

历经了5年并经多次修订后，欧盟理事会终于在2003年6月3日出台了《对适用于不同国家关联公司间对支付利息和特许权使用费征税的共同制度指令》（以下简称《欧盟对利息和特许权使用费征税指令》）。该指令的目标在于加强欧洲共同市场的有效运作，消除税收障碍及对共同市场的扭曲，应对成员国之间的税后竞争。

该指令对特许使用费的定义为使用文学、艺术或科研作品，包括音像制品、软件、专利、商标、设计或模型、图纸、秘密流程，或有关工业、商业或科研的秘密等，或获得其使用权而支付的对价。为使用工业、商业或科研设施而支付的款项也被视作特许使用权使用费。

根据该指令规定，在一成员国发生的因利息和特许权使用费所做的支付应被免于在该国征税，只要利息和特许权使用费的受益所有人是另一成员国的公司或是一成员国公司位于另一成员国的常设机构，无论采用从源或是评估扣除的方式。

只有当成员国的公司为自己的利益而收到特许权使用费，才被视为是这项支付的受益所有人，而不是作为一个中介，为其他人（如代办处、信托人或授权签名人）获得这些支付。

当一成员国公司的常设机构被视为特许权使用费的支付人或者受益人时，该公司的其他任何部分都不应被视为符合本条目的特许权使用费的支付人或受益人。本条应仅适用于公司是特许权使用费的支付人或公司的常设机构被视为特许权使用费的支付人的情况,此时该公司是利息和特许权使用费受益人的关联公司,或者它的常设机构被视为受益人。当成员国公司的业务全部或部分通过其位于第三国的常设机构进行时,该指令规定不适用于向该常设机构支付的利息和特许权使用费。

第四节 中国对国际技术贸易的征税做法

一、对外签订的避免重复征税协定

(一)中国对外签订税收协定的基本原则

我国对外签订税收协定的基本原则是:既要有利于维护国家主权和经济利益,又要有利于吸收外资,引进技术,有利于本国企业走向世界。在此基础上,我国目前对外签订的综合性双边税收协定中,一般坚持下列四项具体原则。

1. 坚持平等互利的原则。即协定中所有条款规定都要体现对等,对缔约双方具有同等约束力。

2. 坚持所得来源国优先征税的原则。从我国对外交往多处于资本输入国地位出发,坚持和维护所得来源地优先课税权,在合理合法的基础上充分保障我国的税收权益。作为发展中国家,我国为了发展本国经济,必然会引进国外先进的技术、设备和管理方式。许多资本输出国的资金大量流入我国,并在我国境内进行商品贸易,从我国取得大量的营业利润和各项所得。因此,中国坚持来源地税收管辖权的优先原则,这样可以增加本国的税收收入。同时,我们并不放弃居民税后管辖权。我国在坚持共享征税的基础上,率先考虑来源国的税收收益。我国在对外签订税收协定时,一般比较倾向于参照强调来源地国家征税权的《联合国范本》。

3. 遵从国际税收惯例的原则。我国对外签订税收协定,参考了国际上通行的范本,起草的税收协定文本更多地吸取了《联合国范本》的规定,兼顾了双方的税收利益。比如,在税收无差别待遇、税收实务协定程序等方面都遵从了国际条约的一般惯例,兼顾了税收主体双方的利益。

4. 坚持税收饶让的原则。即坚持对方国家对我国的减免税优惠要视同已征税额给予抵免,以便使我国的税收优惠措施切实有效。

(二) 中国对外缔结的避免重复征税协定

我国对外签订税收协定有关消除重复征税方法的条文,采取双方分别订立的方式。按照目前中国政府与相关国家和地区税收协定中关于避免双重征税的约定,有的采取抵免法,有的采取扣除法。在抵免法中有的采取全额抵免,有的采取限额抵免。

在中国政府与美国政府税收协定中,中国政府对中国居民从美国取得的所得而缴纳美国所得税采用限额抵免办法,抵免限额为不超过对该项所得按照中国税法和规章计算的中国税额;美国政府对美国居民或公民从中国取得的所得而缴纳中国所得税采用全额抵免办法,即允许其居民或公民在对所得征收的美国税收中抵免。就特许权使用费而言,采取限额征税办法,所征税款不应超过特许权使用费总额的10%。按照《中华人民共和国政府和美利坚合众国政府关于对所得避免双重征税和防止偷漏税的协定》(简称《中美税收协定》)第十一条第一项规定:"发生于中国而支付给美国居民的特许权使用费,可以在美国征税,也可以在特许权使用费发生地中国,按照中国的法律征税。但是,如果收款人是该特许权使用费受益所有人,则所征税款不应超过特许权使用费总额的百分之十"。

中国政府与荷兰政府税收协定中,中国政府对中国居民从荷兰取得的所得而缴纳荷兰所得税采用限额抵免办法,抵免限额为不超过对该项所得按照中国税法和规章计算的中国税收数额;荷兰政府对荷兰居民或公民从中国取得的所得而缴纳中国所得税采用扣除法,该项扣除额应等于在中国就上述各项所得所缴纳的税收,但当所包括的各项所得仅是按照荷兰有关避免双重征税法律规定给予免征荷兰税收的各项所得时,不应超过所允许的减除额,并且,就特许权使用费而言,协定约定:在中国应支付的税款,视为不超过该特许权使用费总额的15%。

中国政府与英国政府税收协定中,中国政府对中国居民从英国取得的所得而缴纳英国所得税采用限额抵免办法,抵免额不应超过对该项利润、所得或财产收益按照中国税法和规章计算的中国税额;英国政府对英国居民或公民从中国取得的所得而缴纳中国所得税采用全额抵免办法,对来源于中国的利润、所得或财产收益,不论是直接缴纳或扣缴的中国税收(不包括在股息情况下对股息利润缴纳的税收),应允许在根据中国税收计算的同一利润、所得或财产收益计算的联合王国税收中抵免。就特许权使用费而言,发生于中国而支付给英国居民的特许权使用费,可以在英国征税,也可以在特许权使用费发生地中国,按照中国的法律征税。但是,如果该项特许权使用费的受益所有人是缔约国另一方居民,则所征税款不应超过特许权使用费总额的10%。

中国政府与德国政府税收协定中,中国政府对中国居民从德国取得的所得而缴纳德国所得税采用限额抵免办法,抵免额不应超过对该项所得按照中国税法和规章计算的中国税收数额;德国政府对德国居民或公民从中国取得的所得而缴纳中国所得税采用限额抵免办法,其中特许权使用费限额为15%。

中国政府与新加坡政府签订的税收协定则对特许权使用费有着更明确的规定。《〈中华人民共和国政府和新加坡共和国政府关于对所得避免双重征税和防止偷税漏税的协定〉及议定书条文解释》中第十二条对特许权使用费的规定"特许权使用费包括使用或有权使用工业、商业、科学设备取得的所得,即设备租金,还包括使用或有权使用有关工业、商业、科学经验的情报取得的所得。在转让或许可转让技术使用权过程中,如果技术许可方派人员为该项技术的应用提供有关支持、指导等服务,并收取服务费,无论是单独收取还是包括在技术价款中,均视为特许使用费。若特许权使用费的受益所有人是缔约国一方居民,在缔约国另一方拥有常设机构,或者通过固定基地从事独立个人劳务,且据以支付特许权使用费的权利或财产构成常设机构或固定基地资产的一部分,或与该常设机构或固定基地有其他方面的实际联系,则来源国可将特许权使用费并入常设机构的利润予以征税。"该协定规定,居民国对本国居民取得的来自缔约国另一方的特许使用费拥有征税权,但这种征税权不是独占的。根据该协定的第二款规定,特许使用费的来源国对该所得也有征税权,但对征税权的行使进行了限制,即设定最高税率为10%。但根据协定议定书第三条的规定,对于使用或有权使用工业、商业、科学设备而支付的特许权使用费,按支付特许权使用费总额的60%确定税基。

二、对内制定有关技术贸易的法律法规

由于技术贸易涉及的主要税为所得税,征税对象为技术的使用费,所以我们主要从《企业所得税法》《个人所得税法》以及《关于执行税收协定特许权使用费条款有关问题的通知》三个方面探讨有关技术贸易的所得税的征收。

《企业所得税法》第三章第二十三条规定:"企业取得的下列所得已在境外缴纳的所得税税额,可以从其当期应纳税额中抵免,抵免限额为该项所得依照本法规定计算的应纳税额;超过抵免限额的部分,可以在以后五个年度

内,用每年度抵免限额抵免当年应抵税额后的余额进行抵补:(一)居民企业来源于中国境外的应税所得;(二)非居民企业在中国境内设立机构、场所,取得发生在中国境外但与该机构、场所有实际联系的应税所得。"第二十四条规定:"居民企业从其直接或者间接控制的外国企业分得的来源于中国境外的股息、红利等权益性投资收益,外国企业在境外实际缴纳的所得税税额中属于该项所得负担的部分,可以作为该居民企业的可抵免境外所得税税额,在本法第二十三条规定的抵免限额内抵免。"可见,我国采取抵免法来消除国际重复征税。外商投资企业的总机构设在中国境内,负有居民纳税义务,其来源于中国境外的所得已在境外纳税的,可在汇总缴纳时从其应纳税额中扣除。但我国采取的是限额抵免,即对于境外所得,纳税人仅能就其不超过我国税法规定的限额部分进行抵免。

《个人所得税法》第33条第二款规定"纳税义务人在中国境外一个国家或者地区实际已经缴纳的个人所得税税额,低于依照前款规定计算出的该国家或者地区扣除限额的,应当在中国缴纳差额部分的税款;超过该国家或者地区扣除限额的,其超过部分不得在本纳税年度的应纳税额中扣除,但是可以在以后纳税年度的该国家或者地区扣除限额的余额中补扣。补扣期限最长不得超过五年。"此条规定了超限额结转制度,以及规定纳税人当年超过抵免限额未能扣除的部分税额,可结转在以后纳税年度为超过抵免限额的余额内补扣。这种方法在坚持居民管辖的同时,兼顾了来源国和跨国纳税人三方面的利益,确立了来源国或财产所在国的属地管辖权原则。

2009年10月1日开始执行的《关于执行税收协定特许权使用费条款有关问题的通知》,根据中国对外签署的避免双重征税协定的有关规定,就执行税收协定特许权条款的有关问题做了进一步的规定。

(1)凡税收协定特许权使用费定义中明确包括使用工业、商业、科学设备收取的款项(即我国税法有关租金所得)的,有关所得应使用税收协定特许权使用费条款的规定。税收协定对此规定的税率低于税收法律规定税率的,应使用税收协定规定的税率。上述规定不适用于使用不动产产生的所得,使用不动产产生的所得适用税收协定不动产条款的规定。

(2)税收协定特许权使用费条款定义中所列举的有关工业、商业或科学经验的情报应理解为专有技术,一般是指进行某项产品的生产或工序复制所必需的、未曾公开的、具有专有技术性质的信息或资料(以下简称专有技术)。

(3)与专有技术有关的特许权使用费一般涉及技术许可方同意将其未公开

的技术许可给另一方,使另一方能自由使用,技术许可方通常不亲自参与技术受让方对被许可技术的具体实施,并且不保证实施的结果。被许可的技术通常已经存在,但也包括应技术受让方的需求而研发后许可使用并在合同中列有保密等使用限制的技术。

(4)在服务合同中,如果服务提供方提供服务过程中使用了某些专门知识和技术,但并不转让或许可这些技术,则此类服务不属于特许权使用费范围。如果服务提供方提供服务形成的成果属于税收协定特许权使用费定义范围,并且服务提供方仍保有该项成果的所有权,服务接受方对此成果仅有使用权,则此类服务产生的所得,适用税收协定特许权使用费条款的规定。

(5)在转让或许可专有技术使用权过程中如技术许可方派人员为该项技术的使用提供有关支持、指导等服务并收取服务费,无论是单独收取还是包括在技术价款中,均应视为特许权使用费,适用税收协定特许权使用费条款的规定。但如上述人员的服务已构成常设机构,则对服务部分的所得应适用税收协定营业利润条款的规定。如果纳税人不能准确计算应归属常设机构的营业利润,税务机关可根据税收协定常设机构利润归属原则予以确定。

(6)下列款项或报酬不应是特许权使用费,应为劳务活动所得:单纯货物贸易项下作为售后服务的报酬;产品保证期内卖方为买方提供服务所取得的报酬;专门从事工程、管理、咨询等专业服务的机构或个人提供的相关服务所取得的款项;国家税务总局规定的其他类似报酬。上述劳务所得通常适用税收协定营业利润条款的规定,但个别税收协定对此另有特殊规定的除外(如中英税收协定专门列有技术费条款)。根据中英协定,英国居民来华提供技术服务,不构成常设机构的,按技术费总额的7%所得征税。构成常设机构的,按常设机构营业利润方法征收所得税。

(7)税收协定特许权使用费条款的规定应仅适用于缔约对方居民受益所有人,第三国设在缔约对方的常设机构从我国境内取得的特许权使用费应适用该第三国与我国的税收协定的规定;我国居民企业设在缔约对方的常设机构不属于对方居民,不应作为对方居民适用税收协定特许权使用费条款的规定;由位于我国境内的外国企业的机构、场所或常设机构负担并支付给与我国签有税收协定的缔约对方居民的特许权使用费,适用我国与该缔约国税收协定特许权使用费条款的规定。

案例分析

ABC 卫星公司税收案例分析

一、材料背景

本案例涉及三方当事人：美国 ABC 卫星公司、某电视台及其税务主管部门。

1996 年 4 月 3 日，该电视台与美国 ABC 卫星公司签订《数字压缩电视全时卫星传送服务协议》，该协议有效期至 2006 年 6 月 30 日。1997 年 10 月 19 日双方对协议的部分条款进行了修改并签订修正案，根据协议及修正案规定，ABC 卫星公司向该电视台提供全时的、固定期限的、不可再转让（除优先单独决定权外）的压缩数字视频服务，提供 27MHz 带宽和相关的功率所组成的转发器包括地面设备。ABC 只传送该电视台的电视信号，该电视台可以自己使用，也可以允许中国省级以上的广播电视台使用其未使用的部分。在 ABC 提前许可下，该电视台也可以允许非中国法人的广播电视台使用其未使用的部分来传送电视信号。

协议还规定：①电视台支付季度服务费和设备费；②订金（此订金用于支付服务期限的头三个月和最后一个月的服务费）；③为确保电视台向 ABC 支付服务费和设备费，电视台将于 1996 年 5 月 3 日向 ABC 支付近 200 万美元的保证金，保证金将在协议最后服务费到期时使用。

协议签订后，电视台按约定向 ABC 支付了订金和保证金，此后定期向 ABC 支付季度服务费和设备费，总计约 2 200 万美元。1999 年 1 月，主管税务稽查局向该电视台发出 001 号《通知》，要求该电视台对上述费用缴纳相应税款。ABC 对此不服，向对外分局提出复议申请，并按包括订金和保证金在内的收入总额的 7% 缴纳了税款，合计约 150 万美元。

同年 8 月，对外分局做出维持 001 号《通知》的行政复议决定，ABC 据此向当地中级人民法院提起行政诉讼。2001 年 12 月 20 日，中级人民法院判定维持税务局对外分局对该电视台发出的 319 号《关于对电视台与 ABC 卫星公司签署〈数字压缩电视全时卫星传送服务协议〉所支付的费用代扣代缴预提所得税的通知》，同时驳回 ABC 卫星公司的诉讼请求。

双方的争端焦点在于是否该由我国税务当局向 ABC 公司征收预提所得税。这一分歧源于双方对电视台向 ABC 支付的费用性质的认定不同。ABC 公司认为该收入属于营业利润,我国税务当局认为该收入属于特许权使用费。

二、双方争论的焦点

第一,ABC卫星公司收到的是特许权使用费还是营业利润?

当地税务主管部门根据《中美税收协定》第十一条规定,认为是特许权使用费。因为按照《中美税收协定》第十一条规定,特许权使用费是指使用或者有权使用文学、艺术或科学著作,包括电影影片、无线电视或电视广播使用的胶片与磁带的版权,以及专利、专有技术、商标、设计、模型、图纸、秘密配方或秘密程序所支付的作为报酬的各种款项,也包括使用或有权使用工业、商业、科学设备或有关工业、商业、科学经验的情报所支付的作为报酬的各项款项。

即特许权使用包括对有形财产和无形资产的使用。电视台利用ABC卫星公司设备的使用功能达到预期的目的也是特许权使用,而我国和美国都是以特许权使用地为特许权使用费来源地,所以应在中国纳税。《中美税收协定》规定对特许权使用费征收10%的预提税,考虑到折旧等因素,对固定资产的价值7折计算,所以对ABC征收7%的预提所得税。

而ABC卫星公司根据《中美税收协定》第五条和第七条规定,认为是营业利润。因为这个收入是靠长年不断的工作取得的积极收入,应属于营业利润。而在中国未设立常设机构,故不应在中国纳税。

第二,这是否是"使用"? 谁是卫星的"使用者"?

税务当局认为特许权使用包括有形资产和无形资产的使用,"使用"并非仅限于有形的使用。卫星转发器具有传输信号的使用功能,电视台需要利用ABC卫星转发器这一使用功能,使其信号被传输至太平洋、美洲等地区。每个转发器的部分带宽均可以被独立地用于传输信号。根据规定,在正常情况下,卫星中指定的转发器带宽只能用于传输该电视台的电视信号,即这些指定带宽的使用权为该电视台专有。带宽是卫星系统提供的,该电视台有权使用带宽应视为有权使用卫星系统。所以该费用属于特许权使用费,该电视台是卫星的使用者。

ABC卫星公司认为其从事了积极的经营活动,雇用人员,用其拥有和运营的设备向电视台提供通信服务。ABC将设备用于从事自己的业务,并未将设备提供给该电视台从事经营业务。设备本身不能完成ABC据以向该电视台收款的业务。为了运营其卫星系统和有关地面设施,需要ABC人员的连续干预与检测。ABC耗费了巨资设计和发射卫星,并安装、运营和维护地面设施。所以,ABC是卫星的使用人,该电视台只是占用了一个特定的指配频率。"使用"应该理解为积极主动的活动,而不能扩大解释为"利用工业设备的功能"。

第三,本案判决是否应该遵循国际通用的原则和惯例?

中国与美国于1984年签订的《中美税收协定》以及《中国相关国内法律》均规定:中国政府与外国政府所订立的有关税收的协定,同本协定有不同规定的依照本协定的规定办理。我国税务当局对ABC卫星公司征税,首先适用的是《中美税收协定》。

ABC卫星公司认为跨国征税应该遵循国际惯例。所得税协定是两个主权国家达成的协议,必须按照缔约国双方的意图和预期来解释,而双方的预期和解释只能参照获得全球范围内一致认可的国际税收与协定的原则和实践确定。

而税务当局认为不应该遵循ABC卫星公司坚持的所谓国际惯例。出租卫星通信线路有复杂的国际背景,根本没有形成国际约束或惯例。

三、引发思考

近年来,电子商务贸易和通信业领域的税收问题引起了很大的争论,主要原因是现行的税制比较复杂,在执行时需要以低成本获得大量信息为基础,而通信业和电子商务的数字化、无国界性、流动性使之无法满足现行税制这一要求。它对税制的影响主要在以下几个方面:

第一,国际税收征收管辖权之间的冲突更加频繁。ABC卫星公司税收案反映出来的是有利于发达国家的居民税收管辖权与有利于发展中国家的地域税收管辖权之争。随着现代科技的发展和电子商务的日趋成熟,企业会更容易的根据自己的需要选择交易的发生地,这将导致交易活动普遍转移到税收管辖权较弱的地区进行。

第二,传统贸易与电子商务贸易、通信业相比税负不公。各国现行税制普遍倡导税收中性原则,这要求征税不能因为企业贸易方式不同而有所不同。但电子商务和通信业都是新兴事物,各国相应的法律框架尚在构筑,还不完善,传统的征管手段相对落后,使得电子商务及通信行业公司与传统贸易企业之间存在着税负不公的情况,这将诱导传统企业纷纷迈进"虚拟空间"这个免税区。与此同时,由于一些国家和地区不甘心大量的税收收入从指缝间溜走,采取新的措施导致新的税负不公。

第三,税款流失风险加大。对电子商务免税不仅会导致销售税流失,高科技手段也为纳税人针对现行税制合理避税创造了又一机会和手段。取消实体商店和经营场所,就可以不交销售税,冠冕堂皇地享受免税的正当资格。

第四,税收转移问题加剧。税收转移是法定纳税人通过经济交易或活动,将其承担的税收负担转移给其他人的过程。税收转嫁的方式主要有三种：前转、后转和税收资本化。前转是最常见的税收转嫁方式。本案例中，ABC 卫星公司就可以通过提高服务费将税收负担向前转嫁给我方电视台。

第五，"常设机构"的概念受到挑战。电子商务不需要从事经营活动的当事人必须在交易地点"出场"，这就产生了对常设机构的认定问题，即位于一国境内的代理软件或服务器，在不需任何雇员到场的情况下，是否构成固定经营地点或常设机构？在网络交易和通信业中，服务器或者卫星都允许国内外任何满足条件的客户下载数字化产品或使用其功能，那么该常设机构就可能有多个国家的来源收入，这部分利润如何统计、划分？

第六，交易的性质和类别更难以确认。例如一国的企业向国外客户出售书籍、光盘等有形产品，客户所在国可以对国外销售商的这笔经营利润征税。但如果该国的销售商只是通过国际互联网络向国外客户提供书籍、影像资料的电子信息的下载权等，那么销售商所得到的这笔利润是属于经营所得还是劳务所得？还是属于转让无形资产的特许权使用费？

第七，如何明确征收对象是产品还是劳务、如何判定商品或劳务的供应地和消费地，也将更加困难。

第八，加大了税务稽查的难度。交易无纸化、电子支付系统的完善及加密技术的发展，都使税务稽查难度和成本加大。消费者可以匿名，制造商容易隐匿住所，税务当局如果无法获得信息就无法判定电子交易的情况。

（数据来源：http://www.doc88.com/p-599146158288.html）

思考练习题

思考题

1. 国际技术贸易中的税收种类及征收原则？
2. 什么是重复征税及国际重复征税？
3. 国际技术贸易中重复征税产生的原因？
4. 国际贸易中重复征税的影响？
5. 避免重复征税的办法有哪些？
6. 欧盟《对适用于不同国家关联公司间对支付利息和特许权使用费征税的共同制度指令》对消除重复征税是如何规定的？

练习题

一、单项选择题

1.《联合国范本》对"特许权使用费"的定义是(　　)。

A.指由于使用,或有权使用任何文学、艺术或科学著作,包括电影影片、无线电广播或电视广播使用的影片、录音磁带在内的版权,任何专利权、商标、设计或样式、计划、秘密处方或程序作为报酬收到的各种款项;也包括由于使用,或有权使用工业、商业或科学设备,或有关工业、商业或科学实验的情报作为报酬收到的各种款项

B.指由于使用,或有权使用任何文学、艺术或科学著作,包括电影影片的版权,任何专利、商标、设计或模型、计划、秘密配方或程序作为报酬的各种款项;或者由于使用,或有权使用工业、商业或科学设备,或有关工业、商业或科学实验的情报作为报酬的各种款项

C.指使用文学、艺术或科研作品,包括音像制品、软件、专利、商标、设计或模型、图纸、秘密流程,或有关工业、商业或科研的秘密等,或获得其使用权而支付的对价。为使用工业、商业或科研设施而支付的款项也被视作特许使用权使用费

D.是指使用权利,或如信息、服务等无形财产而支付的任何款项。如:个人提供专利权、商标权、著作权、非专利技术以及其他特许权的使用权而取得的所得

2.欧盟理事会出台《对适用于不同国家关联公司间对支付利息和特许权使用费征税的共同制度指令》的具体日期是(　　)。

A. 2002 年 6 月 3 日　　　　　　B. 2003 年 6 月 2 日
C. 2003 年 6 月 3 日　　　　　　D. 2002 年 6 月 2 日

二、填空题

1._____、_____是税收饶让法的两种方式。

2._____、_____、_____、_____是中国对外签订税收协定的基本原则。

3._____、_____是争税法的两种方式。

三、简答题

1.简单概述中国对技术贸易所得税征收的规定。

2. A 国一居民公司 M,在某纳税年度内,取得总所得 250 万元,其中总公司

来自居住国 A 国的所得是 150 万元,分公司来自非居住国 B 国的所得是 100 万元。A 国的企业所得税税率是 40%,B 国的企业所得税税率是 30%,B 国分公司享受 20% 的优惠税率。现分别计算 A 国政府在采用免税法、扣税法、抵免法下,该公司应向 A 国政府缴纳的税款。

第七章 专利实施许可合同

学习要点与要求

1. 了解有关专利的基本概念、分类,了解发明专利、实用新型专利以及外观设计专利之间的区别
2. 掌握专利权申请的原则以及获得专利权要满足的条件
3. 掌握专利实施许可合同的概念及特点
4. 结合业务背景,了解专利实施许可合同的条款,具备创造性地分析和解决实际问题的能力

引导案例

太阳能专利侵权案

"玻璃—金属热压封接工艺"发明专利的专利权人为原告北京桑达太阳能技术有限公司(简称桑达公司)。经授权的权利要求为:一种玻璃—金属热压封接工艺,其特征在于:采用铅焊料,封接温度为铅焊熔点的 0.70~0.90 倍;封接时对焊料进行冲击加压,压力为 40~150kg/cm^2,时间为 50us~2min;加压采用法兰直接支承受力方式,法兰的形状采用 30~65 度法兰。

被告北京欧科能太阳能技术有限公司(简称欧科能公司)成立于 2002 年 2 月 20 日,其法定代表人原是桑达公司职工。2004 年 6 月 7 日,桑达公司在陕西省神木县公证购买了欧科能公司生产的 EZ120-7 型太阳能集热管,该产品由长约 3 米的 7 支集热玻璃管组成,在每支玻璃管一端带有金属端盖,玻璃管内壁设有法兰,内设法兰与金属端口封接。在距离金属端口约 20 厘米处的外侧

有一圈凹痕。欧科能公司承认其生产被控侵权产品采用的封接温度、压力、时间以及法兰角度均与本案专利权利要求中记载的参数相同。本案审理中,欧科能公司依据1990年3月8日公开的G8913387.0号德国专利主张自由已有技术抗辩。该德国专利涉及的真空集热管,具有一玻璃管和一金属端盖。制造该真空集热管时,采用公知的热压法对热压金属件加热,然后再施以高压,从而在金属端盖和玻璃管端之间形成真空密封,但并未涉及封接温度、压力、时间及法兰角度参数。

第一节　专利权

一、专利权的概念

专利权,简称专利,是指国家专利管理机关依法授予专利申请人及其继受人在一定时期内实施其发明创造的独占权。

专利的概念是随着法律制度的完善而不断改进的。在公元10世纪,雅典政府就授予一位厨师独占使用其烹调方法的特权;1236年英王亨利三世授予一位波尔多市民色布制作技术的15年垄断权;1331年爱德华三世许可弗兰德的工艺师约翰卡姆比在缝纫与染织技术方面"独专其利"。以上这些都可以看成是现代专利制度的萌芽,但早期的专利是君主向其臣民授予的专有特权,是君主的恩赐。

1474年威尼斯共和国所颁布的《威尼斯专利法》被认为是第一部专利法,威尼斯共和国也是最早从法律上建立专利制度的国家。该部法律的条文规定:"本城市共和国议会决定,任何人在本城市制造新而精巧,而过去不存在于我们共和国的机械装置,一旦改进趋于完善至能够应用和实施,即应向市政机关登记;本城其他任何人在10年内未经同意或许可,不得制造与该装置相同或相似的产品。"

英国1624年开始实施的《垄断法规》被认为是世界上第一部具有现代含义的专利法律。该法第6条规定:"专利权和特权授予新产品的真正的第一个发明者,使其在14年之内享有独家生产或制造此类产品的权利,其他人在此期间不得使用其发明。"

美国建国初期制定的宪法法案中规定了要对发明者的发现所享有的专利权提供有限期的保护,以促进有用技术的发展。随后1790年美国第一届国会在该条款基础上通过了"促进使用技艺进步法案",该法案规定:如果一个发明或发现是足够有用的而且重要的,以前也没人知晓或用过的,那么可以向申请人宣布发放一个不超过14年期限的专利权。该法也是美国的第一部专利法。随后1793年法案取代了1790年法案,新法案明确了专利的主题是任何新的且有用的技艺、机器、制品和物质的组合,以及在任何技艺、机器、制品和物质的组合方面新的且有用的改进。美国1836年的法案建立起了美国的现代专利体系,如专利局。

中国的专利法——《中华人民共和国专利法》于1984年3月12日第六届全国人民代表大会常务委员会第四次会议通过,然后分别于1992年、2000年和2008年进行了三次修正。现行的专利法把专利分为发明专利、实用新型专利和外观设计专利三种类型,但在专利法规中并没有对专利下定义。

现行对专利的定义大都采用世界知识产权组织(WIPO)的规定,即专利是指"由政府机构(或代表几个国家的地区机构)根据申请而发给的一种文件。文件中说明一项发明,并给予它一种法律上的地位,即此项得到专利的发明通常只能在专利持有人的授权下,才能加以利用(使用、生产制造、许诺销售、销售进口),对专利保护的时间限制一般为15~20年。"

二、专利权的特点

专利属于知识产权的一部分,是一种无形财产,具有与其他财产不同的特点。

(一)排他性

排他性是指在一定时间(专利权有效期内)和区域(法律管辖区)内,任何单位或个人未经专利权人许可都不得实施其专利,即不得为生产经营目的制造、使用、许诺销售、销售、进口其专利产品,否则属于侵权行为。

(二)区域性

区域性是指专利权是一种有区域范围限制的权利,它只有在法律管辖区域内有效。除了在有些情况下,依据保护知识产权的国际公约,以及个别国家承认另一国批准的专利权有效以外,技术发明在哪个国家申请专利,就由哪个国家授予专利权,而且只在专利授予国的范围内有效,对其他国家则不具有法律的约束力,其他国家不承担任何保护义务。但是,同一发明可以同时在两个或两个以上的国家申请专利,获得批准后其发明便可以在所有申请国获得法律保护。

(三) 时间性

时间性是指专利只有在法律规定的期限内才有效。专利权的有效保护期限结束以后,专利权人所享有的专利权便自动丧失,一般不能续展。发明便随着保护期限的结束而成为社会公有的财富,其他人便可以自由地使用该发明来创造产品。专利受法律保护期限的长短由有关国家的专利法或有关国际公约规定。目前世界各国的专利法对专利的保护期限规定不一。我国《专利法》规定,发明专利保护期为 20 年,实用新型、外观设计专利保护期为 10 年。

(四) 实施性

除美国等少数几个国家外,绝大多数国家都要求专利权人必须在一定期限内,在给予保护的国家内实施专利权,即利用专利技术制造产品或转让其专利。

三、专利权的主体

专利权的主体即专利权人,是指依法享有专利权并承担相应义务的人。专利权主体包括以下四种。

(一) 发明人或设计人

发明人或设计人是指对发明创造的实质性特点做出了创造性贡献的人。其中,发明人是指发明的完成人,设计人是指实用新型或外观设计的完成人。发明人或设计人只能是自然人,不能是单位集体。如果一项非职务发明创造是由两个或两个以上的发明人、设计人共同完成的,则完成发明创造的人被称为共同发明人或共同设计人。共同发明创造的专利申请权和取得的专利权归全体共有人共同所有。

(二) 发明人或设计人的单位职务发明创造

发明人或设计人的单位职务发明创造是指完成本单位的任务或主要利用本单位的物质技术条件完成的发明创造。对于职务发明创造,专利权的主体是该发明创造的发明人或设计人所在单位。发明人或设计人享有署名权和获得奖金、报酬的权利,即发明人和设计人有权在专利申请文件及有关专利文献中写明自己是发明人或设计人。

(三)受让人

受让人是指通过合同或继承而依法取得该专利权的单位或个人。专利申请权和专利权都可以转让。专利申请权转让以后,如果获得了专利,那么受让人就是该专利权的主体;专利权转让以后,受让人成为该专利权的新主体。

(四)外国人

外国人包括具有外国国籍的自然人和法人。在中国有经常居所或者营业场所的外国人,享有与中国公民或单位同等的专利申请权和专利权。在中国没有经常居所或者营业场所的外国人、外国企业或者其他外国组织可以在中国申请专利。

四、专利权的客体

专利权的客体也称为专利法保护的对象,是指依法应授予专利的发明创造。我国《专利法》第2条规定:"专利权的客体包括发明、实用新型和外观设计三种。"

(一)发明专利

1. 发明专利的概念。专利法意义上的发明是指对产品、方法或者其改进所提出的新的技术方案。这里的技术方案是指对要解决的技术问题所采取的包含有利用了自然规律的技术手段的集合,也就是说,技术方案是针对所要解决的技术问题而采取的一系列技术手段的集合。对技术方案的判定原则是一项技术方案应该同时具备技术手段、技术问题和技术效果三要素。通过技术手段解决的问题都是技术问题,通过技术手段实现的效果都是技术效果。发明必须是自然科学领域中为解决工业、农业问题新创的方案,而非社会科学领域。文学、艺术和社会科学领域的成果不能构成专利法意义上的发明。能申请专利的发明是一种技术思想和实行方案的结合,若不涉及实行方案,仅为纯思维的方案,不受专利法保护。

2. 发明专利的特点,具体表现为:技术含量在三种专利中最高;获得授权在三种专利中难度最大;保护期限最长;专利权最稳定;经济价值在三种专利中最高。

3.发明专利的分类。

(1)按完成发明的人数可以分为独立发明专利和共同发明专利。独立发明专利的权利归属独立发明人。对共同发明人来说,如果共同发明人之间无协议,申请专利的权利属于完成或者共同完成发明创造的单位或者个人;如果共同发明人之间有协议,则按协议确定权利归属。行使共有的专利申请权或者专利权应当取得全体共有人的同意。如果有些共有发明人放弃专利申请权,根据我国合同法规定,在共有发明被授予专利后,放弃申请权的一方可以免费实施该项专利。

共同发明的处分权由共同发明人共有。当一方转让其共有份额时,其他各共有方在相同条件下有先买权。共有人可以单独实施或者以普通许可方式许可他人实施该专利;许可他人实施该专利的,收取的使用费应当在共有人之间分配;共有发明人有约定的,执行其约定。

(2)按发明的权利归属可分为职务发明专利和非职务发明专利。执行本单位的任务或者主要是利用本单位的物质技术条件所完成的发明创造为职务发明创造。职务发明创造申请专利的权利属于该单位;申请被批准后,该单位为专利权人。非职务发明创造,申请专利的权利属于发明人或者设计人;申请被批准后,该发明人或者设计人为专利权人。

(3)按发明时间的依赖或制约关系可分为基本发明专利和改良发明专利。改良发明是指对专利技术进行改进所获得的发明,是对现行具有专利权的发明进行改进所获得的发明,或者说,在基本发明的基础上做进一步的改进而获得的发明。从产生过程而言,改良专利权是独立的,改良专利权的产生不需要经过他人许可。但是从实施过程而言,改良专利权的实施需要经过第一专利权人或基本发明专利权人的许可,也就是说这类发明在实施上有赖于基本发明的实施。

(4)产品发明专利和方法发明专利。专利法上的产品,可以是一个独立、完整的产品,也可以是一个设备或者仪器中的零部件,主要内容包括:制造品,如机器、设备以及各种用品;材料,如各种合成物或者化合物;具有新用途的产品。

专利法上的方法则是由一系列步骤构成的一个完整的过程,也可以是一个步骤,主要内容包括:制造特定产品的方法;其他方法,如产品的使用方法、通信方法、处理方法、产品特定用途的方法和产品的新用途方法等。

产品发明专利获得授权后,任何单位和个人未经权利人许可都不得为生产经营目的制造、使用、许诺销售、销售、进口其专利产品;方法专利获得授权后,专利权人有权禁止他人为生产经营目的而使用其专利方法以及使用、许诺销售、销售、进口依照其专利方法直接获得的产品。

方法发明专利与产品发明专利的一个主要的区别在于,方法发明专利中的方法作为一项技术方案,在其构成上包含有时间因素,通常是由多个行为或者若干现象、步骤,按照一定的规则,在时间上逐步展开而成,如制造普通半导体集成电路的方法就是由氧化、刻蚀、扩散或离子注入、淀积等多个步骤的反复操作而构成。

方法发明专利与产品发明专利之间确实存在一个模糊地带,有的发明既可以作为产品,又可以作为方法,如:一种可以分辨感应电势的试电笔,这是产品发明;一种可以分辨感应电势的方法则属于方法发明。

(二)实用新型专利

1. 实用新型专利的概念。专利法上的实用新型是对产品的形状、构造或者其结合所提出的适于实用的新技术方案,又称小发明或小专利。实用新型专利只保护产品,方法不属于实用新型专利保护的客体。实用新型专利保护的产品应当是经过工业方法制造的、占据一定空间的实体,未经人工制造的自然存在的物品不属于实用新型专利保护的客体,比如自然存在的雨花石。

实用新型专利中的产品的形状是指产品所具有的、可以从外部观察到的确定的空间形状,例如对凸轮形状、刀具形状做出的改进。此外,产品的形状也可以是在某种特定情况下所具有的确定的空间形态,比如具有新颖形状的冰杯、降落伞。但是无确定形状的产品,例如气态、液态、粉末状、颗粒状的物质或材料,其形状不能作为实用新型产品的形状特征。实用新型不能以生物的或者自然形成的形状、植物盆景中植物生长所形成的形状以及自然形成的假山形状作为产品的形状特征;不能以摆放、堆积等方法获得的非确定的形状作为产品的形状特征,比如积木、沙堆等通过摆放、堆积的形状不受实用新型专利保护。

实用新型专利中的产品构造是指产品的各个组成部分的安排、组织和相互关系,比如自行车、收音机的构造,螺母与螺帽的组合,锁和钥匙的组合。但是物质的分子结构、组分就不属于实用新型专利给予保护的产品构造。如果食品、饮料、调味品和药品的改进仅涉及化学成分、组分、含量的变化,而不涉及产品结构,就不受实用新型专利保护。

实用新型专利中的新技术方案是指申请人对其要解决的技术问题所采取

的利用了自然规律的技术特征的集合。没有解决技术问题的就不属于实用新型专利保护的客体,比如仅以表面图案设计为区别特征的棋类、牌类,如古诗扑克。

2.实用新型专利和发明专利的区别。

(1)技术含量相比发明较低。实用新型的创造性标准低于发明,我国《专利法》规定,与申请日以前的已有技术相比,发明的创造性是"突出的实质性特点和显著的进步",实用新型则是"实质性特点和进步"。

(2)获得授权难度相比发明较小。实用新型专利的审批过程比发明专利简单,根据我国专利法的规定,专利局收到实用新型专利的申请后,经初步审查认为符合专利法要求的,不再进行实质审查即可公告,并通知申请人,发给实用新型专利证书。而对发明专利,必须经过实质审查,授权难度很高。

(3)审查周期比发明短。实用新型专利一般经过10个月到1年的审查即能获得授权,而发明专利授权的审查时间要在两年半或更长。

(4)专利保护期限相比发明较短。我国《专利法》明文规定,对于实用新型专利的保护期为10年,自申请日起算,而发明专利的保护期规定为20年。相比之下,实用新型专利的保护期比发明专利的保护期要短得多。

(5)保护范围相对狭窄。发明专利既可以是产品发明,也可以是方法发明。实用新型专利权的范围则要狭窄得多,它仅限于对产品的形状、构成或者其组合所提出的实用的新的技术方案,制造方法不能申请实用新型专利。

(三)外观设计专利

1.外观设计专利的概念。专利法上的外观设计是指对产品的形状、图案、色彩或其结合所做出的富有美感并适于工业上应用的新设计。例如,花瓶的造型、汽车的外观设计、手表的外观设计都可以申请外观设计专利。

与实用新型不同,外观设计对产品形状的设计主要侧重好看,而实用新型对产品形状的设计主要是基于增加产品的使用价值,使其有新的功能,侧重好用。专利中的外观设计是工业外观设计,与纯美术作品不同,造型、图案和色彩只有体现在有独立用途的制成品上才是专利中的外观设计。它是在保证或不影响产品用途的前提下,通过外形、图案和色彩的设计来吸引消费者。

外观设计专利中的形状、图案、色彩必须与产品相结合,它不保护功能目的的设计,外观设计是为了产品的装饰性和艺术性。在专利法中,不保护平面印刷品的图案、色彩或者二者的结合做出的主要起标识作用的设计。单纯的色彩、色彩设计不能给予保护。

具体来说，外观设计不保护下列客体：

（1）取决于特定地理条件、不能重复再现的固定建筑物、桥梁等，在产业上没有可再现性，不适于工业应用。

（2）因其包含有气体、液体及粉末状等无固定形状物质而导致其形状、图案、色彩不固定的产品。

（3）产品的不能分割、不能单独出售或者使用的局部或部分设计。

（4）对于由多个不同特定形状或图案的构件组成的产品，如果构件本身不能成为具有独立使用价值的产品，则该构件不属于外观设计专利保护的客体；

（5）不能作用于视觉或者肉眼难以确定、需要借助特定工具才能分辨其形状、图案、色彩的物品。

（6）要求保护的外观设计不是产品本身常规的形态。

（7）以自然物原有形状、图案、色彩作为主体设计。

（8）纯属美术范畴的作品。

（9）仅以在其产品所属领域内司空见惯的几何形状和图案构成的外观设计。

（10）文字和数字的字音、字义不属于外观设计保护的内容。

（11）产品通电后显示的图案。

2. 发明、实用新型与外观设计专利的区别。

（1）保护客体不同。发明专利保护的是产品和方法的技术方案；实用新型专利保护的是产品的形状、构造的技术方案；外观设计专利保护的是产品的形状、图案和色彩的新设计。外观设计只保护美学设计，对产品功能不进行保护；实用新型保护的是产品的功能、技术方案，对产品的外观不进行保护。

（2）创造性标准不同。根据《专利法》的规定，发明专利要有"突出的实质性特点和显著的进步"；实用新型专利要达到"实质性特点和进步"；外观设计专利是"不相近似"的标准。

（3）审查制度不同。发明专利既要进行形式审查，又要进行实质性审查；实用新型和外观设计专利的审查是实质审查和明显实质性缺陷审查。

（4）保护期限不同。根据《专利法》的规定，发明专利的保护期限为20年，实用新型和外观设计专利的保护期限为10年。

第二节　专利权的申请和保护

一、专利申请的原则

(一) 先申请原则

先申请原则是指两个以上的申请人分别就同样的发明创造申请专利的,专利权授予最先申请的人。换句话说,不论谁先完成的发明创造,专利权授予最先提出专利申请的人。世界上绝大多数国家和地区都采用先申请原则,如中国、德国、日本。另外,根据我国的法律实践,"同日申请"应协商确定专利申请人。

(二) 先发明原则

先发明原则是指两个或两个以上的单位或个人对同一专利向专利主管部门提出申请时,专利授予最先发明人。只有极少数国家采用先发明原则,如美国、菲律宾。

(三) 优先权原则

优先权原则是指申请人在一个缔约国第一次提出申请后,可以在一定期限内就同一主题向其他缔约国申请保护,其在后申请的某些内容被视为在第一次申请的申请日提出的。

我国的专利法第29条规定,"申请人自发明或者实用新型在外国第一次提出专利申请之日起十二个月内,或者自外观设计在外国第一次提出专利申请之日起六个月内,又在中国就相同主题提出专利申请的,依照该外国同中国签订的协议或者共同参加的国际条约,或者依照互相承认优先权的原则,可以享有优先权。申请人自发明或者实用新型在中国第一次提出专利申请之日起十二个月内,又向国务院专利行政部门就相同主体提出专利申请的,可以享有优先权。"

二、专利申请的条件

发明创造要取得专利权,必须属于专利法保护的主题,同时满足一定的形式条件和实质条件。形式条件是指申请专利的发明创造在申请文件和手续等程序方面的要求,实质条件是指申请专利的发明创造自身必须具备的属性要求。

(一) 属于专利法保护的主题

专利法第2条规定:"本法所称的发明创造是指发明、实用新型和外观设计。"所要申请注册的专利必须属于专利法意义上的发明创造,对于声、光、电、磁、波等信号或者能量这些不符合专利法第2条规定的主题是不能获得专利局批准的。

专利法第5条和第25条分别规定了不授予专利的主题。

1. 违反法律的发明创造。违反法律的发明创造,不包括仅其实施为国家法律所禁止的发明创造。如各种武器的生产、销售及使用虽然受到国家法律的限制,但这些武器本身及其制造方法仍然可授予专利权。

2. 违反社会公德的发明创造。违反社会公德的发明创造是指违反公众普遍认为是正当的、并被接受的伦理道德观念和行为准则的发明创造。如各种带有暴力凶杀图片的器具、克隆人的方法。

3. 妨害公共利益的发明创造。妨害公共利益的发明创造是指发明创造的实施或使用会给公众或社会造成危害,或者会使国家和社会的正常秩序受到影响。比如严重污染环境、破坏生态平衡的发明创造。

4. 违反法律、行政法规的规定获取或者利用遗传资源,并依赖该遗传资源完成的发明创造。根据《专利法实施细则》第26条,《专利法》所称的遗传资源,是指取自人体、动物、植物或者微生物等含有遗传功能单位并具有实际或者潜在价值的材料。《专利法》所称依赖遗传资源完成的发明创造,是指利用了遗传资源的遗传功能完成的发明创造。

5. 科学发现。科学发现是指对自然界中客观存在的物质、现象、变化过程及其特性和规律的揭示,如电磁感应定律。

6. 智力活动的规则和方法。智力活动的规则和方法是指人们对信息进行思维、表述、判断和记忆的规则和方法,比如教学方法、营销方法、游戏规则。

7. 疾病的诊断和治疗方法。因这类方法往往以有生命的人体或动物体为实施对象,无法在产业上利用,不具有实用性,所以不属于专利法意义上的主题。

8. 动物和植物品种。《专利法》规定动物和植物新品种的生产方法可以属于专利法意义上的主题,当然,该生产方法主要是非生物学方法,即人的技术介入程度对该方法所要达到的目的或者效果起主要的控制作用或者决定作用。

9.原子核变换方法以及原子核变换方法获得的物质。因为此类物质关系到国家的重大利益,不宜为人垄断,不宜公开,可能威胁人类安全,所以不授予专利权。

10.对平面印刷品的图案、色彩或者二者的结合做出的主要起标识作用的设计。主要起标识作用是指外观设计的图案、色彩或者二者的结合主要是用于识别产品的来源或者生产者,而不是因为生产"美感"而吸引消费者,所以不授予专利权。

(二) 形式条件

1.提交符合法律规定的文件。《专利法》第26条、第27条和第30条以及《专利实施细则》的第2章明确规定了专利申请人要提交的各种申请文件。申请发明或者实用新型专利的,应当提交请求书、说明书及其摘要和权利要求书等文件;申请外观设计专利的,应当提交请求书、该外观设计的图片或者照片以及对该外观设计的简要说明等文件。

2.遵守法律规定的期限要求。相关法规对实质审查和优先权等的期限做出了规定。比如实质审查的期限,《专利法》第35条规定,发明专利申请自申请日起三年内,国务院专利行政部门可以根据申请人随时提出的请求,对其申请进行实质审查;申请人无正当理由逾期不请求实质审查的,该申请即被视为撤回。

3.及时足额缴纳法律规定的费用。专利申请时所要缴纳的基本费用包括:申请费、优先权要求费、申请附加费和发明专利公布印刷费。

其中,申请费是指提交专利申请所需要缴纳的费用;优先权要求费是指申请人要求优先权时需要缴纳的费用,该项费用的数额以作为优先权基础的在先申请的项数计算;申请附加费是指申请文件的说明书(包括附图)页数超过30页或者权利要求超过10项时需要缴纳的费用,该项费用的数额以页数或者项数计算;发明专利公布印刷费是指发明专利申请公布需要缴纳的费用。

(三) 实质条件

1.新颖性。新颖性是指申请提交到专利局以前,没有同样的发明或实用新型在国内外出版物上公开发表过、在国内公开使用过或者以其他方式为公众所知,并且在该申请提交日以前,没有同样的发明或实用新型由他人向专利局提出过申请,并且记载在以后公布的专利申请文件中。在提交申请以前,申请人应当对其发明创造的新颖性做普遍调查,对明显没有新颖性的,就不必申请专利。

申请专利的发明创造在申请日以前六个月内有下列情形之一的,不丧失新颖性:在中国政府主办或者承认的国际展览会上首次展出的;在规定的学术会议或者技术会议上首次发表的;他人未经申请人同意而泄露其内容的。

2. 创造性。创造性是指同申请提交日前的现有技术相比,该发明具有突出的实质性特点和显著的进步,该实用新型有实质性特点和进步。申请专利的发明和实用新型,必须与申请日前已有的技术相比,在技术方案的构成上有本质性的差别,有质的飞跃和突破,有明显的技术优点,必须是通过创造性思维活动的结果,不能是现有技术通过简单的分析、归纳、推理就能够自然获得的结果。发明的创造性比实用新型的创造性要求更高。创造性的判断以所属领域普通技术人员的知识和判断能力为准。

3. 实用性。实用性是指申请专利的发明或实用新型能够在实际生产生活中批量制造或应用,并能产生积极的效果。它有两层含义:第一,该项技术能够在产业中制造或者使用,产业包括工业、农业、林业、水产业、畜牧业、交通运输业以及服务业等行业。第二,该项技术的使用必须能产生积极的效果,即同现有的技术相比,申请专利的发明或实用新型能够产生更好的经济效益或社会效益。例如,能提高产品数量、改善产品质量、增加产品功能、节约能源或资源、防止环境污染等。

实践中有些发明因为达不到实用性条件,所以不能授予专利权。例如:不适于在产业上制造和不能重复实施的菜肴;依赖于厨师的技术、创作等不确定性因素导致的不能重复实施的烹调方法;不具备再现性,如医生的处方,违背自然规律,如永动机;利用独一无二的自然条件的产品,如葛洲坝水电站;非治疗性的外科手术方法,如为非治疗目的的美容而实施的外科手术方法;等等。

另外,专利法规定,授予专利权的外观设计应当同申请日以前在国内外出版物上公开发表过或者国内公开使用过的外观设计不相同和不相近似,并不得与他人在先取得的合法权利相冲突。其中,"不相同"是指授予专利权的外观设计应当具备新颖性,它既不能同现有的同类产品的外观设计雷同,更不能是对它们的仿制、抄袭。"不相近似"是指授予专利权的外观设计应当具有独创性,它既不能是对现有同类产品外观设计的简单模仿,也不能与它们只有本领域技术人员才能看得出的微小的差别,而应有公众一眼就能看出的明显的不同。

三、专利权人的权利和义务

(一)专利权人的权利

1. 独占实施权。独占实施权包括两方面:

第一,专利权人自己实施其专利的权利,即专利权人对其专利产品依法享有的进行制造、使用、销售、允许销售的专有权利,或者专利权人对其专利方法依法享有的专有使用权以及对依照该专利方法直接获得的产品的专有使用权和销售权。

第二,专利权人禁止他人实施其专利的特权。除专利法另有规定的以外,发明和实用新型专利权人有权禁止任何单位或者个人未经其许可实施其专利,即为生产经营目的制造、使用、销售、允许销售、进口其专利产品,或者使用其专利方法以及使用、销售、允许销售、进口依照该专利方法直接获得的产品;外观设计专利权人有权禁止任何单位或者个人未经其许可实施其专利,即为生产经营目的制造、销售、进口其外观设计专利产品。

2. 实施许可权。专利权人有许可任何人实施其专利的权利,这种许可必须是通过订立许可合同并向专利权人支付使用费的方式来取得实施许可权。按照被许可人取得实施权的范围和权限,可以将专利实施许可分为如下几种类型:

(1)独占实施许可,简称独占许可,即指在一定的时间和有效地域范围内,被许可人享有独占的实施权,专利权人不得向其他人许可实施该专利,专利权人本人也不得实施该专利。

(2)排他实施许可,简称排他许可或独家许可,即指在一定的时间和有效地域范围内,专利权人仅许可被许可人实施该专利权,不得许可其他人实施该专利,但专利权人本人可以实施该专利。

(3)普通实施许可,亦称普通许可,即指在一定的时间和有效地域范围内,专利权人在许可被许可人实施该专利权的同时,还可以许可其他人实施该专利,专利权人本人也可以实施该专利。

(4)交叉实施许可,简称交叉许可或互换实施许可,即指两个专利权人之间相互许可对方实施自己的专利。

（5）分实施许可，简称分许可，即专利权人许可被许可人实施其专利，同时授权被许可人有权许可第三人实施该专利。

3.转让权。转让权是指专利权人将其获得的专利所有权转让给他人的权利。中国单位或个人向外国人、外国企业或外国其他组织转让专利权的，应当依照有关法律、行政法规规定办理手续。转让专利权的，当事人应当订立书面合同，并向国务院专利行政部门登记，由国务院专利行政部门予以公告，专利权的转让自登记之日起生效。中国单位或者个人向外国人转让专利权的，必须经国务院有关主管部门批准。

4.请求保护权。请求保护权是指没有得到专利权人的许可，擅自利用专利技术而构成侵权行为时，专利权人有权向人民法院起诉或请求专利管理部门处理以保护其专利权，有权要求侵犯人停止侵权行为并赔偿经济损失。

5.放弃权。专利权人有权通过向专利局提交书面申请或以不交纳年费的方式放弃其专利权，专利权被放弃之后，其专利技术即成为全社会的共同财富，任何人均可无偿使用。

放弃专利权时需要注意：①在专利权由两个以上单位或个人共有时，必须经全体专利权人同意才能放弃；②专利权人在已经与他人签订了专利实施许可合同许可他人实施其专利的情况下，放弃专利权时应当事先得到被许可人的同意，并且还要根据合同的约定，赔偿被许可人由此造成的损失，否则专利权人不得随意放弃专利权。

6.质押权。根据我国《担保法》《专利法》《专利权质押合同登记管理暂行办法》及有关规定，合法专利权人可以作为出质人以专利权出质。以专利权出质的，出质人与质权人应当订立书面合同，并向中国专利局办理出质登记，质押合同自登记之日起生效。

全民所有制单位以专利权出质的，须经上级主管部门批准；中国单位或个人向外国人出质专利权的，应当委托涉外专利代理机构代理。

7.包装标记权。包装标记权即专利权人有权在其专利产品或者该产品的包装上标明专利标记和专利号。专利权人依照专利法在其专利产品或者该产品的包装上标明专利标识的，应当按照国务院专利行政部门规定的方式予以标明。

8.署名权。署名权是指发明人或者设计人有权在专利文件中写明自己是发明人或者设计人。

(二) 专利权人的义务

1. 缴纳专利年费的义务。根据专利法实施细则的规定,专利权人在授予专利权当年以后的年费应当在上一年度期满前缴纳。专利权人未缴纳或未足额缴纳的,国务院专利行政部门应当通知专利权人自应当缴纳年费期满之日起6个月内补缴,同时缴纳滞纳金;滞纳金的金额按照没超过规定缴费时间1个月,加收当年全额年费的5%计算;期满未缴纳的,专利权自应当缴纳年费期满之日起终止。

2. 实施发明专利的义务。制造专利产品、使用专利方法是实现专利技术的推广应用的必经途径,专利权人应努力履行这一义务。我国专利法规定,专利权人自专利权被授予之日起满三年,且自提出专利申请之日起满四年,应当实施或者充分实施其专利。为了履行这一义务,专利权人必须以生产经营为目的在中国境内实施,可以专利权人自己实施,也可以由专利权人许可他人在中国境内实施。

实施专利技术义务的规定是防止专利权人将专利束之高阁、不付诸实施,或有目的地垄断其发明创造。该义务规定有助于实现国家构建专利制度的目的,促进科学技术的发展。

3. 充分公开专利内容的义务。专利法规定,发明或者实用新型专利权的保护范围以其权利要求的内容为准,说明书及附图可以用于解释权利要求。外观设计专利权的保护范围以表示在图片或者照片中的该外观设计专利产品为准。专利权人应当在说明书中把发明、实用新型、外观设计的内容按照专利法的要求详细、清楚而确切地加以阐明,以使同行业的技术人员能够理解和实施。我国专利法规定,对不充分公开发明创造内容的专利,其他人有权提请专利复审委员会宣告该专利为无效。

四、对专利权的侵犯

(一) 对专利权的保护范围

发明或者实用新型专利权的保护范围以其权利要求的内容为准,说明书及附图可以用于解释权利要求的内容。对制造方法专利的保护采用了"延伸保护"的做法,即指一项方法发明专利被授予之后,任何单位和个人未经专利权人许可,除了不得为生产经营目的而使用该专利方法之外,还不得为生产经营目的而使用、许诺销售、销售或进口依照该专利方法所直接获得的产品。

外观设计专利权的保护范围以表示在图片或者照片中的该产品的外观设计为准,简要说明可以用于解释图片或者照片所表示的该产品的外观设计。

(二)专利保护的时间节点

一项发明从申请专利注册到最终生效会依次经过申请日、公开日、权利生效日和权利终止日四个阶段。在专利申请日前已经制造相同产品、使用相同方法或者已经做好制造、使用的必要准备,并且仅在原有范围内继续制造、使用的,不视为侵犯专利权,即可以享用所谓的"先用权"。当一个申请人获得其申请日后,就获得了防止他人就同样的发明创造获得专利权的权利。

在发明人申请的专利公开之后,即公开日后,根据《专利法》第13条的规定,发明专利申请公布后,申请人可以要求实施其发明的单位或者个人支付适当的费用。《专利法》为专利申请人提供了一种临时保护,公开日与权利生效日之间的时间段成为临时保护期。在专利权权利生效之后,专利权人可以依据专利法等法律请求人民法院和专利管理机构的保护。

(三)对专利权的侵犯行为

1. 直接侵权行为。直接侵权是指行为人未经专利权人许可而实施其专利,即以生产经营为目的制造、使用、许诺销售、销售、进口其专利产品,或者使用其专利方法以及使用、许诺销售、销售、进口依照该专利方法直接获得的产品。

2. 间接侵权行为。所谓间接侵权是指行为人实施的行为并不构成直接侵犯他人专利权,但却故意诱导、怂恿、教唆别人实施他人专利,发生直接侵权行为;行为人在主观上有诱导或唆使别人侵犯他人专利权的意图,客观上为别人的直接侵权行为的发生提供了必要条件。

最高人民法院《关于审理专利纠纷案件适用法律问题的若干规定》和北京市高级人民法院关于《专利侵权判定若干问题的意见(试行)》的通知,规定了间接侵权行为:对于一项产品专利而言,间接侵权是提供、出售或者进口用于制造该专利产品的原料或者零部件;对于一项方法专利而言,间接侵权是提供、出售或者进口用于该专利方法的材料、器件或者专用设备。

间接侵权一般应以直接侵权的发生为前提条件,没有直接侵权行为发生的情况下,不存在间接侵权,依照我国法律认定的直接侵权行为发生或者可能发生在境外的,可以直接追究间接侵权行为人的侵权责任。

3.假冒他人专利行为。《专利法》第63条涉及"假冒他人专利"问题。所谓假冒他人专利是指未经专利权人许可,擅自使用其专利标记的行为。具体行为包括:

(1)在其制造或者销售的产品、产品包装上标注他人的专利号。

(2)在广告或者其他宣传材料中使用他人的专利号,使人将所涉及的技术误认为是他人的专利技术。

(3)在合同中使用他人的专利号,使人将合同涉及的技术误认为是他人的专利技术。

(4)伪造或者变造他人的专利证书、专利文件或者专利申请文件。

假冒他人专利行为应当同时具备以下条件:

第一,必须有假冒行为,即在未经专利权人许可的情况下,以某种方式表明产品为他人获得法律保护的专利产品,或者以某种方式表明其技术为他人获得法律保护的专利技术,从而产生误导公众的结果。

第二,被假冒的必须是他人已经取得的、实际存在的专利。

第三,假冒他人专利的行为应为故意行为。

【侵犯方法发明专利权引发的诉讼中对新产品和同样产品的认定标准】

《专利法》第61条规定:"专利侵权纠纷涉及新产品制造方法的发明专利的,制造同样产品的单位或个人应当提供其产品制造方法不同于专利方法的证明。"但对何谓"新产品",《与贸易有关的知识产权协议》(TRIPS协议)及我国《专利法》《专利法实施细则》都未给出进一步的界定。学术界和司法界在实践中,对"新产品"的界定存在不同的观点。有学者指出,新产品是指与市场上已经销售的产品不同的产品,人民法院在审理侵权案时可以根据案情自行做出解释。也有人提出,以在市场上未曾见过或未曾在国内市场上出现过作为判断新产品的标准,认为"新"不同于《专利法》所规定的"新颖性",只要涉及的产品在专利申请日之前是本国市场上未曾见过的,就可以认定是新产品。

2003最高人民法院在《审理专利侵权案件若干问题的规定》(讨论意见稿)中明确了新产品是指在专利申请日之前未曾在国内市场上出现过的产品,该产品与专利申请日之前已有的同类产品相比,在产品的组分、结构或者其质量、性能、功能方面有明显区别。换言之,只要产品的组分、结构或者其质量、性能、功能与现有的同类产品相比有明显区别,法院可根据案情做出是否新产品的认定。

2009年12月21日最高人民法院审判委员会第1480次会议通过的《关于审理侵犯专利权纠纷案应用法律若干问题的解释》第17条对新产品做出了界定,即产品或者制造产品的技术方案在专利申请日以前为国内外公众所知悉的,人民法院应当认定该产品不属于专利法第61条第1款规定的新产品。换言之,产品或者制造产品的技术方案在专利申请日以前不为国内外公众所知的,人民法院应当认定该产品属于专利法第61条第1款规定的新产品。

此外,我国《专利法》第61条第1款还规定了"制造同样产品的单位或个人应当提供其产品制造方法不同于专利方法的证明",但法律对"同样产品"也未给出明确的指引。所谓"同样产品"是指将被控侵权产品与专利权利要求所请求保护的产品相比,被控侵权产品采用了产品权利要求记载的全部技术特征;然而对制造方法的专利权来说,其权利要求记载的是方法特征,而不是产品特征,因此是否为同样产品,只能将被控侵权产品与权利人实施其专利方法所获得的产品进行对比。有学者认为,判断是否"同样产品"应以被控侵权产品与诉争专利方法制造的产品在"组分、结构或者其质量、性能、功能"等方面是否相同来综合考虑,如二者组分、结构或者其质量、性能、功能基本相同或者没有本质的区别就应该认定属于"同样产品"。通常而言,只要原告产品与被告产品的行销市场、产品作用雷同,就可认定为"同样产品"。

五、对专利权的法律保护

专利权的法律保护是依照专利法和有关法律,为了恢复与保护专利权人被破坏或侵害的利益,而对侵权人实施强制性的法律措施。

(一)专利权的法律保护范围

1. 发明和实用新型专利权的保护范围。根据我国《专利法》第56条之规定,发明或实用新型专利权的保护范围以其权利要求的内容为准,说明书及附图可以用于解释权利要求。

2. 外观设计专利权的保护范围。根据我国《专利法》第56条第2款之规定,外观设计专利权的保护范围以表示在图片或者照片中的该外观设计专利产品为准。

(二)专利权的法律保护形式

在现实生活中,侵犯专利权的行为是多种多样的,性质也各不相同。因此,实施对专利权的法律保护方式也有所不同,归纳起来,有以下三种。

1. 专利权的行政保护。专利权的行政保护,就是通过行政程序,由国家行政管理机关用行政手段对专利权实行法律保护。根据专利法的规定,对未经专利权人许可,实施其专利的侵权行为,专利权人或者利害关系人可以请求专利机关进行处理。专利管理机关是指国务院有关主管部门和各省、自治区、直辖市、开放城市和经济特区人民政府设立的专利管理机关。专利管理机关在处理侵权行为时,有权责令侵权人停止侵权行为,并赔偿损失。

2. 专利权的民法保护。在司法实践中,侵犯专利权的行为多属于民事侵权行为。对专利侵权的民事制裁是当专利权人的专利权被他人侵犯时,被侵权人可以向人民法院起诉来追究侵权人的民事责任。人民法院在保护专利权人的利益时,通常采取下列措施:①强制侵权人停止侵权活动;②没收侵权人的仿制产品;③赔偿专利权人的经济损失;④责令侵权人采取措施,恢复专利权人的信誉。

侵犯专利权的诉讼时效为两年,自专利权人或者利害关系人得知或者应当得知侵权行为之日起计算。

3. 专利权的刑法保护。专利的刑法保护是指侵犯专利权的行为,情节严重,触犯刑律构成犯罪,通过依法追究侵权人的刑事责任保护专利权人的合法权益。我国《刑法》第216条规定了假冒他人专利罪,对情节严重的要处以三年以下有期徒刑或者拘役,并处或者单处罚金。我国高法高检《关于办理侵犯知识产权刑事案件具体应用法律若干问题的解释》中第4条对于《刑法》第216条中的"情节严重"做了下述解释,具有下列情形之一的属于"情节严重":①非法经营数额在20万元以上或者违法所得数额在10万元以上的;②给专利权人造成直接经济损失50万元以上的;③假冒两项以上他人专利,非法经营数额在10万元以上或者违法所得数额在5万元以上的;④其他情节严重的情形。

(三)专利权的法律保护特征

专利权的地域性与独占性,决定了专利权的法律保护特征也具有地域性和未经许可实施专利构成侵权行为的实质性特征。专利权的时间性又决定了专利权的法律保护特征具有时效性。

1. 专利权法律保护的地域性。专利的地域性、时间性、独占性决定了专利权的法律保护必须具备一定的条件,它包括形式条件和实质条件。

(1)其形式条件是:①该专利必须属于一项有效专利。有的专利申请人,以为拿到了专利申请号之后就获得了专利权。特别是有的发明专利申请人,当发明专利初审合格进行公布以后就以为获得了专利权。这些都是缺乏专利常识所致。显而易见,真正完全受到法律保护的专利必须是一项已经授予专利权的发明创造,并且必须是在专利权的有效期限内,否则不能真正完全受到法律保护。②该专利必须是一项受某个国家或地区法律保护的有效地域内的专利。因专利权是有地域性限制的,因此在某国境内只保护在该国申请并获得专利权的发明创造。例如,在我国只保护获得中国专利权的专利,一项外国专利权在中国境内是不受法律保护的,当然也就不可能出现在中国境内侵犯外国专利权的问题。我国同志企业不懂专利的基本常识,因而曾经发生过在引进国外技术时,在合同中对方要求支付外国专利使用费而我方欣然应允的情况。外国专利技术内容要想在中国受保护,该专利申请人就必须把这同一项技术在规定的优先权期限内向中国提出申请并获得中国专利权。

(2)其实质条件是:专利权的法律保护以什么为总原则。我国《专利法》第59条确定了专利权保护范围的总原则:"发明或者实用新型专利权的保护范围以其权利要求的内容为准,说明书及附图可以用以解释权利要求。"其他国家的专利法确定的专利权保护范围的总原则也基本相同。

根据我国《专利法》的规定,在确定专利权的保护范围时,应当以权利要求书中记载的技术内容为准。当权利要求书中给出的内容不明确或不准确时,可结合说明书和说明书附图进行综合判断。

2.专利权法律保护的时效性。这里指的专利权的法律保护的时效性包括两个方面:其一是专利权必须是专利的保护期限内的有效专利,具体到我国来说,发明专利的保护期为20年,实用新型和外观设计专利的保护期为10年。其他国家的专利保护期也相差不多。其二是专利的诉讼时效。我国《专利法》第61条规定:"侵犯专利权的诉讼时效为两年,自专利权人或者利害关系人得知或应当得知侵权行为之日起计算。"

关于"已得知或应当得知"被侵权之日的问题,一般来说,若侵权产品在专利权人所在地的市场上公开销售,或者侵权人在全国性的报纸等宣传工具上做了广告,则被视为专利权人"已得知或应当得知"侵权行为的发生。

3.未经许可实施专利构成专利侵权行为的实质性特征。专利权的独占性决定了任何单位或个人实施专利都必须经专利权人许可。未经专利权人许可并以生产经营为目的实施专利的行为将视为侵犯专利权,专利权人有权向专利管理机关请求法律保护或直接向人民法院起诉。关于专利侵权行为将在后面具体详细论述。

六、对专利权的限制

根据我国专利法、专利实施细则、最高人民法院的司法解释以及其他相关法律、国际条约和外国法律的规定,可以归纳出下列限制情况。

(一)专利权耗尽

专利权耗尽,亦称为"专利权穷竭""专利权穷尽""专利权用尽",是指专利产品或者依照专利方法直接获得的产品,由专利权人或者经其许可的单位、个人售出后,使用、许诺销售、进口该产品的,不视为专利侵权。

专利权耗尽又可以区分为专利权国内耗尽、专利权国际耗尽和专利权区域耗尽。

所谓专利权国内耗尽是指一旦专利权人或其被许可人将其专利产品在一国首次投放市场,则专利权人就无权限制任何人使用、销售这些已经售出的专利产品。但是,如果专利产品是在国外被投放市场,则专利权人的专利权没有耗尽,任何人未经该国专利权人或专利独占被许可人的允许,将在国外合法购得的专利产品向该国进口,都将构成对该国专利权持有人或其独占被许可人的侵权。

所谓专利权国际耗尽是指专利权人就其同一发明创造在不同国家申请并取得专利权后,在其中一个国家,专利权人制造或者经其许可而制造的专利产品或依其专利方法直接获得的专利产品售出后,任何其他主体未经专利权人授权许可,在其他专利权授予国内进行进口、使用、许诺销售或销售该产品的行为不构成侵权。

所谓专利权区域耗尽是指专利权在某些国家组成的地区(比如欧盟)之内权利耗尽。

各个国家对专利权耗尽的法律规定决定了各国对待专利产品平行进口的态度。专利产品平行进口指的是,未经专利权人授权的进口商,将在进口国境外获得的、由专利权权利人自己或经其许可在国外投放市场的产品向进口国国内进口。它区别于授权进口商的进口行为,但所进口的产品确是合法生产并投放市场的真品,区别于侵权产品或冒牌货。

(二)先用权

先用权是指在专利申请日前已经制造相同产品、使用相同方法或者已经做好制造、使用的必要准备,并且仅在原有范围内继续制造、使用的,这种行为不视为专利侵权。在先制造产品或者使用的方法,应是先用权人自己独立研究完成或者以合法手段取得的,而不是在专利申请日前抄袭、窃取或者以其他不正当手段从专利权人那里获取的。先用权人对于自己在先实施的技术不能转让,除非连同所属企业一并转让。对依据先用权产生的产品的销售行为,也不视为侵犯专利权。

"必要准备"是指已经完成了产品图纸设计和工艺文件、已准备好专用设备和模具,或者完成了样品试制等项准备工作。"原有范围"是指专利申请日前所准备的专用生产设备的实际生产产量或者生产能力的范围。超出原有范围的制造、使用行为,构成侵犯专利权。

(三)临时过境

临时过境是指临时通过中国领土、水域、领空的外国运输工具,依照其所属国同中国签订的协议或者共同参加的国际条约,或者依照互惠原则,为运输工具自身需要而在其装置和设备中使用有关专利的,不视为专利侵权。但不包括用交通运输工具对专利产品的"转运",即从一个交通运输工具转到另一个交通运输工具上的行为。

(四)科学研究与实验性使用

专为科学研究和实验而使用有关专利的行为,不视为侵犯专利权。在科学研究和实验过程中制造、使用他人专利技术,其目的不是为了研究、改进他人专利技术,其结果与专利技术没有直接关系,则构成侵犯专利权。

(五)为行政审批的使用

为提供行政审批所需要的信息,制造、使用、进口专利药品或者专利医疗器械的,以及专门为其制造、进口专利药品或者专利医疗器械的行为,不视为专利侵权。

(六)非故意使用

为生产经营目的使用、许诺销售或者销售不知道未经专利权人许可而制造并售出的专利侵权产品,能证明该产品合法来源的,不承担赔偿责任,但应当承担停止侵权行为的法律责任。"合法来源"是指使用者或者销售者通过合法的进货渠道、正常的买卖合同和合理的价格从他人处购买的。

(七) 推广使用

国有企业事业单位的发明专利,对国家利益或者公共利益具有重大意义的,国务院有关主管部门和省、自治区、直辖市人民政府报经国务院批准,可以决定在批准范围内推广使用,允许指定的单位实施,由实施单位按照国家规定向专利权人支付使用费。

(八) 强制许可

强制许可也称非自愿许可,是指国务院专利行政部门根据具体情况,不经专利权人同意,通过行政程序授权他人实施发明或者实用新型专利的一种法律制度。强制许可分为以下三种类型:

1. 合理条件的强制许可。《专利法》第48条规定:"具备实施条件的单位以合理的条件请求发明或者实用新型专利权人许可实施其专利,而未能在合理长的时间内获得这种许可时,国务院专利行政部门根据该单位的申请,可以给予实施该发明专利或者实用新型专利的强制许可。"该法条规定的就是合理条件的强制许可。适用这种强制许可应当具备几个条件:一是申请实施强制许可的人只能是单位,不能是个人;二是申请实施强制许可的时间必须在自授予专利权之日起满3年后;三是申请实施强制许可的对象只能是发明专利或实用新型专利,不能是外观设计专利;四是申请人在向国务院专利行政部门提出实施这种强制许可申请时,必须提供相关的证据以证明其具备实施的条件并且以合理条件在合理长的时间内未能与专利权人达成实施许可协议。

2. 国家强制许可。《专利法》第49条规定,在国家出现紧急状态或者非常情况时,或者为了公共利益的目的,国务院专利行政部门可以给予实施发明专利或者实用新型专利的强制许可。

3. 依存专利强制许可。《专利法》第50条的规定,一项取得专利权的发明或者实用新型(后一专利)比在前已经取得专利权的发明或者实用新型(前一专利)具有显著经济意义的重大技术进步,而其实施又有赖于前一专利实施的,国务院专利行政部门根据后一专利的专利权人的申请,可以给予实施前一发明或者实用新型的强制许可。同时,前一专利权人有权在合理的条件下,取得使用后一专利中的发明或者实用新型的强制许可。

第三节 专利实施许可合同

一、专利许可合同的概念

专利实施许可合同,是指专利权人或者其授权的人作为让与人许可受让人在约定的范围内实施专利,受让人支付约定使用费所订立的合同,其本质是当事人之间为转让专利实施权所订立的合同。在以上定义中,所说的"约定的范围",通常是指双方当事人在合同中约定的专利实施期限、区域、形式和使用权范围,其中包括以下四个基本要素:实施期限——包括在整个和在某一段专利存续期间的实施许可;实施区域——包括在全国和在特定区域的实施许可;实施形式——包括对发明、实用新型或外观设计的产品专利有制造、使用许可和销售等许可,以及包含制造、使用、销售实施权在内的产品实施许可,对于能用于多种行业或有多种用途的专利来说,可以再细分为一般的实施许可和限定的实施许可;使用权范围——包括普通许可、排他许可、独占许可和交叉许可等。

我国《专利法》第12条规定,任何单位或者个人实施他人专利的,应当与专利权人订立实施许可合同,向专利权人支付专利使用费。被许可人无权允许合同规定以外的任何单位或者个人实施该专利。专利实施许可仅转让专利技术的使用权,不转让专利技术的所有权,专利实施许可通过与被许可人签订专利实施许可合同并收取专利使用费从而获取经济上的利益。

专利实施许可合同的客体就是专利法授予专利权人的专利实施权,根据《专利法》第11条的规定,发明和实用新型专利权的专利实施权包括"为生产经营目的制造、使用、许可、许诺销售、进口其专利产品,或者使用其专利方法以及使用、许诺销售、销售、进口依照该专利方法直接获得的产品"的权利。外观设计专利权的专利实施权包括"为生产经营目的制造、许诺销售、销售、进口其外观设计专利产品"的权利。在国际技术贸易中,专利实施许可合同的具体许可客体要由双方当事人约定。

根据《专利法》第326条、第327条和第328条的规定,非职务发明专利成果的个人有权就该项非职务发明专利成果订立技术合同。职务发明专利技术成果的转让权属于法人或者其他组织的,法人或者其他组织可以就该项职务发明专利技术成果订立技术合同,并且法人或者其他组织应当从转让该项发明专利技术成果所取得的收益中提取一定比例,对完成该项职务发明专利技术成果的个人给予奖励或者报酬。另外,法人或者其他组织订立技术合同转让职务发明专利技术成果时,职务发明专利技术成果的完成人享有以同等条件优先受让的权利。

根据《专利法》第 15 条的规定,共有发明专利的共有人对权利的行使有约定的,从其约定。没有约定的,共有人可以以普通许可方式许可他人实施该项专利;许可他人实施该专利的,收取的使用费应当在共有人之间分配。

二、专利实施许可合同的特点

(一)地域性

特定的专利实施许可合同都只能在其所约定的地区范围内发生效力,这是专利实施许可合同中最显著的特征之一。因而在专利实施许可合同中,通常都规定有地域性条款,即被许可方在哪些地域范围内享有实施该专利技术的权利。专利许可合同的地域性主要是由法律上的要求、当事人双方的权益等主客观因素所决定的,而且地域性规定条款对实施许可价格的影响是很大的。因此,无论是许可人或是被许可人都必须对此进行认真研究和斟酌,并在专利实施许可合同的条文中做出明确的约定。

(二)时间性

任何专利实施许可合同对合同履行的时间,即该合同的有效期都有明确的要求。在 20 世纪 50 年代,专利实施许可合同的有效期一般多为 10 年至 15 年,最长的为 20 年,这样就基本上能够覆盖该专利权的整个有效期间。而随着科学技术不断发展,在现有的形势之下,专利实施许可合同的有效期趋向于缩短。目前,在国际技术许可贸易活动中,专利实施许可合同的有效期大多数为 5 年至 7 年,最长的一般也不会超过 10 年。而且对于产品更新换代较快的行业,如电子、家用电器等技术领域,专利实施许可合同的有效期则更短,一般为 3～5 年。

三、专利实施许可合同的种类

按照实施条件,专利实施许可合同可以分为以下几类。

(一)普通实施许可合同

所谓普通许可,指的是专利实施许可合同的许可人允许被许可人在规定的时间和地域内使用在该实施许可合同中指定的专利技术,同时许可人自己仍然保留有在该时间和地域内使用该项专利技术的权利,以及再与任何第三方就该专利技术签订实施许可合同的权利。

基于以上定义可以看出,普通许可的专利权人可以就同一专利技术的实施权不受限制地多次授予不同的被许可人,或者同时向几个被许可人授予同一专利技术的实施权,同时自己仍然有权继续使用这一专利技术。

普通许可的这种特征,包含有以下三方面的意义:①赋予专利权人以较大的自主权利,鼓励其积极自愿地授权其他人实施专利技术。②可以较大限度地满足生产实践的客观需要,促使专利技术得到广泛的推广应用。③与其他专利实施许可合同相比,普通许可合同的特许权使用费要便宜得多。

(二) 排他实施许可合同

排他实施许可,指的是在一定时间一定地域内,除专利实施许可合同的许可人允许被许可人实施其专利技术外,许可人自己也拥有使用同一专利技术的权利,但是在此时间和地域内,许可人不得将同一专利技术的实施权授予第三者,即专利权人不得在同一范围内将同一专利技术的实施权同时授予给两个受让人。

与普通许可比较,排他许可赋予被许可人的权利相对扩大了,除专利权人之外,被许可人能够独自享有专利技术的使用权,同时给专利权人的独占权以较大的限制。此外,排他许可比普通许可的竞争能力要强,可以在很大程度上排除同一范围内的竞争,使被许可人居于优势地位。因此,排他许可的许可使用费要比普通许可高得多。

(二) 独占实施许可合同

独占实施许可,指的是在一定的时间一定地域内,被许可方对其所购买的专利技术具有独占的使用权,许可方和任何第三方都不能在该时间该地域内使用该专利技术、制造或销售该专利产品,许可方也无权再同他人签订同一技术的许可合同。

根据上述概念可以看出,独占实施许可的实质,是专利权人将自己独占权中的使用权在一定时间一定地域内完全授予被许可人。由此可见,独占许可比前两种许可形式更具有竞争能力,可以使被许可人拥有极大的优势。

（四）相互交换实施许可合同

相互交换实施许可合同是指许可方与被许可方就相互允许使用彼此的专利而订立的协议，也称交叉实施许可合同。

这种许可合同比较常见于原发明创造的专利权人与改进发明创造的专利权人之间，改进发明创造的专利权人要实施他自己的发明创造须得到原发明创造专利权人的许可，而原专利权人如果更新他的专利产品、采用改进的专利技术时，也要得到改进发明创造专利权人的许可。在这种情况下，贸易双方一般会采用相互交换专利使用权的方式来代替相互支付使用费。

此外，在以下两种情况下也使用交叉许可：

（1）在技术贸易中，有的专利实施许可合同规定，如果被许可人将来（在合同有效期内）以许可人的专利技术为基础研发出了革新的发明创造并取得了新的专利，则必须首先要把新专利的使用权许可给原许可人；许可人在发放许可证后，如果自己改革了有关专利技术，也必须把它继续许可给原被许可人使用。这样的合同条款，称为"反馈条款"（也叫"返授条款"），它实质上是一种交叉许可。

（2）大企业之间订立技术协作协议，规定各自搞出的发明创造都应许可对方使用，这实质上也是一种交叉许可。

（五）分实施许可合同

分实施许可合同是相对于基本的实施许可合同而言的，在专利实施许可合同中，如果许可方允许被许可方就同一专利再与第三人订立许可合同，由第三人在合同约定的期限和地域范围内实施该项专利，则被许可人与第三人签订的后一种实施许可合同就是分实施许可合同。

一般说来，只有当原实施许可合同签订有授权条款的情况下，被许可方才可以再与第三方订立分许可合同。这样分许可的被许可方的行为由其许可方对原许可人承担法律责任。原许可方之所以允许被许可方向第三方提供分许可，其目的是为了更充分、更有效地实施他的专利技术，以期获得更大的经济利益。这种许可是在订立前面几种许可合同的同时，许可人给予被许可人的一项权限范围，它只能从属于基本的实施许可合同，不得有任何超越行为。

四、专利实施许可合同的具体条款

(一)专利实施许可合同的基本条款

专利实施许可合同的主要条款一般包括以下几方面:
1. 专利技术的内容和专利的实施方式。
2. 实施许可合同的种类。
3. 实施许可合同的有效期限和地域范围。
4. 技术指导和技术服务条款。
5. 专利权瑕疵担保和保证条款。
6. 专利许可使用费用及其支付方式。
7. 违约责任以及违约金或者赔偿损失额的计算方法。

(二)专利实施许可合同的特殊条款

1. 有关专利失效处理的条款。专利效力对合同影响最大,是整个专利实施许可合同履行的基础。在专利实施许可合同签订与被许可方使用该专利技术的过程中,一旦专利权失效,则该技术转变为公有技术。专利失效的原因可能是许可方,如专利权人没有按照规定缴纳年费,或者专利权人以书面声明放弃其专利权,这两种情况都会使得专利权期满前终止,丧失效力。专利失效的另一种原因可能源于其他方,比如《专利法》第45条规定:自国务院专利行政部门公告授予专利权之日起,任何单位或者个人认为该专利权的授予不符合本法有关规定的,可以请求专利复审委员会宣告该专利权无效。

因此,许可合同应明确规定出现这种情况后的处理条款。对于因许可方原因而导致专利失效的情况,合同的规定可以是被许可方有权终止合同并索赔,因为这属于许可方根本性违约。对于其他方原因导致专利失效的情况,应该明确:一项专利的任一被许可人都不对专利无效宣告以后的使用费负责;在提出正式异议之前的专利使用费也当然地应予以支付。

确定专利无效的期间可能比较长,若该专利最终被宣告无效,被许可方是否该支付专利效力异议期间的使用费呢,根据《专利法》第47条的规定:宣告无效的专利权视为自始即不存在。宣告专利权无效的决定,对在宣告专利权无效前人民法院做出并已执行的专利侵权的判决、调解书,已经履行或者强制执行的专利侵权纠纷处理决定,以及已经履行的专利实施许可合同和专利权转让合同,不具有追溯力。但是因专利权人的恶意给他人造成的损失,应当给予赔偿。依照前款规定不返还专利侵权赔偿金、专利使用费、专利权转让费,但明显违反公平原则的,应当全部或者部分返还。可见,我国法律对专利异议期间的使用费原则上不允许返还,除非明显违反公平原则。实际上,在法院最终做出无效宣告之前,许可合同效力处于持续状态,使用费当然仍需支付。

如果从被许可方利益的角度出发,有没有什么样的办法可以使得被许可方在异议期间可以暂时停止支付使用费呢?在合同中应如何规定?被许可方在这种情况下面临着一个两难抉择,即被许可方需要在贸然停止支付使用费和将来有可能的侵权中做出抉择。换句话说,如果被许可方选择停止支付使用费,则一旦将来专利被证实为有效,被许可人就会因异议期间未支付使用费而面临被起诉侵权的风险。对此,一个有效的做法是在合同中规定使用费提存条款。被许可方可以与许可方商定这样的条款,在专利效力异议未决期间,被许可方提存使用费而不是终止许可合同。

2. 技术改进条款。我国法律中对技术改进的问题并没有明确规定。这些问题在实际操作中更多的是通过合同来解决,即由合同双方当事人根据不同的情形在合同中明确约定(特别是对改进的定义与改进范围),以免带来不必要的纠纷。

在国际技术贸易中,技术改进条款大多出现在专利实施许可合同中。专利实施许可合同中的技术改进条款不是指技术本身如何改进的问题,而是指合同各方在改进了原有专利技术,因而取得了新的专有权后,该如何处理的有关规定。

对许可方而言,其可以与被许可方分享其改进,可称为"继承授权条款",它不存在所有权归属问题。这对于被许可方而言,常被称为回授条款。

此处合同条款规定的第一个核心问题是被许可方对引进技术改进后是否可取得所有权。一般来说,被许可方可以在合同中加以强调,被许可方所有从引进技术开发的新技术、专利和改进应当是其财产。我国《技术进出口管理条例》第 27 条也做了这样的规定:在技术进口合同有效期内,改进技术的成果属于改进方。拥有技术成果的一方可以向专利主管机关申请注册专利权,抑或作为技术秘密来保护。

第二个问题是改进技术的使用权的处理,最终具体的处理办法取决于合同谈判的结果。被许可方可以将改进自由交流共享,也可以和许可方相互交叉许可各自所做出的改进。

关于改进技术问题谈判的结果通常是一方承诺在合同期内,有关许可的专利技术的将来的发明、设计、修改和技术秘密等权利可授予另一方。在非独占许可中,许可方的技术改进可能会反映到许可费中,但若被许可方不同意缴纳许可费,则其获取的技术可能仅限于许可协议规定的初始技术。反过来,如果被许可方将与许可方、甚至许可方的其他被许可方分享技术改进成果,则许可费可能会降低。

就改进范围来说,不同种类发明专利的规定方法和难度都有不同。对于产品发明专利来说,由于产品发明技术的内容会相对明晰与具体,因而对与其相关的技术改进,双方当事人多会在技术转让合同中明确约定。方法发明一般较为抽象和复杂,在技术转让合同中,与其相关的改进范围通常也较难界定。如果合同约定不明,会带来诸多争议,最终可能只能由法官来判定。

五、专利实施许可合同的备案

(一)专利实施许可合同备案的概念

专利实施许可合同的备案是国家知识产权局为了切实保护专利权,规范交易行为,促进专利实施而对专利实施许可进行管理的一种行政手段。根据《专利法实施细则》第15条和国家知识产权局的规定,专利实施许可合同中的当事人应当在合同生效日起3个月内到国家知识产权局或地方知识产权局办理备案。对备案审查合格的专利实施许可合同,国家知识产权局或地方知识产权局将给予备案合格通知书及备案号、备案日期,并将通知书送交当事人。

(二)专利实施许可合同备案的作用

1. 信息公开。我国《专利实施许可合同备案管理办法》第20条规定,专利合同备案的有关内容由国家知识产权局在专利登记簿上登记,并在专利公报上公告以下内容:合同案号、让与人、受让人、主分类号、专利号、专利申请日、授权公告日、合同性质、备案日期、合同履行期限、合同变更等。

2. 证据效力。我国《专利实施许可合同备案管理办法》第6条规定,已经备案的专利实施许可合同的受让人,有证据证明他人正在实施或者即将实施侵犯其专利权的行为,如不及时制止将会使其合法权益受到难以弥补的损害的,可以向人民法院提出诉前责令被申请人停止侵犯专利权行为的申请;排他专利实施许可合同的受让人在专利权人不申请的情况下,可以提出申请。

最高人民法院《关于对诉前停止侵犯专利权行为适用法律问题的若干规定》第4条第2款规定,在申请诉前禁令时,利害关系人应当提供有关专利实施许可合同及其在国务院专利行政部门备案的证明材料。

3.侵权赔偿数额参照标准。最高人民法院《关于审理专利纠纷案件适用法律问题的若干问题规定》第21条规定,被侵权人的损失或者侵权人的获利难以确定的,有专利许可使用费可以参照的,人民法院可以参照该许可费的1~3倍确定赔偿数额。

《专利实施许可合同备案管理办法》第8条规定:经过备案的专利合同的许可性质、范围、时间、许可使用费的数额等,可以作为人民法院、管理专利工作的部门进行调解或确定侵权纠纷赔偿数额时的参照。

(三)专利实施许可合同备案的变更与注销

1.备案的变更。当事人应当在下列情形发生之日起2个月内持变更协议、许可合同备案证明及其他有关文件向专利局提出许可合同备案变更请求:①当事人变更;②备案专利(申请)权的种类、范围发生变更;③合同履行期限发生变更。

2.备案的注销。许可合同备案的当事人应当在以下情形发生之日起30日内持有效证明文件及许可合同备案证明到专利局办理许可合同备案注销手续:①专利实施许可合同履行完毕;②提前解除专利实施许可合同;③专利(申请)权丧失。

案例分析

2010年11月1日王兴华、王振中、梅明宇与无线电一厂签订了专利技术转让合同,许可无线电一厂使用88202076.5号单人便携式浴箱专利技术,期限自合同签订起至2016年3月专利到期止。合同就入门费和专利许可使用费的支付方式等做出约定。无线电一厂按照合同的约定生产销售了部分专利产品并支付了部分使用费。2011年3月20日,王兴华与无线电一厂签订终止合同协议书,以该合同涉及的单人便携式浴箱的结构形式在生产中无法实施为主要理由终止了合同。2013年7月10日以后,无线电一厂停止支付专利使用费。王兴华等人向一审法院提起诉讼。此外,王兴华与王振中、梅明宇、吕文富因涉案专利权属发生纠纷,经法院审理确认专利权属为王兴华、王振中、吕文富共有,梅明宇参与该专利的效益分配。分析此案例中王兴华与无线电一厂签订的终止合同协议书是否有效、无线电一厂是否需要支付王兴华等人专利许可使用费？

思考练习题

思考题

1. 专利包括那些类型？它们的含义是什么？
2. 发明专利、实用新型专利与外观设计专利之间存在什么样的区别？
3. 专利权人享有的权利有哪些？
4. 何谓专利实施许可合同？
5. 专利实施许可合同备案的作用？

练习题

一、单项选择题

1. 专利权的行使可自（　　）起开始。

A. 专利权被授予之日

B. 申请日

C. 优先权日

D. 签订专利许可合同之日

2. 甲公司2006年获得一项外观设计专利。乙公司未经甲公司许可，以生产经营为目的制造该专利产品。丙公司未经甲公司许可以生产经营为目的所谓的下列行为，哪一项构成侵犯该专利的行为？（　　）

A. 使用甲公司制造的该专利产品

B. 使用乙公司制造的该专利产品

C. 许诺销售乙公司制造的该专利产品

D. 销售乙公司制造的该专利产品

3. 在专利权保护期限届满前，专利权人以书面形式向专利局声明放弃专利权的，其专利权（　　）。

A. 自专利权人递交放弃声明之日起终止

B. 自专利局收到放弃声明之日起终止

C. 自专利局登记放弃声明之日起终止

D. 自专利局登记公告放弃声明之日起终止

4. 甲拥有一项节能灯的发明专利,乙对其加以改进后获得重大技术进步,并申请获得一项新的发明专利,但乙的专利技术实施依赖于甲的专利实施,双方就专利实施问题未能达成协议,在这种情况下,下列表述中正确的是(　　)。

A. 甲可以申请实施乙专利的强制许可

B. 乙可以申请实施甲专利的强制许可

C. 乙在取得实施强制许可后,无须向甲支付使用费

D. 乙实施自己新的发明无须取得甲的许可

5. 法国发明家克利特于2000年10月20日就一项发明在法国申请了专利。2001年9月30日,克利特又就该发明向专利局提出了申请,并申请优先权。后克利特该发明在法国和中国分别于2002年12月31日、2003年8月5日被授予专利权。据《专利法》,其在中国的专利权有效期截止于下列哪个日期?(　　)

A. 2001年10月20日　　　　B. 2001年09月30日

C. 2020年10月20日　　　　D. 2022年12月31日

二、填空题

1. 专利申请的原则包括_____、_____、_____。

2. 对专利权的限制包括_____、_____、_____、_____、_____、_____、_____。

3. 专利实施许可合同的特点有_____、_____。

第八章 特许经营

学习要点与要求

1. 掌握特许经营的概念、类型及特点,并了解特许经营与其他商业模式的异同
2. 熟悉特许经营发展概况及发展趋势
3. 熟悉特许经营各国相关法律法规
4. 掌握特许经营合同的概念、主要内容条款
5. 掌握特许经营合同双方当事人的权利与义务

引导案例

特许经营模式的转变

20世纪50年代,麦当劳、肯德基引入特许经营体系,公司得到迅速发展的同时完善了特许经营业态。

早期的特许经营是商品商标型特许经营,在这一阶段,特许商向加盟商提供的仅仅是商品和商标的使用权,作为回报,加盟商需定期向特许商支付费用。例如,通用汽车公司、福特公司、埃克森石油公司、壳牌公司、可口可乐公司、麦当劳公司等都采取这种方式从事经营,这也被称之"第一代特许经营"。

但是,"第一代特许经营"在实践中遇到一系列问题,麦当劳公司也一样。麦当劳兄弟1937年创办汽车餐厅起家,通过改进厨房设备与生产程序,使汉堡生产制作速度大大提高,吸引了大量顾客。20世纪50年代初,麦当劳利用特许经营形式建立自己的经营体系。一开始,他们采取的是"第一代特许经营"方

式,即只在开业之初指导店铺外观和外送服务的细节,以后就两不相干了。这"大撒把"式的方式造成了危机,许多加盟商按照自己的理解改变了汉堡口味,有的甚至增加了许多复杂的品种,这是对麦当劳经营方式的"腐蚀"。麦当劳看到这一点,1955年麦当劳在芝加哥东北部开设了第一家"样板店",并建立了一套严格的运营制度——QSCV运营系统,即优质服务、质佳味美、清洁卫生、提供价值。麦当劳借助这样的经营模式推行了第二代特许经营,全世界所有麦当劳使用的调味品、肉和蔬菜的品质均由公司统一规定标准,制作工艺也完全一样,每推出一个新品种都有一套规定。麦当劳正是依靠这样的经营使其获得迅速发展。

20世纪60~70年代,特许经营以其特有的生命力,冲破贸易保护主义的篱笆,从美国向世界各地拓展。1963年,日本成立了第一家特许经营性质的连锁店——"不二家"西式糕点咖啡店,开始抛弃传统的直营式连锁经营业态。70年代以后,日本的特许经营以零售业和饮食业为中心迅速发展起来,并形成了自己的特许经营体系。

从20世纪80年代起,全球特许经营飞速发展。美国几乎每6.5分钟就有一家连锁店开业。对马来西亚、新加坡来说,特许经营已上升为这些国家的国策。

请问第一代特许经营为什么会遇到一系列问题?

第一节　特许经营的概念与特点

一、特许经营历史回溯

特许经营在国外已有100多年的历史,在许多国家经济中扮演着极为重要的角色。美国特许经营的发展历程非常典型,分为两个阶段:第一个阶段是商标商品连锁加盟阶段(即19世纪60年代到20世纪50年代)。1861年,特许连锁经营鼻祖——胜家缝纫机公司率先采用了特许经销方式,在各地建立分销网络并获得了成功,这标志着连锁经营已经开始向无形资产领域扩展。商标商品连锁加盟是指加盟店专门销售某一家公司的产品,从总公司得到商品供应和商标借用。由于这种加盟方式解决了生产效率提高后生产与销售之间的矛盾,实现了生产和销售纵向一体化经营,降低了成本,提高了运作效率。随后,许多饮料公司、汽车制造公司及加油站纷纷仿效,使之成为当时最流行的连锁方式。第二阶段是经营模式特许经营阶段(20世纪50年代至今),经营模式特许经营又被称为"第二代特许经营"。商标商品连锁加盟阶段,各加盟店除了店名相同和产品相似外,其经营各行其道,且在服务和产品的质量上参差不齐,不仅影响了总部的商誉,同时也阻碍了加盟店的发展。麦当劳和肯德基等一批公司为了避免重蹈覆辙,在接受加盟时不仅要求加盟店的商店标志一致,而且标准、服务质量、店内装修,甚至服务员的着装都做到了规范化的要求,即加盟店购买的不仅仅是商品的销售权,而且是整个经营模式的经营权。事实证明,这种规范统一的管理方法是成功的,肯德基已成为世界上最大的炸鸡连锁集团,加盟店遍及世界多个国家和地区。麦当劳在全世界拥有1.3万家加盟店,平均每天吸引280万顾客光临。进入20世纪80年代后,经营模式特许经营逐步代替了传统的商标商品加盟方式,被零售业、服务业、餐饮业广泛采用。

欧洲特许经营真正的发展高潮是在20世纪70年代以后,随着美国特许经营组织向欧洲的大肆进军,欧洲本土的特许经营也开始成长起来。进入80年代,欧洲的特许经营出现了蓬勃发展的态势,其发展速度甚至超过了其他两种连锁形式。

日本是特许经营的引入国,由于采用美国先进的连锁经营模式,用了不到30年的时间就完成了美国用100多年时间才完成的商业连锁革命。日本特许经营起步较晚,大约20世纪60年代才崭露头角。二战后,全球经济高速增长,商业联保和集中趋势大大加强,为了推进连锁经营的发展,日本政府在1972年制定了《中小零售业振兴法》,从资金、税收、设备、营业场所等方面对发展自由连锁和特许连锁的中小商业企业给予政府无息贷款。同时,日本政府为避免集中与垄断的加剧,制定了《大店法》,对正规连锁加以限制。这些举措极大地加快了特许经营的发展速度。由于有美国做榜样,特许经营在日本一经引入就被零售业广泛采用,至70年代已经扩展到各行各业。20世纪80年代,日本一些连锁加盟组织已开始向国外拓展,参与国际竞争。

我国的特许经营发展比日本还要晚,是从20世纪80年代开始的,可将它分为三个阶段:第一个阶段是萌芽期(20世纪80年代初至80年代末)。当时,随着经济体制的改革,企业拥有了一定的自主权,少数企业开始利用已有的品牌实现规模扩张,发展联营门店。其中典型的品牌联营有:永久、凤凰、王府井百货大楼、狗不理包子铺等。第二阶段是探索期(20世纪90年代初至90年代中期)。国际著名的特许经营企业大举进入我国,服装、餐饮业等特许经营的品牌开始为人们所熟知,如苹果、佐丹奴、皮尔卡丹等专卖店,麦当劳、肯德基等快餐店,富士、柯达等彩色扩印店等。同时国内的一些企业也开始了连锁加盟,如全聚德烤鸭店、华润连锁超市、华联超市等。由于缺乏特许经营方面的法律、法规,特许企业对品牌的认知度不足和对标准经营管理模式的理解不深,所以国内特许企业仍处于探索阶段。第三阶段是发展期(20世纪90年代末至今)。我国加入WTO,市场竞争越演越烈,许多企业都在考虑自身生存和发展的问题,开始对各种营销手段加以研究,在此过程中加深了对特许经营的认识,付诸实践并获得了丰厚的收益。随着特许经营法制建设的完善,特许市场逐步走向成熟,这一时期表现为:特许经营的发展计划更加理性和务实,开始注重发展速度与运营质量的平衡;如家酒店、"味千"拉面、全聚德、小肥羊等特许经营企业先后在境内上市,推动了特许经营的发展;特许店的增长速度放缓,直营店增长速度提高;特许经营向更多的行业渗透,各种新兴技术在特许经营领域得以广泛应用。

二、特许经营的概念

特许经营是一个舶来词,其英文单词"franchise"本意是指"特别的权利"。这个词用于商业上又被赋予了许多新的含义,常被视作一种商业经营模式。我国2007年5月1日实施的《商业特许经营管理条例》将特许经营定义为:商业特许经营是指拥有注册商标、企业标志、专利、专有技术等经营资源的企业,以合同形式将其拥有的经营资源许可其他经营者使用。被特许人按照合同约定在统一的经营模式下开展经营,并向特许人支付特许经营费用的经营活动。

目前,世界各国对特许经营的定义表述不完全一样,下面介绍几个比较常用的定义。

国际特许经营协会(International Franchise Association,简称IFA)将特许经营定义为:"特许经营是特许人和被特许人之间的合同关系。在这种关系中,特许人愿意或有义务对被特许人的经营在诸如技术秘密和培训等方面给予持续的关注;同时,被特许人在由特许人所拥有或控制的统一的商号、经营模式和(或)方法下经营,并且被特许人已经或将要利用自有资金对自己的经营进行实质性投资。"

这个定义从特许经营的两个最主要主体(特许人和受许人)的角度出发,首先明确了一点,即特许经营是一种分销方法;其次,该定义对于特许权的授予描述是"出让",从而否定了有些人认为的特许权的授予是"出售"的说法;再次,该定义认为"通常特许权所指的就是受特许人实际经营的商业模式",这一点对于我们认识特许权的本质和范畴具有很大的启发作用,实际上,这句话也相当于是给出了特许权的定义。显然,依据这个定义,它所讲的特许经营的总的定义并非单指商业模式特许经营,而是包括了商标特许、产品特许等在内。

1979年,美国联邦贸易委员会规定,凡属于下列两种连续性关系之一的,肯定为特许经营。

其一,包括下列三个特征:①特许经营的受许人出售的货物或服务项目要求达到特许经营的特许人所规定的质量标准(指受许人按照特许人的商标、服务标记、商号名称、广告或其他商业象征经营)或出售标明特许人标记的产品或服务项目;②特许人对受许人企业的经营方法行使有效的控制或给予有效的协助;③在业务开始的六个月内,受许人要向特许人或其成员支付500或500美元以上的费用。

其二,包括下列三个特征:①受许人出售由特许人或与特许人有关的商业供应的货物或服务项目;②特许人为受许人找到开立账户的银行或为受许人找到自动售货机、货物陈列架的地点或位置,或向受许人介绍能够办妥上述两件事的人员;③在业务开始后的六个月内,受许人要向特许人或其成员支付500或500美元以上的费用。

欧洲特许经营联合会(Europe Franchise Federation,简称EFF)通过的《欧洲特许经营道德规范》规定:"特许经营是基于在法律和财务上独立的特许人与其单个被特许人之间紧密和持续的合作关系的一种营销产品和(或)服务和(或)技术的体系。特许人授予单个被特许人权利并附加义务,以便在特许人的概念下经营。在双方协商一致而制定的书面特许合同的范围和条款之内,特许人基于直接或间接经济上的考虑,授权、迫使单个的被特许人使用其商号、商标和(或)服务商标、技术秘密、商业和技术方法、程序制度、其他工业和(或)知识产权,并提供持续的商业上和技术上的支持。"

日本特许经营协会(Japan Franchise Federation,简称JFF)的定义:"特许方和加盟方缔结合同,将自己的店号、商标,以及其他足以象征营业的东西和经营的诀窍授予对方,使其在同一企业形象下销售其商品,而加盟店在获得上述的权利同时,相对地需付出一定的代价给总公司,在总公司的指导及援助下,经营事业的一种存续关系。"

我国的《商业特许经营管理条例》所下的定义是:"商业特许经营是指拥有注册商标、企业标志、专利、专有技术等经营资源的企业(特许人),以合同形式将其拥有的经营资源许可其他经营者(被特许人)使用,被特许人按照合同约定在统一的经营模式下开展经营,并向特许人支付特许经营费用的经营活动。"

为了准确、深刻地理解特许经营的定义,我们必须首先掌握特许经营中的常用专业术语:

(1)特许人(franchisor),也称盟主,指将特许权授予出去的主体,即在特许经营活动中,将自己所拥有的或有权授予他人的商标、商号、产品、专利和专有技术、经营模式及其他营业标志等授予受许人使用或经营的一方,通常为法人,而按照我国《商业特许经营管理条例》的规定,特许人必须是"企业"。特许人是特许权的真正所有者或有权授予者。特许人可以再细分为一级特许人或主特许人、次级特许人或再特许人等,前者一般是特许权的所有者,后者则一般不是特许权的所有者,但其可以将特许权再转授予他人。

(2)受许人(franchisee),亦称加盟商、被特许人等,指加盟某一特许经营体系的独立法人或自然人,即在特许经营活动中,通过付出一定的费用来获得其他组织、个人的商标、商号、产品、专利和专有技术、经营模式及其他营业标志等一定期限、一定范围内使用权或经营权的自然人或法人。

(3)特许权(franchise),又叫特许经营权,是特许人所拥有或有权授予别的组织或个人的商标、商号、CIS系统、专利、经营诀窍、经营模式等无形资产,以及与之相配套的有形产品、无形服务等。它是特许经营运作的中心环节。

特许权分为广义的特许权和狭义的特许权,广义的特许权包括上述所讲的无形资产和有形产品、无形服务的组合,狭义的特许权只指商标、商号、CIS系统、专利、经营诀窍、经营模式等无形资产。人们通常意义上所说的特许权是狭义上的特许权。

(4)特许经营费用(franchise fee),指的是在特许经营关系的存在过程中,为使特许经营能成功进行,受许人需要向特许人上交的费用。此类费用分为三类:特许经营的初始费(加盟金)、持续费(包括特许权使用费、市场推广及广告基金)以及其他费用(履约保证金、品牌保证金、培训费、特许经营转让费、合同更新费、设备费、原料费、产品费等)。

三、特许经营类型

特许经营涉及的领域十分广泛,其具体形式又呈现出多种多样的特点。我们可以根据不同的标准,将其划分成不同的类型。

特许经营按照特许内容,可以分为商品商标特许经营和经营模式特许经营两种。

(一)按特许内容分类

1. 商品商标特许经营(product and trade name franchising)。商品商标特许经营是指受许人使用特许人的商标、生产配方和营销方式来生产和销售特许人的产品,或对商品商标进行多种形式的商业开发,作为回报,受许人定期向特许人支付费用。一般地,受许人仍保持原有企业商号,单一或非单一地生产销售特许人取得商标所有权的产品。商品商标特许经营由来已久,如今,这种特许经营模式又演变出几种形式:

(1)商标特许。这是指商标注册人许可他人使用其注册商标进行商业开发,双方签订商标使用许可合同,被授权使用他人商标的受许人必须交纳一定的使用费。采用商标特许形式的加盟总部一般只对商标的使用方法提出具体要求和限制,对加盟商的经营活动并不做出严格规定。史努比(Snoopy)就是商标特许的典型代表。

(2)商品销售特许。这主要是指加盟总部将自己生产的商品授权给加盟商销售。加盟总部一般会对商品的销售方式、销售价格、销售区域及售后服务有要求,有时会对加盟商的销售模式有特别要求,如汽车行业的4S店。这种形式的特许经营通常是一个大制造商为其品牌产品寻找销路,常见的有汽车专卖店、加油站、服装专卖店等。

(3)商品生产特许。它指的是,受许人自己投资建厂,使用特许人的专利、技术、设计和生产标准来加工或制造取得特许权的产品,然后向批发商或零售商出售。特许人有权维护其企业的信誉,要求受许人按规定的技术和方法从事生产加工,保证产品的质量始终如一,以保护其商标及商号的信誉。同时,特许人有权过问受许人对产品的广告宣传及推销方法。该类型的特许经营往往涉及专利或专有技术诀窍的使用许可。著名的可口可乐公司就是商品生产特许的典型代表。

2. 经营模式特许经营(business format franchising)。经营模式特许经营被称为"第二代特许经营",目前人们常说的特许经营主要就是这种类型。在该种模式下,加盟者按总部的全套经营模式进行经营,其主要特征是受许人有权使用特许人的商标、商号名称、企业标志及广告宣传,完全按照特许人的模式来经营;受许人在公众中完全以特许人企业的形象出现;特许人对受许人的内部管理、市场营销等方面进行很强的控制。此类特许经营越来越成为当今主导的模式,它集中体现了特许经营的优势。这种经营模式特许经营范围广泛,在零售行业、快餐业、服务业中最为突出,比如我们比较熟悉的麦当劳、肯德基等都属于这种形式。

(二) 按加盟商的授权领域分类

根据加盟商的授权领域大小划分,商业模式特许经营可以分为以下两种:

1. 单店特许经营模式(unit by unit franchising)。单店特许经营模式是指特许人将自己成功的单店经营模式许可给某一个受许人来经营,受许人只能开设一家特许经营单店。从严格意义上来说,受许人只在单店的物理空间内享有特许人许可的所有权利,在单店的物理空间外则不享有这种权利,这就意味着特许人在一家加盟单店的街对面再授权新的受许人开设加盟店是合法的。不过,盟主为了保护受许人利益,避免受许人之间出现恶性竞争,都会将单店加盟商的权利扩大,如规定围绕单店一定范围内不再授权新的受许人,这个做法通常被称为单店的商圈独占保护政策。

2. 区域特许经营模式(area franchising)。这是指加盟总部赋予加盟商在规定区域、规定时间开设规定数量的加盟网点的权利。根据区域加盟商能否再授权给其他人,区域特许经营又可以进一步分为区域直接特许经营模式和区域复合特许经营模式两类。前者的区域加盟商只能开设直营加盟店,不能再授权给其他人;后者的区域加盟商既可以开设直营店,也可以再授权给其他人开设单店经营。

四、特许经营的特点

第一,特许经营是双方当事人通过合同缔结的有偿法律关系,是特许人和受许人之间的合同关系。

特许经营体系是通过特许人与被特许人之间的合同建立的,合同不仅是特许人与被特许人之间法律关系的纽带,更是双方当事人之间权利义务的基础。在实践中,特许人通常通过特许经营合同约定,要求被特许人严格依照特许人的模式去经营,同时,特许人对被特许人有指导、监督的权利,并承担提供技术指导、培训和资讯服务的义务。特许经营合同在时间上一般要持续一段相当长的时间,我国《商业特许经营管理条例》中就规定特许经营合同一般不少于3年。

第二,特许经营的核心是特许人知识产权和经营模式等权利的使用权的让渡。

特许人许可被特许人的内容一般包括特许人的商标、专利、商业秘密、技术秘密、商业外观等的使用权,还经常包括商业经营模式的使用权等。目前国际上已逐步形成了以《巴黎公约》《国际商标注册马德里协定》《保护文学艺术作品的伯尔尼公约》《世界版权公约》《与贸易有关的知识产权协议》等条约为主干的知识产权国际保护体系。世界贸易组织的争端解决机制还为知识产权的跨国保护提供了强有力的保障机制。知识产权保护体系的完善和理念的普及,为特许人放心大胆地让渡部分特许权创造了客观条件。

第三,特许人与被特许人是各自独立的法律主体,但保持统一的外部形象。

特许人与被特许人是两个独立的实体,他们不仅在法律地位上相互独立,并且也不存在投资关系。特许人与被特许人之间既非隶属关系、控股公司与子公司关系,亦非代理关系、合伙人关系,而是一个商标、服务标志、经营管理与技术诀窍等知识产权的所有人与希望在经营中使用这种产权的个人或企业之间的一种法律和商业关系,一种互利合作、共求发展的关系。在法律地位上,他们是平等的、自负盈亏的民事主体。

虽然特许人与被特许人是各自独立的法律主体,具有独立的产权,但他们对外保持着统一的外部形象,如相同的商标、商号,甚至在店面设计、店面布置、装潢、员工服装等方面也力求统一。

第四,被特许人之间以及特许人之间存在着竞争关系。

特许经营体系是通过特许人与被特许人一对一地签订特许合同而形成的,双方的权利、义务在合同条款中有着明确的约定。各被特许方虽然同拥有一个特许方,但相互之间并无横向关系,彼此之间存在竞争关系;特许人的直营店属于特许方控股,与被特许方之间也存在着竞争关系。

实际上,因为所有的被特许人以及特许人的直营店对外必须保持同一经营形象,公众几乎无法区分某一家店铺是特许人的直营店还是被特许人。比如美国麦当劳和肯德基快餐店在全世界有几万家分店,其中包括他们直接投资的直营店和特许加盟的加盟店。尽管这里面的直营店不属于特许经营的范畴,但所有店铺的商标、服务标记、店堂布局风格、所提供的食品和服务以及员工的着装、培训完全一致。除了特许人之外,消费者无法分辨两者的区别,并且在消费者眼里,无论是直营店还是加盟店,都是一家公司的不同分支机构。因而,商业特许经营的店铺布局和位置将是一个会影响被特许方赢利与否的关键因素。

第五,特许经营的重要法律要件是支付特许费。

在经营合同发生纠纷时,判断特许经营关系是否成立的一个重要要件便是被特许人是否为取得特许经营权支付一定的费用。一般来说,被特许人在签订特许经营合同时,要一次性交纳一笔加盟费。该笔费用是被特许方为取得特许经营权而付出的代价,如果没有这样的代价,那么特许经营关系不成立,只能按照普通的契约关系来认定。

被特许人在交纳加盟费之外每年还需交纳特许维持费,这也是特许经营区别于其他某些经营方式的重要特征。特许人在协议有效期内还会持续提供各种指导和帮助,统一开展广告宣传并担负起监督义务,因而被特许人在取得特许权、获得特许人支持、实现经济收益时要向特许人支付一定的费用。这些费用将根据被特许人加盟的先后、加盟人数的多寡、特许人服务内容的不同而不同,可以是按销售额来提成,也可以约定一个定额。

五、特许经营与其他商业模式的比较

(一)特许经营与连锁经营、直营连锁、自由连锁的比较

连锁经营是指流通领域行业中若干同业店铺,以共同进货或授予特许权等方式联结起来,实现服务标准化、经营专业化、管理规范化,共享规模效益的一种现代经营方式和组织形式。连锁经营是通过一定纽带,将众多分散孤立的经营单位连接在一起,并按照一定的规则要求运作。它包括以下三种基本形式:

1. 直营连锁(或正规连锁,简称RC),即总公司直接投资开设连锁店。直营连锁原来的含义是指公司连锁,即同一资本所有(指连锁公司的店铺均由公司总部全资或控股开设),经营同类商品或服务,由同一个总部集中管理领导,在总部的直接领导下统一经营,共同进行经营活动的组织化的流通企业集团。欧美一般要求连锁店的数目要在11个以上,有些国家和地区要求在12个以上。这个定义中的关键是"同一资本所有",这也是区别直营连锁与其他经营形式的标准。

2. 自由连锁(或自愿连锁,简称VC),即保留连锁体系内各店的单个资本所有权的联合。自由连锁指的是,各连锁公司的店铺均为独立法人,各自的资产所有权关系不变,各成员使用共同的店名或经营共同的商品等,与总部订立采购、促销、宣传等方面的合同,并按合同开展经营活动。各成员可自由退出。

3. 加盟连锁(简称FC),即以特许权的转让为核心的连锁经营,也就是特许经营。特许经营又可不规范地称为合同连锁、加盟连锁、契约连锁、特许加盟、

连锁加盟等。

从国际连锁业发展的历史来看,当直营连锁、自愿连锁发展到一定规模,形成自身的品牌和管理模式后,都转向以特许经营为主。特许经营是连锁经营发展到一定阶段的产物,是连锁经营的高级形式。

虽然直营连锁有其自身的一些优点,比如总部对于各经营单位或单店的控制力强、对于整个体系的对外服务质量有较强的保障力、利于品牌的维护等,但直营连锁的缺点也是很明显的,比如直营连锁的发展常常受到资金、地域、时间、地方法规、税收等方面的严格限制,很难适应竞争日趋激烈的市场环境,其发展速度缓慢,所需资金量大,管理难度大,使总店投资风险增大,如果没有雄厚的资金做后盾,又不能较快占领市场达到规模经济,就有可能使总店发生严重的资金周转不灵或亏损,有些甚至不得不关门或出让。

自愿连锁则由于各经营单位或单店之间的结合度比较松散、总部的功能较弱等原因,从而使整个体系的一致性很难得到保证。但自愿连锁的优点是各经营单位或连锁店可以相对自由地进入或退出,不会在退出后仍然受到很强的限制。所以自愿连锁特别受到那些既想联合、又不愿自己的企业产权或企业控制权弱化的企业的青睐。

特许经营是特许人将自己所拥有的商标、商号、产品、专利和专业技术、经营模式等以特许经营合同的形式授予受许人使用,受许人按合同规定,在特许人统一的业务模式下从事经营活动,并向特许人支付相应的费用。很显然,特许经营是一种经营技巧、业务形式的许可,是一种工业产权或知识产权的授予,受资金、地域、时间等方面的限制较小,在同一时间可在任何有消费群的地域发展多家经营单位或单店,并以低成本、小风险的特征迅速扩张。但特许经营也有一些缺点,比如总部会丧失一部分利益、承受品牌受损的风险、对加盟店的控制力较差等。

虽然直营连锁、自由连锁和特许经营这三种最基本的连锁形式各有利弊,各有一定的适用条件和对象,但实践证明,在流通业竞争逐渐转至规模、速度、网络、品牌、网点、文化等方面的时代,在由纯粹的竞争转向竞合的时代,在无形资产价值越来越超过有形资产价值的时代,特许经营的优势是显而易见的,它代表流通业的主流和趋势。

所以当企业或个人在条件具备的时候,应优先考虑使用特许经营的方式来发展、提升自己的事业。

归纳起来,我们可以用表8-1来简单地示意连锁经营三种基本形式之间的主要区别。

表8-1 连锁经营三种形式之间的主要区别

	特许经营	直营连锁	自由连锁
单店产权人	可能是总部、单店或区域加盟商,或其组合	只有一个,即连锁总部企业	各店并不相同
管理模式	对加盟店的管理;依据合同;各店人事和财务独立;特许人间接管理(支持、督导、服务、协调等)	总部对分店的各项事务均有决定权,分店经理仅是总部的一名雇员	依据合同;各店人事、财务独立;总部间接管理(支持、督导、服务、协调等)
经营领域	广义的特许经营在政治、教育、文化、经济等各领域都有,并非只有"店"的形式;狭义的特许经营仅指流通领域行业	一般仅限于商业和服务业等流通领域行业	一般仅限于商业和服务业等流通领域行业
与单店关系	特许人和加盟店的关系是合同双方当事人	自家人的内部事务	合同双方当事人;自愿联合的合作伙伴关系
筹资方式	通常,加盟店由加盟商负责筹集实体资本所需资金,因此连锁网络的发展空间更大、速度更快	只要有足够的资金、人员等开店必备资源即可,所以网络体系的发展易受自有资金、人员等开店必备资源的限制	各店"自负其资"
运作方式	开展特许经营的基础是拥有一整套合法的、符合市场需求的"特许权"组合	只需足够的开店必备资源和合适的业务类型就可以进行	只要成员愿意连锁并符合一定的标准即可
发展方式	吸收独立的商人(企业或个人)加入而扩大体系	企业负责开设单店的全部资源,包括人、财、物、地址等	扩张规模往往不太积极,可能有排外的倾向
自由度	约束力强,进入和退出都有严格限制	完全取决于总部的意愿	自由度大,进入和退出相对容易
各店的统一化程度	很强	较强	很差
出现时间	最晚	最早	较早

（二）商业特许经营与行政性特许经营的区别

行政性特许经营是政府或(和)具有行政权力的组织作为特许人，以企业作为被特许人，在民间资本进入公共基础设施等的投资建设和经营活动中所产生的特许经营。比如公用事业特许经营，就是在市政公用行业或基础设施领域中，由政府通过市场机制或其他法定程序选择公用事业的经营者，并授予经营者在一定时间和范围内对某项市政公用产品或服务进行经营的权利。

商业特许经营自然是只在商业经营活动中所产生的特许经营，也是本教材讲述的内容。如果没有特别指出，本教材所讲的"特许经营"就是指"商业特许经营"。

从本质上讲，商业特许经营（即特许经营）与行政性特许经营之间存在的区别如下：

1. 特许人组织属性不同。特许经营的特许人大都是一般的企业主体，他们在经济活动中积累起来独有的知识产权、经营模式和盈利模式；行政性特许经营的特许人是行政机关或者是拥有行政性权力的组织。行政性特许经营中的特许人由于拥有行政性权力而许可企业从事某些公共基础设施的经营。

2. 特许的客体不同。特许经营的特许人特许的是特许人的商标、专利、商业秘密、技术秘密、商业外观等的使用权，还经常包括商业经营模式的使用权等；行政性特许经营权的内容是特定企业获得从事特定商品、行业或项目的经营资格。

3. 合同的订立不同。特许经营的特许人和被特许人是一对一的谈判、考察，特许人往往要和很多家被特许人签约；行政性特许经营的特许人一般是通过招标的方式，从多家潜在被特许人中间选择出一家被特许人来订立最终的合同。而且，行政性特许经营的特许人和被特许人之间订立的合同除了要受民事法律关系调整，还要受行政法律关系约束。

（三）特许经营与代理的比较

商业上的代理是指按本人的授权，以本人的名义或代表本人同第三人订立买卖合同或办理与交易有关的其他事宜。代理人是根据授权人授权，按授权人意志行事的人。代理人和授权人双方的权利义务在合同中有明确的规定，但第三方不用考虑这方面的问题，而特许经营合同中通常会明确规定，受许人不是特许人的代理人或伙伴，无权代表特许人行事。代理人代表的是本人的利益并按本人的指示行事,因此,由此产生的权利与义务均直接对本人有效力。代理人与本人的关系实际上是一种受托关系,代理人就是本人的受托人。本人要向代理人支付佣金以及有关的代理费用。在代理中,双方的契约关系可因本人的主动撤回授权行为而终止。在代理中,本人具有价格决定权,代理人只是提取一定的佣金。特许经营的特许人虽然在法律上对受许人的出卖价格没有决定权,但是由于对受许人的企业经营存在合法的经济利益,他们有权提出价格建议,并劝告受许人采纳。受许人对特许人依附性很大,因此这种价格建议往往会起到决定性的影响。

特许经营中的加盟商和商业代理中的代理人的主要区别可以简要归纳为表8-2。

表8-2 加盟商和代理人的主要区别

	加盟商	代理人
身份	一般必须是法人	可以是自然人
授权范围	商标(包括服务商标)、商号、产品、专利和专有技术、经营模式等	以授权人的名义或代表他同第三人订立买卖合同或办理与交易有关的其他事宜
代表利益	自身利益和特许人利益兼顾	代表授权人的利益并按其指示行事
行为效力	一般为自己的行为负法律责任,与特许人无关(特许人提供产品等有连带责任的例外)	代理行为所产生的权利与义务均直接对授权人有效力
赢利来源	自己的经营利润	佣金以及有关的代理费用
终止关系	特许经营的任意一方均不能随意终止合同关系	可因授权人的主动撤回授权行为而终止
专一	专一经营特许人建议的产品或服务	可同时代理多个授权人
稳定	在合同约束期内,更为稳定	放弃代理关系比较自由

第二节 特许经营发展概况及发展趋势

一、部分国家特许经营

(一)美国特许经营

美国的特许经营类型主要有商品及商标特许经营、全方位特许经营等。全方位特许经营是指特许人不仅提供其商标、企业名称、技术秘密、服务标准等，而且将其整套经营管理系统提供给被特许人。他们使用同样的商号、商标，经营同样的行业，销售同样的产品，提供同样的服务。美国的特许经营发展主要有以下几个特点：①经营模式的特许经营发展很快，而商品商标特许经营有衰退迹象；②特许经营组织的开发时间短，普及速度快；③特许经营在美国已成为发展最快和渗透性最高的商业模式；④形成规模优势，实现规模效益；⑤完善的法律体系和中介组织；⑥具有强烈的品牌和服务意识。

（二）日本特许经营

日本的特许经营主要受美国的影响，日本企业在吸收欧美经验的基础上进行了创新，形成了具有本土化特色的特许经营。日本特许经营业务主要集中在饮食快餐、饭店、便利店、服装及服务行业等。日本特许经营的类型多是全方位特许经营，少有商品及商标特许经营，特许人不仅向被特许人提供商品、商标，还传授自己所开发的特定商业方法和系统。日本作为特许经营业的发达国家，其发展渗透的领域虽不及欧美广泛，但服装、食品等与居民生活密切相关的行业发展却比较成功。

（三）法国特许经营

法国的特许经营属于欧洲特许经营之最。欧洲特许经营发展起步稍晚于美国，其发展也不如美国和日本庞大，但其成功程度却不逊于美国和日本。欧洲特许经营真正的发展高潮是在20世纪70年代以后，随着美国特许经营组织向欧洲的大肆进军，欧洲本土的特许经营也开始成长起来。进入80年代，欧洲的特许经营出现了蓬勃发展态势，其发展速度在一些发达国家甚至超过了其他两种连锁形式。法国的特许经营并不是饭店饮食业在国内占有优势，它的突出特点是在各方面的发展都相对较为均衡。法国除了在国内发展特许经营外，同时也很注重国外的扩展，比如我们所熟知的家乐福股份有限公司，它在很多国家都开始了自己的特许经营网点，并占据了一定的市场份额。

（四）澳大利亚特许经营

澳大利亚特许经营的发展最早开始于20世纪70年代，经过几十年的发展，澳大利亚已是世界上特许经营程度最高的国家，其人均拥有的特许经营体系数量3倍于美国，居世界第　，且以平均20%的速度增长，并在增长领域和层面上都有所突破。从涉及的领域来看,澳大利亚的特许经营最初在零售和家庭服务业中盛行,现已逐步扩大到以抵押经纪业和商业咨询业为代表的"白领服务"领域。从增长层面来看,澳大利亚特许经营业的海外拓展也取得了长足进步,特许经营在澳大利亚已经发展得相当成熟。

二、中国的特许经营

近年来,特许经营在我国获得了蓬勃发展,以特许经营方式扩展业务的组织数量不断增多。除了一些国际知名的大型特许经营组织相继进入我国市场开展业务、扩展体系外,一些本地企业也开始认识到特许经营的优点,逐步探索以此种方式拓展业务、发展壮大自身。

(一)我国特许经营近几年来呈现的特点

1. 发展迅速、规模有所扩大,已成为国民经济发展的一个增长点。根据最新年度调查,2010 年我国特许体系已超过 4 500 个,加盟店总数 40 万以上,覆盖的行业业态超过 70 个,特许企业直接创造的就业岗位超过 500 万个。2010 年特许经营呈现如下特点(以特许 120 强的调查为基础,见表 8-3)。

表 8-3 2010 年我国特许经营的特点

行业/业态	店铺总数年增长率(%)	加盟店年增长率(%)	销售额年增长率(%)	成本年增长率(%)	销售净利润率(%)
综合零售	4.5↓	10.2↑	8.6↓	11.9↑	2.8↓
专业零售	10.3↓	13.4↓	23.5↑	30.6↑	11.2↓
服装专卖	16.7↑	14.2↑	8.6↑	20.9↑	10.8↑
农资连锁	32.5↑	34.4↑	27.0↑	5.3↑	5.4↓
餐饮业	14.4↑	12.0↓	10.6↓	25.0↑	14.6↑
连锁酒店	45.6↑	61.8↓	13.0↓	28.1↑	11.2↑
教育培训	23.3↓	21.1↓	4.6↓	21.6↑	26.7↑
健康休闲	25.6↑	25.4↑	20.8↓	18.4↑	20.1↓
家装	14.0↑	11.5↑	23.9↑	29.3↑	12.5↑
汽车后市场	11.9↓	11.8↓	20.9↑	52.2↑	28.9↓
洗衣/护理	10.8↑	10.0↑	15.8↓	19.7↑	25.0↓
商务服务	34.3↑	32.7↑	52.4↑	21.9↑	1.5↓

2.新的先进管理技术手段、促销策略、经营方式被特许经营广泛使用。特许经营打破了传统的经营方式和工商、农商、批发商、零售商之间的关系,本着"共学一个技术,共做一个产品,共享一个品牌,共获丰厚利润"的观念使经营方式发生了根本变化,尤其是一批品牌专卖店,以厂家为龙头,与代理商相结合,采取特许经营方式,在全国已形成连锁经营网络。如一汽大众、李宁体育用品等,同时还带动了相关产业的发展。

3.直营加盟同步推进,继续保持较快增长。以2010年为例,特许连锁企业总店铺数的增长普遍高于2009年。其中,增长速度较快的业态包括经济型酒店(45.6%)、商务服务(34.3%)、农资连锁(32.5%)、健康休闲(25.6%)。零售企业增幅普遍较低,其中服装为16.7%、专业零售为10.3%、综合零售为4.5%。

2010年,120强企业加盟店的开店速度与2009年基本持平,部分业态略有回落,经济型酒店、教育培训、专业零售的加盟店增长速度与2009年相比明显下降,但服装专卖、农资连锁及健康休闲类的加盟店比往年有较大幅度的提高。

4.中国特许经营仍然主要集中在零售、餐饮和服务三大行业,零售和餐饮行业的特许经营企业依然保持快速发展,一些新形式的服务行业正在特许经营领域里快速前进。目前,我国国内的特许经营已在图书、洗染、冲扩、汽车租赁、维修、家政服务、健身娱乐、美容美发等领域发展。

5.加盟费难收,投资意愿减弱,加盟商维护难度增加。现阶段我国特许企业面临的主要问题包括:加盟费收取困难、投资人加盟意愿减弱及加盟商关系维护难度加大。2009年以来,我国市场环境发生重大变化,特别是经营成本的持续上升,给加盟店的经营造成巨大压力,同时特许总部强化管理和发展直营的力度明显加大,规范与盈利的双重压力使总部与加盟商之间的关系发生变化。这种变化在未来一段时间还会持续甚至加剧。

6.政府特许经营将成为发展热门之一。政府特许经营的回归与异军突起也是一个值得关注的现象。中国政府的特许经营范围正涉及越来越多的领域,比如风景区、矿产资源、城市公用事业、国家固定资产、政府无形资源等。随着政府职能的转换与改革、经营城市概念的普及、社会公共资源意识的觉醒以及行政许可、政府特许经营等相关法律法规的颁布,已取得巨大实践成功的政府特许经营项目越来越多,政府特许经营必将在全球掀起发展的高潮。

7.特许经营由单一的国有经营向经营主体多元化发展。在所有制成分上,国有流通企业是连锁经营的主力,集体、私营、股份制、外资等其他主体的连锁企业速度在加快,形成以国有商业企业为主,集体、民营、外资企业共同参与的多元化格局。在93家企业中,有限公司占49%,国有独资占41%,形成了国内外企业在连锁商业领域合作、竞争、共存的市场格局。

8.政府推动和政策扶植为特许经营起到促进保证作用。政府大力推动,是特许经营发展的一大特色,也为连锁经营方式的迅速发展提供了大环境。市场阻碍特许经营发展的主要原因之一是市场的条块分割状况相当严重,这就需要政府部门在破除体制障碍、加强基础设施建设、创造公平竞争环境、协调地区之间和部门之间的相互关系等方面发挥作用。根据我国目前的经济发展和企业管理水平,政府应对特许经营给予税收和金融方面的政策倾斜。

(二)我国特许经营存在的问题

1.特许经营相关的法律有待进一步完善。我国现在有关特许经营适用法律有:《商标法》《经济合同法》《反不正当竞争法》《民法通则》《技术引进合同管理条例》《工商企业登记条例》等。这些法律很难解决特许经营中出现的新问题,也难以对特许经营健康规范的运作提供更有力的支持。

2.特许经营企业规模普遍较小,影响力低。尽管目前我国的特许经营企业有几百家,但普遍规模较小且影响力低,一般发展空间仅局限于本省或本地区,在全国范围内有影响力的企业和品牌很少,在国际上能有声望的特许品牌更少。

3.规模不大的特许经营企业很难获得银行的支持。虽然国家号召金融业支持实体经济的发展,优先为其提供贷款,但银行基于利益的考虑,获得贷款的往往是资信情况良好、规模较大的正规连锁企业,而普遍规模不大、难以提供担保的特许企业很难得到银行的支持。

4.特许经营市场有待规范。我国的特许企业有相当部分没有标准的营运手册,有营运手册的大多也是纸上谈兵,可操作性并不高,在贯彻协调网络一致性方面更易出现偏差,从而抵消了特许经营的效果。有部分企业将特许经营看作是能迅速发财致富的灵丹妙药,利用特许经营兴起的机会,大做广告进行炒作,从中骗取加盟费。

5.企业、产品品牌知名度不足。国内已有了不少知名的品牌,但在国际上知名的品牌不多。我国企业对如何进行品牌经营及如何提高品牌的影响力经验不足。

6.特许经营国际化对我国的影响。在我国连锁经营刚刚成长的时候,国际上的大型企业纷纷进入中国,利用合资、合作、输出管理等各种形式占领我国市场,构成了我国连锁经营的竞争压力。如世界餐饮巨头麦当劳、肯德基、必胜客等纷纷进入,美国的沃尔玛,法国的家乐福、巴黎春天,日本的佳世客、大荣、西武,荷兰的万客隆,德国的麦德龙等,都正在向中国市场渗透。我国加入WTO,这种连锁业竞争的国际化态势将日趋明朗。

7. 特许企业技术标准化程度不高。只有把企业的专有技术标准化,转化为一种能够规模化推广并能实施于阶段操作和控制的标准技术,才能扩大企业经营规模,并保持消费者在任何一个连锁网点均能享受到相同的产品和服务。技术的标准化对我国历史悠久的百年老店和特色商店尤为紧迫,因为这正是这些企业跨出国门、走向世界的障碍。我国连锁企业规范化程度普遍不高,人为因素导致各连锁网点所提供的产品与服务差异很大。因此,如何把我们祖先长期积累所形成的专有技术标准化方面,企业应进行大的投入和研究。

8. 很多企业急功近利且不注重品牌的塑造。很多本土特许经营企业在急功近利心理支配下,不注重品牌的塑造,只是以多收取加盟费为目的,注重发展速度,一些企业连锁直营店都还不成熟,有的甚至没有直营店就开始发展特许经营。在推广招商这一环节,如同"八仙过海,各显神通",有的能用一年的时间发展上千家加盟店,结果看起来店数很多,规模很大,但是整个特许经营的盈利能力非常一般,甚至出现亏损、倒闭。还有很多特许经营企业只是统一了店名、服装、标志等外在形象,但是在特许经营体系建设的核心(比如研发、营销等方面)仍然是粗放式经营管理,从而导致特许经营品牌形象受损,整个特许经营体系竞争能力差。

9. 特许经营欺诈问题严重。特许经营欺诈是指特许人故意告知受许人虚假情况,或者故意隐瞒真实情况,诱使受许人签订特许经营合同的行为。中国特许经营的数量已在世界上名列前茅,但是中国特许经营的投资成功率并没有同步发展,投资失败率较高是业界公认的事实。其中,除了加盟商自身原因外,特许人方面成为关注焦点。

三、特许经营的发展趋势

特许经营在全球获得一致的欢迎,主要原因在于特许经营既可以作为一种企业经营管理的模式,有利于企业的迅速发展、成长和扩张,也可以作为一种创业的模式。这对于那些资金有限、缺乏经验但又确实想投资创业的人而言,无疑具有极强的吸引力。但是,特许经营的发展并不是一帆风顺的,在20世纪60

~70年代,由于特许经营法规的不健全,在世界各国,尤其美国,特许经营的双赢神话导致了许多投机行为,给特许经营的发展带来了不利影响。直到70年代末,美国出台了特许经营的法律法规,逐步约束特许经营领域的投机不法行为,才促进特许经营走上健康发展的道路。综观特许经营的发展历史以及社会经济未来的发展走向,我们可以预测特许经营的未来发展趋势。

(一)特许经营国际化趋势将不断加强

早在20世纪80年代,特许经营的跨国经营已经开始,随着国际经济一体化的增强,区域经济联盟的建立,为特许经营的国际化经营提供了良好的契机和条件。目前,全世界最大的10家特许经营公司和西方著名的大型食品店都在世界各地拥有众多的加盟店,形成了巨大的跨国加盟系统。随着许多国内特许人进入到国外市场,特许经营已日益成为国际性的活动。在全球经济趋向一体化的背景下,特许经营的国际化趋势无疑将被进一步加强。特许经营的国际化趋势为特许经营的发展带来更为广阔的领域,但同时也增强了竞争的激烈程度,特别对于我国,机遇与危机并存。

(二)现代信息技术及高科技成果将在特许经营体系内被更广泛地应用

特许经营系统是一个庞大的网络,如何提高网络的运作效率,实现规模效益,没有现代信息技术的支撑是不行的。世界上成功的特许经营公司(如沃尔玛、肯德基、麦当劳等)都拥有一套先进的信息系统,运用高新电子信息技术,实现快速响应快速配送,实现了实时动态地控制、分析、响应网络信息的功能。高科技是特许经营的推动力,与其他商业经营方式相比,特许经营对技术进步的需求更为迫切。实现特许经营的几个统一,就要求对加盟店内外的大量市场需求信息、商品与生产厂家信息、商品进销存信息进行及时的采集、处理与分析。商品的大规模流转要求更高的通信与运输效率,加上经济高速发展带来的劳动力成本升高和技术成本降低,使得特许经营业中广泛采用了高科技成果,对高科技的运用今后无疑将更加广泛。

(三)特许经营行业领域将日趋广泛,特许范围将不断拓宽

近10年来,特许经营从原先主要集中于零售业和饮食业转而向新型行业进军,其范围进一步渗透到各种服务业,包括旅游业、商业服务业、家具维修、室

内装修、教育培训等,由此可以看出服务业特许经营的崛起。尤其是商业服务业,如会计、税务、保险、招牌制作、职业培训及中介、宴会接待、公司清洁维护、防火防盗、财产保险、广告宣传、企业财务顾问等,成了近几年特许经营的主要新兴行业。有一个比较形象的说法是:"连锁经营无禁区",这充分反映了连锁业尤其是特许经营在各个行业发展的广泛性,几乎是包罗万象,特许经营在各个行业中正显示出越来越成熟和强大的生命力。

(四)特许经营的"统一"将更多地与多样化、本土化结合起来,呈现不一样的"统一"

虽然"统一"一直是特许经营优势的最根本来源之一,但全世界消费者消费个性化、地区差异化的现象却是一个不容回避的事实,而特许经营作为一种需要面对不同消费者的商业运营形式,必然要越来越多地考虑不同地区的特许经营网点所处的彼此可能相差很大的外部环境,因此,为了进一步扩张企业特许网络、更好地为每个不同单店商圈内的消费者提供符合他们特色需求的产品和服务,改变特许经营固执而呆板的"统一"将成为未来发展的必然趋势之一。比如肯德基在中国内地市场的本土化策略就使其取得了商业上的巨大成功,肯德基的本土化策略主要表现在原料来源、产品口味、店堂装饰、雇员等方面,尤其是在产品口味上不断推新,且不断开发出适合中国消费者口味的产品,使其获得了更多消费者的青睐,也进一步扩大了其消费人群。

(五)特许经营与相关行业的结合将日益紧密

因为特许经营是一个大范围的复制式的网络铺设工程,它的建立与发展需要许多相关行业的配套跟进,比如装潢、物流、通信、顾问咨询等。随着现在特许经营网络规模的扩大以及国际化的日益盛行,随着世界范围内的战略联盟模式的推广,为了确保庞大体系的正常运作,为了保持特许经营的统一经营模式,为了能以更低的成本获得更优质的服务,为了使特许经营体系的授权与营建步骤紧密衔接,特许人开始有意识地与相关的行业企业建立日益紧密的战略联盟关系。事实上,已经有许多的特许人与装饰装潢公司、信息通信公司、软件公司、特定设备公司、原材料供应商、企业管理顾问咨询公司等建立了长期的合作关系,这种趋势无疑将会进一步发展下去。

(六)特许企业的联合兼并将日益加剧

在世界范围内,特许企业的联合兼并活动前所未有地活跃起来,激烈的竞争是诱发并购的主要动因。企业期望通过兼并获得更大的市场份额,更大限度地节约采购、物流和管理成本,更有效的配置资源,从而使体系的运转更有效率,对加盟者的支持更有力度。兼并扩大了企业规模,增强了兼并方作为一个世界性大公司的实力,同时为兼并双方的发展创造了机会。另外,技术的进步也使超大型企业的高效管理成为可能。

(七)为特许经营加盟双方提供联姻性质服务的中介性机构将日益增多

随着特许经营的进一步发展,市场化的中介机构将进一步增多,它的出现也将使得特许经营行为更有效率、更加公平。在未来,将有更多的特许经营顾问咨询公司、投资性机构、中介组织、信息服务组织等在特许经营事业发展中占据越来越关键的位置。

(八)越来越受到资本市场的关注

由于特许经营的各类优势以及众多特许经营企业成功的例子,使得特许经营逐渐成为资本市场最受关注的对象之一。

中国特许经营的发展趋势将符合整体大局,但会呈现出自己的特点:特许经营市场将经历行业洗牌过程,根基不牢的特许经营企业将被逐步淘汰;未来特许经营市场将逐步向二三线城市、城乡接合部和农村渗透;未来具有中国特色的特许经营品牌将会逐渐增多,其中一些中国传统老字号具有比较优势;中国特许经营市场的投资并购频率会明显加快,百强企业的集中度将会进一步提升。

第三节　特许经营法律法规

一、国外特许经营法律法规概览

(一)国外特许经营法律法规建设情况

总体来看,国外在特许经营的法律法规建设方面,有如下几种不同情况。

1.具有全国性的或统一的特许经营专门性法律法规。全世界的第一部特许经营方面的专门性法律产生于美国加利福尼亚州,时间是1971年,名称是《特许经营投资法(Franchise Investment Act)》。目前,就全世界而言,美国在特许经营法律法规的制定与颁布方面是最早、也是最为全面的。

目前,欧盟的特许经营立法工作主管机构是欧盟委员会竞争总司,特许经营的立法属于欧盟竞争法中所谓的"纵向协议(Vertical Agreement)"立法部分。

巴西于1994年12月15日就颁布了第8955号法令对特许经营立法。

澳大利亚于1998年起实施强制性的《特许经营行为守则》。

意大利政府于2004年5月6日通过了第129号法——《规范特许经营法》,该法于2004年5月24日起正式生效。

韩国制定有专门的《特许经营公平交易法》。

墨西哥也拥有自己的一部专门的"特许经营法"。

2.有特许经营的专门性法律法规,但不是全国性的,而是地区性的。比如加拿大虽然没有制定针对特许经营的全国性法律法规,但阿尔伯塔省和安大略省制定有具体的特许经营法。其中,阿尔伯塔特许经营法(Alberta Franchises Act)于1995年11月1日起开始实施,安大略省的特许经营法于2001年1月31日起开始实施。

3.没有专门的特许经营法律法规。也有许多国家没有制定专门的特许经营法,特许经营市场主要依据"相关"的法律法规来管理和规范,比如德国、丹麦、西班牙等国。但是我们应该看到,目前世界上正在有越来越多的国家在制定专门的特许经营法律法规,这是一股不可逆转的主流。比如随着特许经营市场的发展,印度开始制订特许经营的相关法律法规。近几年,中东欧国家如拉脱维亚等国也纷纷就特许经营进行立法。我国政府也在抓紧制定特许经营的专门性法律。

(二)典型国家的特许经营法律法规概况

下面我们将对一些典型国家的特许经营的法律法规进行简要的介绍。

1.美国有关特许经营的法规。美国是世界上特许经营立法最完备的国家,美国特许经营之所以能获得迅猛的发展,首先得益于美国工业化、科技进步及商品化程度的提高,加之高度发达的交通、通信业发展;其次是因为特许经营方式适应了消费者重视商品和服务质量、强调便利的需要;再次是美国在特许经营方面的立法所提供的制度保障。美国特许经营的法规大致可以分为以下四类：一是联邦政府的专项法规；二是州政府的专项法规；三是行业规范，如美国国际特许经营协会的规范，只对其会员具有约束力；此外，还有普遍适用的经济法规，如《公司法》《反垄断法》《注册法》等，既适用于独立的商业公司，也适用于各种形式的特许经营。

1978年美国联邦贸易委员会通过了《关于特许经营与商业投资中有关行为的禁止与公开说明的规定》，它是联邦政府有关特许经营最重要的专项法规。美国的联邦贸易委员会在2007年对该特许经营的规定进行了修正，目的在于协调联邦法律与各州有关特许经营信息披露的规定。该法规确立了特许经营的信息披露制度，旨在规范特许人的经营行为，以保护被特许人的权益。其核心内容是要求特许人在特许权转让10个工作日之前或签约之前，向被特许人提供转让统一通知，依照统一格式披露与特许经营权转让有关的23项内容，通过这些公开文件，有意加盟者可清楚地了解特许者的经营状况和可能提供的资源和帮助，同时也可明确自己加盟后的权利与义务。联邦贸易委员会并不审查转让者提供的资料，但是被转让者一旦发现所拿到的资料并不确实，或是违反规则，都可以向这个委员会的专卖权及商业机会发展部举报。如果证实转让者提供的资料中，有任何一项违反规定，则最高可处1万美元的罚款。如果投资者是在签约或营业开始后才提出诉讼，特许经营公司除了缴纳罚款外，还必须赔偿投资者因为特许经营公司的不法行为所导致的任何损失，情节比较严重的还要进行刑事处罚。

1971年，加利福尼亚州首先制定了《特许经营投资法》。1975年，美国中西部和北部地区又联合制定了《特许连锁加盟统一须知》。许多州的专项法规比联邦法规规定更全面、更具体，涉及特许权的注册、转让、延续、结束及广告审查等多项内容。如加利福尼亚州的专项法规规定特许经营公司必须做商业注册，并向投资者提供完整的公开声明，并规定特许经营合同必须以正当的理由在180天以前通知投资者终止合约的意愿。另外，特许经营公司所有的广告、传单必须在刊登前3天送交州政府商业部审核。

20世纪90年代，美国出现了这样一种现象，即某些受许人对于特许经营合同中的"不公平与不合理"条款表示反对，而这些合同大多都是在20世纪80年代签订的，于是受许人开始成立维护自己权益的组织，以前主要由特许人组成的国际特许经营协会(IFA)里也吸纳了25 000名受许人新成员。由此，美国开始了新一轮的以保护受许人为目的的特许经营专门立法。艾奥瓦州是第一个立法保护受许人的州，其立法于1992年7月1日生效。现在美国共有19个州正在考虑与特许经营相关的议案,范围从对当前法律的技术性改变到模仿艾奥瓦州出台的综合性解决措施。在艾奥瓦州的议案变为法律后不久,又出现了两个联邦议案:一个议案试图通过创造特许人—受许人关系的联邦标准以及加强关于公开性的联邦指导的方式来阻止特许经营的泛滥。这个议案进行了一些修订,比如禁止无故终止受许人特许经营资格,允许受许人自己选择设备购买来源以及赋予受许人在他们自己的州进行诉讼的权利。第二个议案则试图扩大特许人的公开性,包括关于特许经营的失败、周转、诉讼、合同义务以及特许人与受许人之间潜在竞争的信息等。从美国特许经营立法的进程来看,有日趋完善和全面的趋势,并已逐步将重点转向对受许人权益的保护。

2. 欧盟特许经营的相关法规。1988年以前,整个欧洲没有对特许经营进行特别立法,关于特许人与受许人之间的纠纷,多由各国特许经营协会的商业自律规则以及欧洲特许经营联合会(EFF)制定的行为规则进行规范和调整。但是这些商业自律规则的效力低于法律,不能适应特许经营在欧洲蓬勃发展的趋势。在欧洲,与特许经营关系最密切的法律是欧盟4087/88号规则,该项规则是在欧洲法院对蒲罗案件(Pronuptia案)的判决结果基础上颁布的。1983年,巴黎蒲罗公司在德国的子公司向德国地方法院起诉受许人斯基尔盖莱斯夫人,要求该受许人交付拖欠两年的权利使用费。一审原告胜诉,被告上诉到柏林上诉法院,该法院认为特许经营合同属于《罗马条约》第85条所禁止的反竞争协议(《罗马条约》第85条禁止一切企业或企业集团的影响成员国贸易、企图或实际上妨碍、限制或损害共同体内部竞争的协议、决定或协同一致的行为),因而判决该特许经营合同无效,并且认为特许经营合同大多是反竞争的。原告后来又上诉到德国最高法院,德国上诉法院将该案提交欧洲法院。欧洲法院于1986年1月28日判决原告蒲罗公司胜诉。此项判决支持了特许人的主张,确认了特许经营合同不违反自由竞争的原则,并且规定了特许经营的合法性条件,初步确立了特许经营在欧洲合法存在的法律基础,对欧洲特许经营的发展具有重大意义。欧洲法院认为特许经营合同的基本特性并不与《罗马条约》第85条第1项相抵触,因为其具有纯粹的促进竞争的效果;特许人不必担心《罗马条约》第85条的适用,特许人有权保护其专有技术和向受许人提供的信息,有权采取措施保持其商号和标识的同一性,有权要求受许人使用特许人的经营方式和专有技术,但只能依据相应的合同行事。

欧洲法院的这一判决确立了特许经营合同的两个合法性原则:其一,保护特许人技术秘密的原则;其二,维护特许经营网络的同一性及声誉原则。每一原则又都包括一系列的限制性约定。欧洲法院在这一判决的基础上,依据《罗马条约》第85条第3款的规定,于1988年11月30日制订了《关于对特许经营典型协议适用条约第85条第3款的4087/88号法规》,法规明确规定了特许经营的条件、特许经营协议、技术秘密、类别豁免的限制性条款、不能获得类别豁免的具有反竞争法性质的限制行为、欧盟委员会撤销豁免的情形等关于特许经营的一系列问题。欧盟关于特许经营的专门立法基本限于竞争法范畴,将特许经营限制竞争行为作为主要规制对象,并未涉及有关信息披露、合同关系的转让变更终止等问题,相较于美国立法显得不够完善。

3. 俄罗斯有关特许经营的法规。1996年1月26日颁布的《俄罗斯联邦民法典》(第二部分)第四编"债的种类"第五十四章"商业特许"第1027条对特许经营的定义为:"依照商业特许合同,一方(权利人)应向他方(使用人)提供在使用人的经营活动中定期或不定期地使用属于权利人的专有权综合体的权利,包括权利人的商业名称和(或)商业标识权、受保护的商业信息权以及合同规定的专有权其他客体——商标、服务商标权等,并收取使用费。"这个定义表述严谨,但未涉及受许人必须依据统一的经营模式从事经营以及必须进行实质性的投资。

该法第1028条对特许合同的登记做了规定:国内商业特许合同的登记机关为合同权利人,即特许人的法人或者个体经营者进行登记的机关,而当特许人为外国法人或者个体经营者时,特许合同则由受许人的登记机关进行登记,合同未经登记则不得对抗第三人;"使用以专利法所保护客体的商业特许合同,还应该经俄联邦专利和商标部门的权力执行机关登记",否则合同自始无效。俄罗斯联邦民法典规定的特许合同登记制度在一定程度上规范了特许经营行为,并保障了不特定的第三人以及受许人的合法权益。

4. 日本有关特许经营的法规。日本没有关于特许经营的专门立法,有关特许经营的规定主要体现在《中小零售业振兴法》及其实施规则、公平交易委员会制定的《禁止垄断法在加盟连锁事业方面的规定》这些法规中。此外,日本特许经营协会颁布了《自主准则》,对需要披露的信息和特许经营合同的要点做了规定,《自主准则》仅对会员企业具有约束力。

日本《中小零售业振兴法》中涉及特许经营的条款仅仅是对特许经营的定义、特许人须披露信息的指导性规定,并没有对特许人所应具备的条件做硬性规定,任何企业都可以从事特许经营。但是特许人在和欲加盟该特许体系的商家签订合同时,应该以书面形式向加盟者提交下列资料:①加盟时收取的加盟金、保证金及其他相关金额;②在商品销售方面对加盟者的要求、条件;③有关经营指导方针;④准许使用的商标、商号等商品表示形式;⑤合同期限及合同的更新、解除。

《中小零售业振兴法》的实施规则对信息披露的内容做了进一步的规定,包括:

(1)特许人的名称、地址、日常员工人数及法人代表的姓名。

(2)特许人的注册资本及主要股东。

(3)特许人3个事业年度内的借贷清单、收益报表。

(4)特许人开始经营业务的时间。

(5)最近3个事业年度内加盟店数量的发展情况。

(6)最近5个事业年度内涉及特许经营合同的诉讼案件的数量。

(7)加盟店的商店的营业时间、营业日、定期和不定期的休息日。

(8)有关特许经营区域专营权的问题。

(9)有关禁止同业竞争和保密义务的问题。

(10)加盟者定期交纳营业额的全部或者部分金额的时间及缴纳方式等。

日本的公平交易委员会公布的《禁止垄断法在加盟连锁事业方面的规定》明确规定:特许人"欺骗客户"(如以虚假或夸大的宣传吸引竞争对手的加盟者)、"滥用优势地位"(如使加盟者利益受到损失)是不公正的交易行为。

日本特许经营协会制定的《自主准则》中,对信息披露做了更为细致的规定,如特许人要披露公司名称、公司地址、注册资金、成立情况、经营内容、所涉足的其他事业领域、主要股东、主要交易银行、员工人数、分公司的名称及所从事的事业种类、所属团体、发展情况等。

二、中国特许经营法律法规概览

中国的特许经营法规有两大类,一方面是一些普遍适用的经济法规,如《外商投资商业领域管理办法》《外商投资产业指导目录》《合同法》《公司法》《劳动法》《反不正当竞争法》以及各个知识产权法等。另一方面是专门法规,具体包括:商务部2004年颁布并于2005年2月1日生效的《商业特许经营管理办法》、2007年5月1日实施的《商业特许经营备案管理办法》和《商业特许经营信息披露管理办法》,以及国务院颁布并于2007年5月1日实施的《商业特许经营管理条例》。中国有关特许经营专门法规的制定参照了国际常规特许经营立法及管理的内容,中国特许经营步入更为规范的时代。法规对特许人从事特许经营活动应当具备的条件、特许人备案制度、特许经营合同的订立、特许人信息披露制度、特许人和被特许人的行为规范以及法律责任等内容做出了明确规定。表8-4列举了近几年我国有关特许经营的法律法规。

表8-4 我国政府及相关部门颁布的和特许经营有关的法律法规

法律法规名称	颁布单位	颁布时间
《关于规范加油站特许经营的若干意见》	国家经济贸易委员会	2002年8月26日
《全国连锁经营"十五"发展规划》	国家经贸委办公厅	2002年10月10日
《文化部关于加强互联网上网服务营业场所连锁经营管理的通知》	文化部	2003年4月22日
《国家税务总局关于开展对外国企业取得利息、特许权使用费等征收企业所得税和营业税专项检查通知》	国家税务总局	2003年5月19日
《商业特许经营管理办法》	商务部	2004年12月31日
《关于开展打击商业欺诈专项行动的通知》	国务院办公厅	2005年3月30日
《关于促进流通业发展的若干意见》	国务院	2005年6月9日
《商业特许经营管理条例》	国务院	2007年2月6日

从我国特许经营的发展现状及未来趋势看,现有的法律环境远远不能满足特许经营快速发展的需求。总的说来,我国目前对于特许经营缺乏全面有效的法律规制,主要呈现出以下特点:起步晚、步子慢,相关法律法规逐渐从多以"连锁"为名的状态,转向明确地提出"特许经营";对于连锁的管理正逐步从强调个别职能,转向全盘化的管理等。

我国现有的特许经营专门规章着重调整特许经营合同和特许经营的具体经营,对有关知识产权、合同履行等问题只做了笼统的、参照相关法律的规定,缺乏可操作性,使得实践中出现的诸多问题得不到及时有效的解决。特许经营相关立法的滞后,已经影响到我国特许经营的健康快速发展,因此,构建一个既适合我国国情又符合国际惯例的特许经营法律体系已成为当务之急。

将特许经营立法问题提上政府工作日程,既是经济全球化的外在要求,也是我国发展社会主义市场经济的内在需要。笔者认为,我国特许经营法律体系的构建,应当借鉴美国以保护受许人为宗旨的专门立法模式,还可以借鉴俄罗斯民法典、商法典对特许经营合同的较为完备的规定,以及美国等国家对特许经营的自律性管理机制。在各项具体制度拟订方面,更有众多可借鉴的方面,结合我国现状可以从以下几个方面着手:从立法上对特许经营性质、主体范围、管理机构等基本问题加以确认;完善特许经营信息披露制度;将特许经营合同作为典型合同加以规范;规范特许经营的限制竞争行为;建立特许经营自律性组织,作为规范特许经营的辅助手段。

第四节 特许经营合同

一、特许经营合同的概念

所谓特许经营合同(franchise contract),是指特许人许可受许人在一定区域和一定期限内,将特许人所拥有的商标(包括服务商标)、商号、服务标记、专利、技术秘密、经营模式等一系列无形财产权及专有权利,使用于受许人自己进行了实质性投资的企业,受许人因此而向特许人支付使用费的协议。

从宏观上看,特许经营合同属于一种关系契约,与传统上的合同存有一定的区别:传统合同通常是基于个别性交易而发生,而特许经营合同属于麦克尼尔所提出的"关系契约"的范畴。根据麦克尼尔的分析,包括特许经营合同在内的关系契约具有如下特点:关系契约虽也是为了满足一定类型交易的经济合理性(完全可以从效益上加以说明),但关系契约的价值判断还有超出单纯的经济合理性的深层内容(强调相互性和团结,反对彻底的利己主义行为的合理性假设)。换言之,在关系契约中,在整体经济合理性得到实现的状态下,其中各项具体的交易并不一定都是成本最低的合理行为。此外,对于未来交换的物的计划必然是不全面的,即使是合同参与人共同协商一致的计划也经常随情况的变化而变化。麦克尼尔的分析带来的启示是:首先,在特许经营合同中,双方当事人虽为各自独立的民事主体,但基于这一合同而结成了一个持续性的利益共同体,在这个共同体中,关系的维持规范及其程序的公正性固然十分重要,但诚信和所建立的信任,无论在重要性还是在合乎需要性方面都显得尤为重要。因此,在这一合同关系中,基于诚信原则而发生的合同义务较一般的合同应更为严格。其次,特许经营合同的内容通常更需要弹性,合同的内容在事实上也可能会被不断地调整,因此,合同只是发生特许经营的前提,但通常不是规范特许经营中当事人之间权利义务的唯一根据。对于特许经营合同的解释和处理,应当更为细致地考察当事人之间的实际关系,而不能拘泥于当事人之间一开始时的合同安排。

从微观上看,这一合同主要具有以下几方面的法律特性:

(1)双方当事人法律主体独立。特许人与受许人之间不是雇佣关系,也不是母公司与子公司或分支机构之间的关系,它们是独立经营、自负盈亏的独立市场主体。

(2)特许权的授予是核心。特许权是一组复合的知识产权使用许可权,其主要包括商标、服务标志、商号、专利、商业秘密、经营诀窍等知识产权使用许可。

(3)受许人与特许人对外具有共同的外部特征。受许人与特许人在品牌、质量、商标以及经营理念上实现高度统一性,在组织制度即经营模式上整齐划一。

(4)受许人的经营活动往往要受到特许人的直接支配,尤其表现在市场计划、经营体系、店址选择、折扣计划、经营范围、营业时间等方面。

从上述特许经营的法律特性来看,特许经营当事人之间既有控制与被控制的一面,又有相互独立的一面,前者有可能引起反垄断问题,后者有可能引起对外责任分担的纠纷。

二、特许经营合同的主要内容、条款

以特许经营单店合同为例,目前,国内特许经营单店合同大致可以分为四个部分的内容,包括合同引言、合同中关键用语释义、合同主体部分以及合同的附件部分。

根据我国《商业特许经营管理条例》的规定,特许经营合同主体部分具体条款及内容如下:

(1)当事人的名称、住所。

(2)授权许可使用特许经营权的内容、期限、地点及是否具有独占性。

(3)特许经营费的种类、金额、支付方式以及保证金的收取和返还方式。

(4)保密条款。

(5)特许经营的产品或服务质量控制及责任。

(6)培训和指导。

(7)商号的使用。

(8)商标等知识产权的使用。

(9)消费者投诉。

(10)宣传与广告。

(11)合同的变更与解除。

(12)违约责任。

(13)争议解决条款。

(14)双方约定的其他条款。

三、特许经营合同双方当事人的权利和义务

(一)特许人的基本权利和义务

1.特许人的基本权利条款主要说明特许人拥有的对于受许人的监督和收取相应特许经营费用等的权利,具体包括:

(1)为确保特许加盟经营体系的统一性和产品、服务质量的一致性,按照合同约定对被特许人的经营活动进行监督。

(2)对违反特许加盟经营合同规定,侵犯特许人合法权益,破坏特许加盟经营体系的被特许人,按照合同约定终止其特许加盟经营资格。

(3)按照合同约定收取特许加盟经营费和保证金。

2.特许人的基本义务条款主要说明特许人在受许人开业前后所应尽的义务,比如培训、开店指导、商品配送、广告宣传等,具体如下:

(1)信息披露义务。由于特许经营合同主要涉及商业秘密及其他专有权利,因而在特许经营合同签订之前,特许人与意欲加入特许经营系统的准受许人之间天然地信息严重不对称。同时,特许人在选择受许人时,一般都会凭借其实力对与经营相关的受许人的具体情况进行详尽地调查。如了解受许人的财力、经验、信誉,受许人是自然人的还会了解其爱好、独立性、组织能力、健康和婚姻状况等,有时甚至要求受许人提供财产担保。因此,特许人进一步加大了其所具有的信息优势。为了平衡双方拥有的营业信息,保障潜在受许人得到有关特许人和特许权的充分信息,以便更为合理地做出是否加入特许经营网络的判断,增加交易的安全性,根据诚实信用原则,特许人有提供相关信息的义务,即对于潜在受许人是否缔结特许经营合同有着重要判断价值的信息,应予以详实地披露。特许人应该告知的信息包括初始信息和后续信息。初始信息是在特许经营合同签订前,特许人应该告知的、对准受许人是否加入特许经营网络有决定性影响的信息;后续信息则是在特许经营合同签订后,特许人定期向受许人提供的有关特许经营网络发生的事件、系统的发展以及系统改进等方面的信息。

(2)持续技术服务的义务。由于特许经营合同大都涉及专有技术及商业秘密,所以特许人在许可受许人使用特许经营权的同时,必须对受许人进行事先的培训,而且由于受许人初涉特许经营时缺乏经验,也需要特许人的技术指导。开业后,难免会遇到经营难题,这也需要特许人的指导。这种指导实际上就是提供服务。关于特许人的培训义务,俄罗斯联邦民法典第 1030 条就规定:"如果商业特许合同没有不同规定,权利人有义务向使用人提供经常的技术咨询协助,包括协助培训和提高工作人员的技能。"这些服务包括两种类型:一种是初始服务,另一种是后续服务。在初始服务中,特许人应对受许人进行基本技能培训,如经营管理和控制、业务程序、雇员选择等基本技能,还应帮助受许人选择营业地址、设计店内外装潢以及准备其他开业前的工作。在后续服务中,特许人应定期访问受许人以便发现并解决受许人经营中出现的问题。有时,特许人技术创新或受许人经营不善需要再培训的,受许人的雇员一般也需要特许人协助培训。因此,特许人对受许人持续的技术服务是特许经营正常运转不可或缺的。

(3)将特许加盟经营权授予被特许人使用,并提供代表该特许加盟经营体系的营业象征及经营手册。

(4)按照合同约定为被特许人提供货物供应。在销售产品的特许经营体系中,尤其是在销售只有特许人才能提供的包含专有技术或独具特色产品的特许经营体系中,特许人或其指定的供应商往往是被特许人进货的唯一渠道,特许人能否保证提供足够数量和质量的产品对被特许人能否正常经营至关重要。因此,特许人或指定供应商向被特许人及时提供充足的货物供应就成了特许人的重要义务。但在提供以服务为主要业务的特许经营体系中,产品供应一般就不是特许人的主要义务了,除非特许人对被特许人使用的某些物品,如设备、办公用品、招牌等,要求由特许人统一供货。此时,供应此类产品既是特许人的义务,也是特许人的权利了。在世界各国的特许经营法律当中,为了避免特许人利用强势地位强行向被特许人推销产品,损害被特许人的利益,一般会对产品供应做出一定的限制。比如规定,除专卖商品及为保证特许经营品质必须由特许人或特许人指定的供应商提供的货物外,特许人不得要求被特许人仅接受特许人的货物供应,但可以规定货物应当达到的质量标准,或提出若干供应商供被特许人选择。

(5)特许人对其指定供应商的产品质量应当承担保证责任。

(6)合同约定的促销及广告宣传义务。广告是企业经营中受到普遍重视和有效的促销形式,在企业的经营中发挥着不可替代的作用。特许经营中,广告的作用亦不例外。事实上,特许经营成功的关键是能够建立起被大众所熟知和认可的系统和商誉,在这一点上广告的作用不可低估。世界上许多著名的特许经营公司一般都首先通过广告的方式打入新的市场,这既是为了发展更多的受许人,同时又可以引起消费者广泛的关注。从特许经营的演化看,除非有特别约定,特许人都负有广告的义务。这主要是因为特许人收取的特许加盟费中一般包含有广告费。通常情况下,每个受许人都按营业额的一定比例交纳广告费。特许人经过策划后,采取联合行动,发布内容一致的广告。这种广告影响力颇大,对广告商也有一定的吸引力,而且还有利于降低广告成本,所分担的费用比单独做广告显然要低得多,各个受许人都能从中受益。另一个主要原因是广告所产生商誉的持久受益者是特许人。故中国澳门地区商法典第687条就规定:"特许经营人尤其有义务负责特许经营网在区域内及国际上广告。"

(二)被特许人的基本权利和义务

1. 被特许人的基本权利条款主要包括有权使用或经营特许人授予的特许权,获得特许人的支持、指导和帮助的权利等,具体如下。

(1)在合同约定范围内行使特许人所赋予的权利,即获得特许人授权使用的商标、商号和经营模式等经营资源,也就是商标、专有技术等一揽子无形财产权的使用权,与特许人的主要义务相对,这是被特许人的基本权利。

(2)获得特许人提供的培训和指导。这是被特许人开展营业活动的重要条件,要保证整个特许体系的服务质量和同一性,被特许人须接受特许人的培训以获取相关专业知识和提高经营管理水平。从这个意义上说,接受特许人的培训和指导,不仅是被特许人的权利,也是义务。

(3)按照合同约定的价格,及时获得由特许人提供或安排的货物供应。获得由特许人提供或安排的货物供应,是特许人为被特许人提供持续帮助和服务的重要义务之一,也是被特许人正常开展经营的重要前提。

(4)获得特许人统一开展的促销支持。被特许人作为特许经营系统的一员,获得特许人为整个系统统一开展的促销及广告宣传支持,是当然应有的权利。

(5)合同约定的其他权利。如对有利于特许经营体系发展的技术创新、操作规程改善的权利等。当然,革新的技术或规程的运用应得到特许人的同意。

2.被特许人的基本义务条款,具体如下:

(1)规范经营的义务。按照合同约定的条款和特许经营体系的要求开展经营活动,是被特许人的一项首要义务。此项义务包括被特许人全面遵守营业手册、管理系统等各方面的规定。在经营、管理上严格执行体系的各项要求和制度,以保证特许经营体系的高品质和高标准。

(2)付费义务。付费义务与特许人的收费权对应,是指被特许人按照合同约定,为获得特许经营权所支付的各种费用以及与特许经营相关的其他费用,一般包括加盟费、特许权使用费、保证金、广告费等。在法律上,获得任何一种利益都应有相应的对价,对价是利益合法性的基础,所以当特许人提供特许经营权时,被特许人就要相应承担付费的义务。

(3)接受指导和监督的义务。被特许人接受指导和监督的义务与特许人的监督权相对应,"所谓监督权,是指为确保特许经营体系的统一性和产品、服务质量的一致性,特许人按照合同约定对被特许人的经营活动进行监督检查的权利。有效的监督是促使被特许人全面遵守特许经营体系的制度、规范和要求,保持特许经营体系的统一性和一致性,贯彻被特许人的各项合同义务的重要保证。因此,监督权是特许人不可缺少的一项权利,同样,接受指导和监督也是被特许人不可缺少的义务,它是特许经营这种经营模式明显区别于其他经营模式的一个重要方面"。监督与被监督持续性地体现在特许关系存在的全过程中,深入到被特许人经营的各个层面,并通过各种手段和途径得以实现。监督的内容一般包含经营、管理两个大的方面。所谓经营,是指业务层面的内容,包括业务数据、财务数据等。所谓管理,是指被特许人运营的各个方面,如人力资源管理、店面运营管理、执行运营手册的情况等内容。监督的方法多种多样,可以通过现场查验、书面汇报、财务报表、审计等手段进行各种目的的监督。比如,对被特许人是否遵守特许人的要求进行店面装修、装饰,可以通过现场检验的方式进行检查;对被特许人是否理解、掌握了特许人的理念、培训等情况,可以通过书面形式进行检查;对被特许人的经营情况和财务状况可以通过财务报表和审计手段进行检查等。在习惯上,将对各种对象进行的各种监督统称为督导制度。在特许人的组织结构中,一般对应地设立督导员或督导小组,专门负责对被特许人的日常监督工作。

(4)保密与不竞争义务。特许人可以与被特许人签订保密协议,以保护特许经营体系的商业秘密、专有技术,同时特许人也可以通过特许经营合同规定被特许人的不竞争义务,防止被特许人在一定时间内、一定地域内与自己进行直接竞争,从而保护自己的商业秘密和知识产权。特许人在特许经营的主合同中也可以规定被特许人与其员工、董事签订保密协议、竞业禁止协议的义务,以在整个体系范围内全面保护特许人的知识产权。

(5)维护特许加盟经营体系的统一性义务。

(6)合同约定的其他义务。根据特许经营实践的不同需要,不同类型的特许经营合同中被特许人的义务会有所不同,以及特许人根据自己利益对被特许人设定的专门义务,比如:被特许人未经特许人事先书面同意不得对外提供担保、被特许人在经营合同期间的资本保持义务、加盟费在任何条件下不退还等。

案例分析

一、案例始末

2017年6月5日,上海某公司为甲方、张伟作为乙方签订了特许经营合同。合同约定:甲方将其所有的"金百味"商标、产品及相关的经营模式授予乙方使用。乙方取得"金百味"的经营权,须一次性向甲方缴纳加盟费34 920元。合同有效期为2017年6月5日至2020年6月4日,同日张伟交纳加盟费用34 920元。合同签订后,上海某公司即留下李姓职员负责指导店面装修、带店及传授技术方面的工作。张伟按上海某公司职员确定的装修方案,将原房屋中的装修拆除,重新进行装修装饰,前后一个月时间共花费80 000元,并在该职员指定下购买了53 100元的设备,还与当地电信公司签订了代销协议,花费3 900元办理了销售蛋糕所需的优先报号、品牌查询、信息发布等业务。张伟开业15天后,上海某公司将李姓职员调离延安,之后再未与张伟有过任何联系,未负责过张伟经营中的原材料采购、产品设计、开发和生产等问题,更未向张伟提供任何"金百味"更新产品。张伟多次与上海某公司联系无果,因不能生产产品、无营业收入,店铺于2018年2月关门。张伟营业期间,共支出水电费5 710元并每月支出人工工资4 000元、工商税务费用每月280元。

另查明,签约前,上海某公司没有向张伟披露"金百味"商标的真实情况及其实际经营状况,从未向张伟出示法国的授权和商标证书,只在签约后给张伟邮寄了一份"金百味"商标注册申请受理通知书复印件,上海某公司的王某在其上签署了"授予张伟在陕西省延安市'金百味'品牌使用权"字样,上海某公司加盖了公章。上述事实,有特许经营合同、商标注册证、收据、发票及双方当事人的陈述等在案佐证。

二、有关案件审理

法院认为，违反我国法律、行政法规的强制性规定，违反国家限制性经营规定而签订的合同，属于无效合同。本案中，被告上海某公司在"金百味"既非注册商标，也非国际品牌的情况下，将"金百味"作为国际品牌进行宣传，还将并不存在的"法国金百味（中国）加盟连锁总部"谎称为正式成立，均属故意陈述虚伪事实的行为。同时，根据《商业特许经营管理条例》的规定，特许人应当在订立特许经营合同之日前至少30日，以书面形式向被特许人提供真实、准确的有关特许经营的基本信息资料等。因此，在特许经营中，特许人违反信息披露义务，已构成欺诈。本案中，被告上海某公司没有将其不拥有注册商标、不符合特许人应当具备的条件、没有进行特许经营企业相关备案等基本情况向原告披露，违反了其信息披露义务，应认定被告上海某公司的行为已构成合同欺诈。且被告上海某公司在未获得以特许经营方式从事商业活动的情况下所签订的合同违反法律、行政法规的强制性规定，违反国家限制性经营规定。综合上述因素，本院认为涉案的特许经营合同属无效合同。合同被确认无效后，因该合同取得的财产应当予以返还，有过错的一方应当赔偿对方因此受到的损失。被告上海某公司为合同被确认无效的过错一方，应向原告返还加盟费并赔偿给原告造成的损失。原告租赁店面进行装修及购买的设备系特定为履行合同所投资，现根本无法获得丝毫经营利益，此费用应属原告直接损失，被告公司应予以赔偿。原告开业后支出的水电费、人工工资、工商税务费用及为打开销路向电信公司支出的费用亦属于合理开支，本院依法予以保护。依据《中华人民共和国合同法》第五十二条、第五十八条，《最高人民法院关于适用〈中华人民共和国合同法〉若干问题的解释（一）》第十条，及《商业特许经营管理条例》第三条、第七条、第八条、第二十一条、第二十二条、第二十三条之规定，判决如下：一、确认原告张伟与被告上海某公司于2017年6月5日签订的《金百味（中国）加盟管理总部合同书》无效；二、由被告上海某公司向原告张伟返还加盟费34 920元；三、由被告上海某公司赔偿原告张伟经济损失228 770元；四、驳回原告张伟其他诉讼请求。

思考练习题

思考题

1. 什么是特许经营？
2. 商业特许经营与行政性特许经营之间的区别？

3. 特许经营有哪些特点?

4. 特许经营合同双方的权利与义务有哪些?

5. 简要介绍特许经营发展概况及发展趋势。

6. 什么是特许经营合同,其主要内容条款有哪些?

练习题

一、单项选择题

1. 特许经营作为一种特殊经营方式最早起源于(　　)。

　　A. 欧洲　　　　　B. 日本　　　　　C. 美国　　　　　D. 东南亚

2. (　　)是指商标注册人许可他人使用其注册商标进行商业开发,双方签订商标使用许可合同,被授权使用他人商标的受许人必须交纳一定的使用费。

　　A. 商标特许　　　　　　　　　B. 商品销售特许

　　C. 商品生产特许　　　　　　　D. 经营模式特许

3. (　　)是特许经营运作的中心环节。

　　A. 特许人　　　　　　　　　　B. 受许人

　　C. 特许权　　　　　　　　　　D. 市场推广及广告基金

4. 我国《商业特许经营管理条例》中规定特许经营合同一般不少于(　　)年。

　　A. 1年　　　　　B. 2年　　　　　C. 3年　　　　　D. 4年

5. 全世界的第一部特许经营方面的专门性法律是(　　)。

　　A.《特许经营投资法(Franchise Investment Act)》

　　B.《规范特许经营法》

　　C.《特许经营公平交易法》

　　D.《特许经营行为守则》

二、填空题

1. 特许经营按照特许内容,可以分为_____、_____两种。

2. 根据加盟商的授权领域大小划分,商业模式特许经营可以分为_____、_____两种。

3. 中国的特许经营法规有两大类,一方面是_____,另一方面是_____。

4. _____是指特许人许可受许人在一定区域和一定期限内,将特许人所拥有的商标(包括服务商标)、商号、服务标记、专利、技术秘密、经营模式等一系列无形财产权及专有权利,使用于受许人自己进行了实质性投资的企业,受许人因此而向特许人支付使用费的协议。

5.国内特许经营单店合同大致可以分为四个部分的内容,包括_____、_____、_____、_____。

三、简答题

1.选取我国某一个成功的特许经营案例进行实地调查分析,分析其成功的原因。

2.对于如何规避特许经营中的欺诈现象进行讨论。

3.查找并比较不同国家在特许经营专门法律上的异同。

第九章　计算机软件使用许可

学习要点与要求

1. 掌握计算机软件的概念、计算机软件的分类
2. 熟悉计算机软件的版权保护、专利保护、商业秘密保护以及商标权保护
3. 了解其他与计算机软件贸易相关的概念及不同保护类型的利弊
4. 了解集成电路及布图的概念

引导案例

某公司于2014年1月开发了通用财务报表软件并于2014年12月升级为1.2版。2015年3月某公司作为甲方与乙方某研究所签订协议书，协议约定：合同标的为某财务报表系统软件，甲方负责技术维护、软件版本升级，确保软件的技术领先性；乙方负责软件的广告宣传、市场壁垒、售后服务，保证在2015年内销售单机版不少于50套、推广版不少于500套，如低于上述销售数量，按此结算，结算方法是双方按递增比例对利润进行分配；软件零售报价由乙方根据市场情况决定，2015年内乙方确定的零售报价为网络版11 800元、单机版5 800元、推广版980元、学习版98元，价格变动另行商定；付款方式从2015年5月起，每月支付5 000元，其余部分年终一次支付；销售方式为乙方负责提供成品盘，甲方负责加密，由甲方根据乙方要求交货；从协议签订之日起，上述财务软件版权归乙方所有，甲方只能以乙方特约经销商的身份从乙方提货，按乙方许可的价格经销上述软件，不得以任何其他方式销售、扩散上述财务软件；从2016年1月1日起甲方必须将该软件的部分源程序转移给乙方，由乙方进行版权登记，具体销售基数2015年底另行商定；甲方开发的后续产品如工资网络版、固定资产单机版、库存商品软件等，原则同上。合同签订后，某公司于2015年4

月将第一批软件2.0版的母盘提交给某研究所复制,再经某公司加密,某研究所4月中旬开始上市销售。根据销售中出现的问题和用户反馈的信息,某研究所向某公司提出市场要求,此后某公司在6、7、9月相继推出财务报表系统软件2.01、2.02、2.09版,11月升级为2.5版。与此同时,某公司又开发了与上述财务报表系统软件相适应的工资软件,某公司如约将上述软件将给某研究所复制销售。某公司因某研究所未能全额支付其应得的提成费诉至某区人民法院。

第一节 计算机软件概述

随着互联网时代的发展,计算机和各种掌上电脑早已成为人们日常生活不可分割的一部分。我们每天都在与计算机软件打交道,但您了解计算机软件的具体含义吗?计算机软件的发展历史如何,它又受哪些法律的保护?

一、计算机软件的概念、性质及其与文字作品的异同

(一)计算机软件定义

1978年,世界知识产权组织(WIPO)发表的《保护计算机软件示范法》给计算机软件做了如下定义:"计算机软件,包括程序、程序说明和程序使用指导三项内容。'程序'是指在与计算机可读介质合为一体后,能够使计算机具有信息处理能力,以标志一定功能、完成一定任务或产生一定结果的指令集合。"大多数国家和国际组织原则上采用了上述定义,并结合本国实际进行适当修改。

我国也延续了上述做法,在《计算机软件保护条例》中给计算机软件做了如下定义:

"计算机软件是指计算机程序及其文档。"

"计算机程序,是指为了得到某种结果而可以由计算机等具有信息处理能力的装置执行的代码化指令序列,或者可以被自动转换成代码化指令序列的符号化指令序列或者符号化语句序列。同一计算机程序的源程序和目标程序为同一作品。"

"文档,是指用来描述程序的内容、组成、设计、功能规格、开发情况、测试结果及使用方法的文字和图表等,如程序设计说明书、流程图、用户手册等。"

在法律上,计算机软件所指的就是计算机程序。因为,文档可以作为文字

作品受到著作权法保护。各国法律界对这一点已不存在争议,真正争议的是计算机程序的法律保护问题。

(二)计算机软件的性质

计算机软件是一种编辑的作品,其性质与文字作品或图形作品一样具有作品性。这一点在国际保护知识产权公约中均有反映,如《伯尔尼公约》《世界版权公约》以及 WTO《与贸易有关的知识产权协议》。特别是《与贸易有关的知识产权协议》第 10 条明确指出:"无论以源代码或目标代码表达的计算机程序,均应作为《伯尔尼公约》1971 年文本所指的文字作品给予保护。"

但是,计算机软件又不等同于一般文字作品,它具有很强的技术性、功能性和工具性,其核心是处理问题的设计原理、算法模型、处理过程和运行方式。从法律角度考察,计算机软件具有版权法和专利保护的双重性质,是介于两种法律保护客体之间的一种智力成果。从使用的目的上更侧重于技术成果。

(三)计算机软件与文字作品的异同

1.计算机软件与文字作品的相同点,归纳为下述几点:

(1)计算机程序和文档具有作品性。文档属于文字作品是显而易见的,文档的表现形式就是程序设计说明书、流程图、用户手册等文字作品,是用人类可读语言写成的;计算机程序是用数字或符号表现的,并且固定在纸带、磁带、磁盘或存储器中,是作品的另一种表现形式。正如《伯尔尼公约》第 2 条第 1 款规定,成果"不问其表现形式或表达方式如何"均予以保护。

(2)计算机软件与文字作品被侵犯的主要形式都是复制。复制是软件和文字作品被侵犯的主要形式,只是复制计算机软件更具有隐蔽性,因为计算机软件的使用离不开对计算机软件的复制。因此,正常使用计算机软件时,允许复制,留作备份,但超量复制属于侵权。

(3)计算机软件和文字作品都受版权法保护。各国保护版权的国内法比较完善,国际上也存在众多保护版权的国际公约,因此,目前各国都采用现有的版权法和国际公约保护计算机软件。国际上,曾有不少人呼吁制定专门保护计算机软件的国际公约,但考虑到立即组织制定新的保护计算机软件专门国际公约,不但颇费时日,而且会出现保护上的空白。因此,现在各国和国际组织都认为,采用版权法有利于计算机软件的及时保护。

2.计算机软件与文字作品的区别。计算机软件与文字作品具有相同点,但

其与文字作品又有区别,主要表现在以下几方面:

(1)编制计算机软件与创作一般文字作品的目的不同。编制计算机软件的主要目的,是使用软件功能,完成一定任务,取得一定结果,如控制计算机、控制工业生产过程、控制生产设备,完成某些特定工作。文字作品则是为了人们阅读欣赏,满足人们精神文化生活需要,或者传播知识,帮助人们提高认识世界的能力。

(2)要求法律保护的侧重点不同。著作权法一般保护作品的形式,不保护作品的内容,内容雷同,但只要是作者自己独立创作的,不是抄袭别人的作品,就不算侵权。而计算机软件要求保护的侧重点是开发软件的思想,开发软件的思想是软件的精华与核心,著作权法对此不予保护。其他保护计算机软件的法规和国际公约也不延及开发软件的思想,如我国的《计算机软件保护条例》第6条规定:"本条例对软件著作权的保护不延及开发软件所用的思想、处理过程、操作方法或数学概念等。"WTO《与贸易有关的知识产权协议》第9条第2款也规定:"版权保护应延及表达,而不延及思想、工艺、操作方法或数学概念之类。"这也就是软件著作权人不愿意提供程序的重要原因。

(3)计算机程序使用的语言与文字作品使用的语言不同。计算机程序使用的语言是符号化、代码化语言,其表现力、表现形式十分有限。而文字作品使用人类自然语言,表现力十分丰富,表现形式没有什么局限。

(4)计算机软件与文字作品的保护手续不同。著作权法保护文字作品采取"自动保护原则",即受法律保护不需要履行任何法律手续。根据著作权法,计算机软件虽也采用自动保护原则,但要求软件著作权人履行登记手续。虽然登记不是取得软件著作权的前提,但登记是软件著作权人依法提出软件侵权行政处理或法律诉讼、对抗侵权者的有力证据。另外,登记还有审查的意思,看软件是否具有原创性,不具有原创性的软件,知识产权主管部门将不予登记。因此,计算机软件登记对软件的法律保护具有重要意义。

(5)保护计算机软件的法律比较多,保护文字作品的法律比较少。保护计算机软件的法律,除著作权法外,还可以用其他法律,如专利法、商业秘密法。而保护文字作品的法律主要是著作权法。

二、计算机软件的产业发展

计算机软件是相对计算机硬件而言的,在计算机软件发展的初期,计算机软件通常与计算机硬件一起发售。随着科学技术的迅猛发展,计算机软件逐渐与计算机硬件分离,生产计算机硬件的企业与编制计算机软件的企业分离,从而出现了专门从事计算机软件编制和销售软件的公司。同时,随着专门从事计算机软件编制公司的日益增多和壮大,在一些国家形成了"计算机软件产业"。另外,在工业发达国家和一些智力资源比较丰富的国家还出现了软件市场,最早出现在美国、欧洲,后来出现在印度、中国等国家。

世界计算机软件产业发展大体分为四个阶段:

第一阶段(1949—1969),计算机软件随着计算机硬件的发展而发展。到1969年6月23日,美国IBM公司率先将计算机软件单独计价出售,使计算机软件成为一个独立的商品,从此开启了计算机软件产业的新纪元。

第二阶段(1970—1983),计算机软件走上了产业化、系统化的轨道。计算机软件设计、生产逐步与计算机硬件制造分开,陆续出现了计算机软件专业公司,如Microsoft、Novell、Lotus等,世界主要计算机软件公司都是在这一时期成立的。

第三阶段(1984—1995),计算机软件平台化、开放化阶段。1985年11月,美国微软公司推出具有图形界面的第一代"视窗"(Windows)操作系统,计算机软件形成平台,成为计算机软件开发的基础。1991年8月,欧洲电子研究中心量子物理实验室宣布万维网(World Wide Web)开发成功,为计算机网络化和普及化奠定了坚实的基础。

第四阶段(1996至今),计算机软件向集成化、网络化发展。特别是互联网(Internet)技术成熟和迅猛发展,将人类带入信息化时代。它不仅深刻影响人们的思维方式、生活方式和生产方式,而且也成为影响21世纪世界各国发展的主要因素。

三、计算机软件的分类

计算机软件按不同的标准可以分为不同的类型。按计算机软件的应用分类,可以分为系统软件、应用软件;按软件的法律形式分类,可以分为商业软件、共享软件和免费软件。

第二节 计算机软件的法律保护

软件产业于20世纪60年代初兴起,在过去数十年中取得了飞速发展。然而,随着计算机及网络的普及,社会对软件的需求日益强烈,随之而来的问题也逐渐暴露。大家不能不承认这样一种现实:长期以来,我国计算机软件的盗版现象十分严重。因此有人说,中国不是缺乏软件技术人才,而是缺乏保护软件知识产权法律环境在内的制度。

计算机软件受法律保护要符合两个条件:

第一,软件必须由开发者独立开发。独立开发,是指开发者依靠自身的智慧和能力,进行创造性的劳动进行开发。独立开发又称独创性或原创性(originality),即不是复制、抄袭、翻译他人已开发的软件。

第二,软件已固定在某种有形物上。计算机软件的核心思想是一种设计思想,其本身没有有形物质实体,只有将这种思想附着在某种有形载体上,才能使人们感知其存在,供人们在一定的条件下,反复地、稳定地加以利用。因此,软件固定在有形载体上(如纸带、磁带、磁盘上或只读存储器中),是其受法律保护的重要条件之一。

一、保护计算机软件的有关法律

计算机软件具有版权和专利权客体的双重性,但又不等同于其中任何一种,这就决定了计算机软件法律保护的特殊性。保护计算机软件的法律有很多主张,如用版权法(我国称著作权法)、专利法、商业秘密法、综合保护(以版权法为核心,专利法、商标法、合同法和反不正当竞争法共同组成的多层次保护),但目前法律保护主要有以下几种。

(一)版权法

20世纪70年代,菲律宾首先采用版权保护计算机软件。1980年,美国在修改版权法时,也将计算机软件纳入版权法的保护范围。不仅如此,美国为了保护自身利益,在国际上还竭力推行这种保护制度。

1.版权法保护计算机软件的优势。

(1)版权法有利于保护计算机软件出口国的利益。

(2)将计算机软件直接纳入现有国内法律保护体系,有利于节约立法成本。

(3)版权法保护条件较低,只要求原创性。

(4)软件作品一产生就自动受到保护,不需要审查程序。

目前,世界上大多数国家都采用版权法保护计算机软件。

2.版权法保护计算机软件的缺陷。

(1)版权法只保护作品的表达形式,不保护其思想。计算机软件是表达与思想高度统一的智力作品,最需要保护的是其思想。在这一点上版权法不给予保护,包括版权法下的专门法规,都不延及软件编辑的思想、编辑的过程和数学概念。

(2)计算机软件编制的主要目的是解决实际问题,完成一定的工作任务,创造经济价值,推动社会发展和技术进步。因此,计算机软件保护的核心应该是"功能性使用"。在这方面,著作权法的保护力度也比较欠缺。

(3)计算机软件带有明显的技术特征,具有专用性强、技术含量高的特点。版权法对其"专用性"的保护力不从心。

有鉴于此,在版权法下,不少国家制定了保护计算机软件的单项条例,针对计算机软件的特点给予更完善的保护。

(二)保护计算机软件的专门法规

国际上,日本、巴西、韩国等都曾考虑用特别法来保护计算机软件,法国采取版权法保护的特别形式。我国比较彻底,依照《著作权法》的规定,在1991年5月4日颁布了《计算机软件保护条例》,这标志着我国对计算机软件保护法律不断完善,也给世界各国树立了一个良好的榜样。

(三)计算机软件的专利法保护

1969年,美国关税与专利上诉法院推翻了美国专利商标局做出的三项驳回计算机程序专利申请的裁定,判决授予申请人专利权。20世纪80年代后期,大多数国家放松了计算机软件申请专利权的审查标准,同意采用专利法保护计算机软件,如美国专利和商标局曾于1980年10月就计算机软件保护问题颁布了可以取得计算机软件专利权或版权的规定。

根据规定,授予计算机软件专利权的标准是,仅仅是数学计算公式、计算方法及抽象的理论概念等计算机程序,不能申请专利权。而对采用计算机程序控制的装置;具有一定物理结构的,并可用于计算机操作的存储介质;能够说明在计算机中运行或者利用计算机实现一系列操作的计算机程序;与硬件设备结合在一起的软件等可以实际应用的计算机软件,可以申请专利保护。

1991年12月,在日本东京召开的第三次计算机软件法律保护国际会议上,用专利法保护计算机软件得到了大多数国家的响应。

计算机软件实施专利保护的优越性表现在:赋予专利所有人获得大量资金回报的可能性;提高研发效率,节省成本;专利保护期限较短,更适合软件发展要求。

计算机软件实施专利保护的弊端表现在:获得软件专利比较困难;专利审查的时间较长,而且费用比较高;件技术日新月异,这给专利局对专利"新颖性"的审查增加了难度。

(四)计算机软件的国际保护

在国际上,保护计算机软件的法律主要是《保护文学艺术作品伯尔尼公约》(简称《伯尔尼公约》)和 WTO《与贸易有关的知识产权协议》。但人们还是希望有一个国际上统一的保护计算机软件公约。为此,世界知识产权组织(WIPO)1983 年提出了一份《计算机软件保护条约》草案,为缔结一项保护计算机软件的国际公约开辟了道路。该公约总原则是防止和制裁一切非法复制、使用或销售软件的行为。公约规定了若干条实质性条款,提出了参加该条约的成员国国内法律必须达到的最低要求。公约草案提出后,并未引起世界各国的广泛响应。尽管如此,该草案仍然对各国制定国内法具有一定启迪和借鉴作用。

二、对软件著作权的侵权行为和处理

(一)软件著作权的侵权行为

根据我国《计算机软件保护条例》第 23 条规定,软件开发者开发的软件,不论是否发表,依法享有著作权。在规定的保护期内,著作权人享有法律授予的人身权和财产权,除法律规定不视为侵权行为的情况外,任何不经著作权人的许可,故意或疏忽侵犯著作权人权利的行为均属侵权。

1. 直接侵权。

(1)未经软件著作权人同意发表其软件作品。

(2)将他人开发的软件当作自己的作品发表或者登记的。

(3)未经合作者许可,将与他人合作开发的软件当作自己单独完成的软件发表或者登记的。

(4)在他人软件上署名或者更改他人软件上署名的。

(5)未经软件著作权人许可,修改、翻译其软件的。

(6)其他侵犯软件著作权的行为。

2. 间接侵权。未经软件著作权人许可,下列行为也属于侵权行为:

(1)复制或者部分复制著作权人的软件的。

(2)向公众发行、出租、通过信息网络传播著作权人的软件的。

(3)故意避开或者破坏著作权人为保护其软件著作权而采取的技术措施的。

(4)故意删除或者改变软件权利管理电子信息的。

(5)转让或者许可他人行使著作权人的软件著作权的。

(二)对侵犯著作权行为的处理

处理侵权行为,主要依据《计算机软件保护条例》的规定。根据侵权的具体情节,采取不同的处理办法。

1. 对直接侵权行为的民事处理。

(1)侵权情节较轻的,著作权行政管理部门可以采取停止侵害、消除影响、赔礼道歉、赔偿损失等民事处理方式。

(2)侵权情节较重的,侵权行为同时损害社会公共利益的,由著作权行政管理部门责令停止侵权行为,没收非法所得,没收、销毁侵权复制品。可以并处罚款。

2. 对间接侵权行为的民事处理。在上述间接侵权行为第(1)项或者第(2)项行为的,处每件100元或者货值金额5倍以下的罚款。在上述第(3)项、第(4)项或者第(5)项行为的,处5万元以下罚款。

3. 刑事处理。对触犯刑律的,依照刑法关于侵犯著作权罪、销售侵权复制品罪的规定,依法追究刑事责任。

(1)以营利为目的,实施刑法第217条所列侵犯著作权行为之一的,违法所得数额在3万元以上的,属于"违法所得金额较大";非法经营数额5万元以上,复制数量1千张以上,属于"有其他严重情节",应当以侵犯著作权罪判处3年以下有期徒刑或者拘役,并处或者单处罚金。

(2)以营利为目的,实施刑法第217条所列侵犯著作权行为之一的,违法所得数额在15万元以上的,属于"违法所得金额巨大";非法经营数额25万元以上,复制数量5千张以上,属于"有其他特别严重情节",应当以侵犯著作权罪判处3年以上7年以下有期徒刑,并处罚金。

三、计算机软件保护遇到的问题及发展趋势

(一)软件专利垄断及对策

软件专利有可能成为维护软件垄断的新手段,其作用甚至会超过技术和产

品垄断,对于这种新的垄断威胁,我们决不能掉以轻心。

最近,美国 AMD 起诉英特尔,在世界 IT 领域掀起了又一轮反垄断浪潮。人们对几年前美国司法部状告微软垄断的情景记忆犹新。这些年来,在世界 IT 领域,反垄断的斗争从未停止过。在欧洲,欧盟一再状告微软,要求微软赔偿,并将播放器从视窗操作系统中剥离出去;近期,AMD 起诉英特尔,日本公平交易委员会也查处英特尔……相比之下,中国在反垄断方面却少有作为,是中国的 IT 领域不存在垄断吗?是中国的 IT 产业没有受到垄断的损害吗?都不是,中国的 IT 业同样深受垄断之害,尤其是在操作系统和处理器这两个方面。

在桌面操作系统领域,微软的视窗在中国的垄断程度比起世界上其他地方,可谓有过之而无不及。数十年前,微机用的是 DOS 操作系统,那时,DOS 只占一台微机成本的 1%,按照"摩尔定律",今天计算机的硬件性能已提升了上百倍,价格相对下降很大,操作系统性能的提高没硬件那么大,但今天一台普通计算机视窗操作系统占据的成本超过了 10%。视窗的垄断,使中国用户付出了高昂的代价。

在计算机处理器领域,英特尔处理器在中国市场上的份额高于世界平均份额,价格也偏高。从前,由于 AMD 的处理器较便宜,联想主板就大量采用了 AMD 处理器。但今天,中国市场上的计算机采用 AMD 处理器却很少。其实,AMD 处理器不仅价格低,还有 64 位的性能优势。中国处理器市场的这种不正常状况,是英特尔的垄断造成的,中国用户不应该付出这种高昂的代价。

除了存在技术和产品的垄断外,还存在着更严重的知识产权垄断。当前,我们特别要重视软件专利问题,因为软件专利完全有可能导致垄断,这种垄断将扼杀中国幼稚的软件产业。

专利和版权最大的不同是,专利可以保护一个创意、一个思想的本身,而版权只能保护对一个创意、一个思想的特定实现。在受保护的年限方面,版权比专利长。多数国家发明专利的保护年限是 20 年,而按《伯尔尼公约》,版权保护期限从出版之日起,不低于 50 年。

比方说,李白有一首诗《静夜思》:床前明月光,疑是地上霜……假如李白当年登记了版权,别人抄录出版就侵犯了版权。与李白同时代的杜甫有一首诗《月夜》:今夜鄜州月,闺中只独看……两首诗意同句不同,这不侵犯李白的版权。可是,假如李白申请的是专利,叫"观月思乡",那么,只要在专利保护的期限内,杜甫写的《月夜》就侵犯了李白的专利。因为,如果有专利,李白写了《静夜思》,此后 20 年不许任何人再写带有"观月思乡"思想的诗。

软件编程类似于文学艺术创作,直到1970年,软件还是完全靠版权和商标保护的。到了20世纪80年代末期,虽然有关知识产权保护没有什么变化,但受一些知识产权案例的影响,一些国家逐渐发生了演变,现在,软件同时受到版权和专利的保护。

过去,还在发展阶段的微软不希望有软件专利的束缚,所以对专利不感兴趣。例如,早在20世纪70年代,就有其他公司的"字处理软件"(Word Star)、"电子表软件"(VisiCalc),如果这些公司都获得了专利,在此后的20年里,微软都不能做同类产品,也就没有今天的微软了。

但现在的微软完全变了,数年前,比尔·盖茨提出新的目标,要求微软将每年申请的专利提高到3 000个。迄今为止,微软已获得了约4 000个专利,另有3 300多个专利正待批准。在这些专利中,甚至包括"在一个文档中加入和去除空白"这类很难被认为是"创新"的东西。

面对微软等软件巨头的"专利池"和无穷的财力,发展中国家中小软件企业和开源软件阵营的处境岌岌可危。他们既没有自己的"专利池"作为讨价还价的筹码,又没有财力对客户进行赔偿和担保,因此他们完全可能被"软件专利"所扼杀。显然,软件专利有可能成为维护软件垄断的新手段,其作用甚至会超过技术和产品的垄断,对于这种新的垄断威胁,我们决不能掉以轻心。

由于软件专利只对软件垄断者有利,而对其他竞争者不利,所以,作为软件垄断受害者的欧盟,也不愿全盘接受美国的软件专利制度。目前欧盟正围绕着软件专利进行激烈的辩论。中国作为一个发展中国家,更不能全盘照搬美国的软件专利制度,为了有利于摆脱垄断,有利于软件业的自主创新,中国对软件专利问题应及早制订对策,或是对软件只实行版权保护,或是对软件专利加以严格限制。未雨绸缪,此其时也!

(二)对计算机软件保护的立法对策

1. 计算机软件立法保护之利弊。我国目前《著作权法》和《计算机软件保护条例》对计算机软件的保护规定,兼顾了著作权法的原理和软件特点,结合我国软件产业的发展现状,吸收了各国立法的长处,具有较高的保护标准和一定的保护功能。但是,我国的计算机工业毕竟起步很晚,20世纪80年代才开始组建,我国的软件设计人员少,软件质量不尽如人意,缺乏开发复杂计算机程序的经验。而且,计算机软件是最富有生气、正在蓬勃发展的行业,它本身的性质相当复杂,兼有文字性和实用性等多重性能,使用单一的法律制度来保护计算机软件是不够的。同时,编制计算机程序的目的不是供人们阅读、欣赏,而是为机器编制的,只有计算机才能识别它。因此在法律上,不能将计算机程序视为一种作品而用版权加以保护,它是一种与"作品"完全不同的、独立存在的、具有多种社会作用的知识产品,用单一的版权法无法予以全面保护。更何况,用版权法来保护计算机程序,是工业发达国家为了垄断其优势地位而采取的法律措施,我们发展中国家仿效这种制度将不利于自身计算机技术的发展。即使在计算机软件业最发达的美国,也早已用判例法的形式判决某些软件享有专利权。自1987年以来,美国逐步调整了计算机程序的专利审查基准,大大放宽了有关的限制,认为程序本身不受专利法保护,但程序所提供的控制硬件运行的步骤作为方法,可以成为申请专利的对象。

1995年,美国专利与商标局制订出新的具体的计算机软件的专利审查标准:①被程序或其他形式软件所控制的计算机或其他可程序控制性装置视为一种可专利"机器";②在计算机上或计算机协助下实施一系列特殊的操作步骤视为一个可专利"过程";③当在计算机上运行时,能用来控制计算机以某种特殊方式动作的计算机可读内存,视为一种可专利"制品"。现在,每年有数千项有关计算机程序的设计技术或算法从美国专利与商标局获得专利权。据统计,1994年美国核准的软件专利为4 569件,1995年增加到6 142件,1996年则约有9 000件,1997年1月到7月已核准5 400件,全年估计为11 000件。根据此种成长速度,到本世纪初全球会有8万件软件专利。在这种趋势下,许多国外电脑业者已经开始重视软件专利的申请,例如IBM公司在1995年就获得503件软件专利,1996年也有307件。软件专利比较典型的代表有:Merrill Lynch的现金管理系统、IBM的基本输入输出系统(BIOS)、Apple的下拉式选单、AT&T的多窗口技术和线性规则逻辑设计、Technowledge的人工智能技术、Kodaira的虚拟存储器地址转换技术、Blaucato的不同发型和顾客脸型配合显示技术、Apple和Xerox的鼠标技术等。日本软件专利的申请累计数增加显著,1985年,软件专利的申请数5 000件左右,1990年已超过12 000件,其中一半以上是由富士通、日本电气、日立、三菱、东芝等六家大公司提出的,仅富士通一家在一年中提出的软件专利申请就达300件以上。被批准的专利数也迅速上升,有关软件专利权的纠纷也开始出现。这一发展趋势值得我国注意。

除了专利之外,一个容易识别的、具有标志性的软件名称,如果申请了商标,那就拥有了禁止其他软件开发者使用同一标志的权利,这对于鼓励软件开发者研制高水准软件、软件使用者清晰快速辨别自己所需的商品都是不无好处的。而软件的委托、合作开发或者软件的许可、买卖、转让或者软件开发企业与员工之间关于权利、义务、保密、责任的分担,都需要由合同法来调节。当软件行业有垄断趋势或者有一方泄露、偷窃了商业秘密或者开发商、使用者利用不正当手段的时候,被侵权方就可以拿起反不正当竞争法这一有力武器了。

因而,在现阶段,用多种法律、多层次立法交叉地保护计算机软件,不仅不会显得杂乱无章,使权利人无所适从,而且还会让权利人针对不同性质的计算机软件,有更多的选择来保护自己。

2.走工业版权法之路。从以上论述已可看出,大部分国家将计算机软件安放在版权法的保护之下。诚然,计算机软件与版权作品是最具有相似性的客体,用大部分国家早已加入的公约来保护它总比缔结一个全新的多边条约要方便、经济和可行一些。然而这种实惠的做法只不过是一种便捷恰当的尝试,是权宜之计。要想在现存的法律体系中找到一条适合我国实情的、利益兼顾的平衡道路,并非易事。鉴于计算机软件虽具有文学作品的性质,但更具有工业产品的性质,究其根源,计算机软件毕竟是产生于工业领域的产品,并且应用最多的也是工业领域。所以针对计算机软件的专门立法,可针对计算机软件的实质和特征,采用版权法和工业产权法以及其他法律的结合而做出规定。这种制订专门法的思想,可能不是最实际,但却是最完美的。相关立法在国外也有一定的实践,如英国的《工业版权法》,对类似于计算机软件的工业品外观设计予以特殊保护。

第三节 计算机软件贸易

一、计算机软件贸易的性质

现实生活中,软件贸易包含两项具体内容:提供软件使用权和提供软件技术服务,软件贸易是一种版权贸易。软件贸易还包括提供软件技术服务。这是因为软件不同于文学作品之类的普通商品,用户仅获得使用权而不会使用就不能获得软件给他带来的经济价值,不能达到购买该软件所期望达到的功能目的。因此软件贸易不能仅提供使用权,而必须提供技术指导,确保用户能够使用该软件。从这一意义上讲,软件贸易又具有技术贸易的性质。

因此,软件贸易同时具有版权贸易和技术贸易的双重性质。

二、软件贸易的特征

软件贸易的双重性质决定了它具有以下的几点特征：

第一，软件贸易既是程序复制件的贸易，又是程序中包含的商业秘密的贸易，因此，它可能是一个企业尤其是一个高科技企业最重要的财富，是企业盈亏成败的关键。就软件贸易而言，最核心的商业秘密就是源程序。

第二，软件贸易往往必须通过签订合同执行。由于软件贸易既是版权贸易又是技术贸易，软件贸易既要提供软件复制件又要提供软件的技术服务，因此它不可能像简单的商品贸易那样一手交钱一手交货就能完成。计算机软件具有开发难度大、开发投资高、复制容易、复制成本极低的特点，因此软件贸易也具有"一次产出、多次交易、多方使用"的特征，而这正是专有技术贸易的特征。

三、软件贸易的形式

（一）软件版权的转让

版权的转让指的是版权中经济权利的转让即著作财产权的转让。软件版权转让根据不同标准可以划分为不同的种类。从转让方式看，可以通过出卖、赠予、质押、赔偿等方式进行转让。

软件版权的转让必须符合以下条件：

1. 签订书面合同。根据《计算机软件保护条例》规定，不签订书面合同的，软件版权的转让无效。

2. 转让合同仅在软件版权保护期内有效。也就是说，版权的有效期不会因版权的转让而改变。

3. 必须向软件版权登记机构备案。中国软件版权人境内开发的软件向外国人转让时还应报请国务院有关主管部门批准。

（二）软件版权使用许可

软件版权的使用许可是指软件版权所有人在软件版权保护有效期内授权要求使用其软件的人在合同规定的方式、条件、范围和时间内行使使用权，并通过该授权获得相应的报酬。《计算机软件保护条例》列举了六种使用方式：复制、展示、发行、修改、翻译与注释。

软件版权许可的种类可以有以下几种:①独占许可;②独家许可;③普通许可;④法定许可和强制许可。

国际上常用的许可合同大概有以下9类:单人许可、单机许可、共同许可、网络许可、场地许可、单位许可、字体许可、共享软件许可、免费软件许可等。

(三) 软件承包开发

所谓软件承包开发,是指应一个或几个委托人的专门要求,软件开发者开发一项软件产品的贸易活动。开发者与出版商之间、开发者与最终用户之间都可能存在承包开发的合同关系。

开发者的工作内容主要包括以下三个方面:开发之前进行开发项目的可行性研究和软件需求规格的制订;根据委托者的要求进行软件开发和调节;最终用户使用过程中进行支持和维护工作。软件承包开发合同中的另一个重要内容是规定开发者应向委托者提供交付件清单,包括交付件的验收标准。

因此承包开发合同要求开发人员将每一阶段的工作情况和结果记录成文档,尽量把无形的东西转化为有形的东西。

(四) 计算机交钥匙合同

交钥匙合同是指供方为建成整个工厂,向受方提供全部设备、技术、经营管理方法,包括了工程项目的设计、施工、设备的提供与安装、受方人员的培训、试车,直到能开工生产后,才把工厂交给受方。

计算机交钥匙合同,就是整个计算机系统的买卖与软件的转让。主要内容是:供方向受方出售硬件,提供软件许可证,提供对软硬件的纵深服务并延续到开机后一段较长时间内的计算机的安装与测试、软件的测试。

由于软件是这一类型合同的核心内容之一,因此计算机交钥匙合同也是软件贸易合同的主要形式之一。

第四节 计算机软件许可合同

一、计算机软件许可合同的概念

计算机软件许可合同,是指软件著作权人或著作权持有人许可他人按约定的时间、地点、范围和方式使用特定软件复制件所签订的具有法律约束力的书面文件。

就计算机软件使用许可性质而言,它是介于一般作品特许使用许可和技术使用许可之间的许可方式。因为,计算机软件具有与一般作品相同的属性,但又与技术密切相关,即具有工具性,因此,软件使用许可授予被许可方的不仅是软件复制的使用权,而且是软件的功能性使用。

二、计算机软件许可合同的主体与客体

(一)计算机软件许可合同的主体

1. 许可方,即软件著作权人或软件著作权财产权的受让人、软件著作权持有人。

2. 被许可方,即软件的最终用户、出版商、分销商、硬件制造商。

(二)计算机软件许可合同的客体

根据计算机是否具有经济性,软件可分为技术经济性软件和非技术经济性软件。技术经济性软件,是指使用后能产生经济效果的软件,通常作为技术贸易的客体。非技术经济性软件,是指使用后不能产生经济效果的软件,通常作为版权贸易的客体。

三、软件许可合同的主要条款

(一)鉴于条款

在软件许可合同中,鉴于条款对合同正文起着导言作用。其内容一般是分段叙述,最主要是表明,许可方拥有何种权利、准备授予被许可方何种权利、被许可方希望获得何种权利以及双方签订合同的目标和愿望等。

该条款实例:

许可方作为一切权利的所有者对于所述的×××专用程序(Proprietary Program)拥有所有权和利益;

许可方愿意给予被许可方用于研究的非商业使用该程序的有限的、非独占的使用许可;

被许可方希望获得该程序的有限的非独占的使用许可,作为教学工具和非

商业的内部研究及行政管理活动的工具,排他的、非独占的、非商业性的使用程序;

被许可方承认许可方开发程序的知识产权价值,承认许可方为本合同的主体,并采取一切合理的措施,保护其在知识产权方面的利益。

(二)定义条款

计算机软件许可合同涉及大量的计算机软件的专有名词和计算机技术术语,特别是许多名词术语尚未规范化,可能导致当事人对技术术语产生误解,定义条款对于解释软件许可合同的有关条款,确定当事人的权利、义务和责任等起着非常重要的作用。当事人对许可合同中反复使用的名词术语规定明确定义,不仅有助于减少当事人之间误解和纠纷,而且也有助于合同整体上的一致性。实际业务中,需要下定义的名词术语主要有:

专用单元(Customer Unit),是指许可的软件可以用在哪种配置的计算机上。

替用单元(Substitute Unit),是指专用单元因维修暂停使用时,可以用哪些型号的计算机替代。

软件包(Enhancement Package),是指特别设计的软件程序组,可以把"源程序"写成除本程序(即所许可的程序)以外的任何语言,但该软件包的使用没有源程序是不可能的。

使用(Use),是指将该程序的任何部分输入到计算机中,或是计算机程序指导书、说明书或本程序资料的加工转换到计算机中的行为。

源程序(Source Program),是指适于由一台计算机、计算机组、转换计算机语言来表示的计算机程序。

缺陷(Bug),是指由于偏离用户程序指导书说明所引起的程序性错误。

(三)许可范围和对被许可方使用程序的限制

该条款主要是许可方为保护其本身的利益,对被许可方使用软件的范围所做的限制性规定。其规定往往是非常具体的,如只限被许可方一家使用;只限某些人使用;只限在某地点使用;只限在某些计算机上使用等。

该条款实例:

被许可方同意,只由被许可方及其本系学生和职员排他地、独占地使用该程序,并保证其系学生和职员不将该程序的任何部分销售、转让、许可给境内外

的任何其他第三者、公司或企业;

被许可方进一步同意,将尽其最大努力保证其系学生、职员和其他人不为其本人和境内外的其他任何第三者对该程序做商业上的使用;

被许可方同意,只将该程序在规定的计算机上使用;

被许可方同意,被许可方及其系学生或职员未经许可方授权代表的书面许可,都不对该程序做任何改变或扩展。

(四)提供的软件内容及软件形式

许可方提供软件的类型是很重要的,这也是许可方与被许可方争论的焦点之一。在普通使用权许可条件下,许可方通常只提供"目标程序",即计算机可读程序,不提供"源程序",这样被许可方就很难修改或发展所接受的软件。但在专用软件的许可合同中,被许可方应坚持要求许可方提供"源程序",以便根据需要对目标程序进行修改。此外,许可方还应提供程序说明书和使用手册指导书。

程序说明书一般包括:对软件功能的说明(即该软件所能完成的任务、数据处理要求、资料容量);软件所适用的计算机、储存器、接口等要求;程序工作的条件;软件误差可修改和恢复的程度等。

指导书主要包括:怎样输入数据;怎样运用程序;怎样处理意外事故;程序进入工作状态的流程图等。

软件的形式可以是磁带、磁盘、光盘、穿孔卡片等,合同中要明确规定许可方提供的软件形式和数量。

该条款实例:

合同生效后三十天内,许可方将向被许可方提供一套磁盘形式的计算机可读程序副本和每台计算机一套使用说明书,但许可方规定并经被许可方同意,将不向被许可方提供"源程序"。

四、使用软件的地点(sites of usage)

计算机软件通常只限于在某一特定地点使用,使用地点与其他类型的许可合同中的"地点"概念不同,是特指某一通信地址、某一座建筑物。

该条款实例:

使用本程序的指定计算机是:

计算机制造型号

制造厂序号

工作系统

放置地点(完整的街名/地址、城市、国家)

五、支付条款

被许可方取得软件的使用权后,由于不能通过软件的使用生产出直接上市的产品。因此,软件的使用费也无法按其直接效益作为计算基础。目前,支付计算软件使用费大多采用以下几种方式。

(一)固定计价或固定使用费

固定计价(fixed price),是指软件使用费为一固定数额,在合同有效期内不变。这笔规定的使用费通常根据工作的进度,按比例分期支付。例如:提供软件时,支付合同金额的10%,开始试用软件时,支付合同金额的30%,试用完毕时,支付合同金额的30%,担保期结束时,支付合同金额的30%。

(二)计时支付

计时支付,是指按照被许可方使用软件的时间计算使用费。这种支付方式沿用了最早计算机软件以租赁方式使用时的做法。被许可方使用计时方式时,最好规定支付使用费的最高数额,这有利于被许可方支付满一定额度后,继续使用软件而不用支付费用。另外,被许可方还需要注意,许可方往往要求保留中途调整使用费的权利,如被许可方不同意,许可方有权终止合同。这种要求对被许可方不利,被许可方一般不应轻易接受。

六、软件支持或支持服务

为了被许可方更好地使用所提供的软件,许可方应该提供支持服务,一般包括:为适应被许可方使用的计算机程序,许可方应提供一套完整的书面说明;在合同有效期内,免费提供改进或更新的版本;为使用程序的每台计算机配备一套使用手册等。

七、担保条款

在软件许可合同中,许可方一般不承担担保责任,特别是不承担赔偿损失的责任,也不担保使用程序的计算媒介的质量。许可方只担保程序的功能,担保功能与提供的说明书相符。被许可方为了使许可方提供的有限担保不至落空,在许可合同中,最好规定"担保期",并且把担保期与使用费的支付联系起来。

第五节　签订软件许可合同应注意的问题

一、明确软件许可方著作权的真实性

被许可方签订计算机软件使用许可合同前,应当弄清软件著作权的归属,否则将引起著作权纠纷,影响合同的顺利履行。软件著作权归属有以下几种情况:

(一) 合作开发软件的著作权

合作开发软件,是指由两个或两个以上的单位或公民合作开发的软件。在这种情况下,软件著作权由合作开发者共同享有。但是,在签订软件使用许可或软件著作权转让合同时,有权与他人签订合同的人可能出现以下情况:

1. 在所有著作权人都同意的情况下,共有著作权人即可签订许可合同,也可签订转让合同。在签订合同时,共有著作权人可以推举代表代理。

2. 部分著作权人同意的情况下,签订许可或转让合同要分两种情况:

(1) 合作开发软件可以分割使用的,开发者对各自开发的部分单独享有著作权。在这种情况下,同意的人可以将自己拥有的部分许可或转让他人,但不得扩展到合作开发软件的整体著作权。

(2) 合作开发软件不能分割使用的,如其中部分人欲与他人签订使用许可或转让合同。同意许可或转让的人应依据《计算机软件保护条例》第10条规定:"合作开发的软件不能分割使用的,由合作开发者协商一致行使。如不能协商一致,又无正当理由,任何一方不得阻止他方行使除转让权以外的其他权利,但所得收益应合理分配给所有合作开发者。"

由此可见,合作开发软件不能分割使用的,在合作者不能协商一致的情况下,合作开发者的任何一方均有权签订软件使用许可合同,但不能签订转让合同,而且同意签订许可合同的人还应将所得收益合理分配给其他合作者。

(二) 委托开发软件的著作权

委托开发软件,是指软件公司或编制单位受他人(最终用户或出版商)委托

编制的软件。在这种情况下,软件著作权的归属有两种可能性:

1. 软件著作权归委托方所有,即双方在签订委托协议时,明确了软件著作权属于委托方。

2. 软件著作权归受托方(软件公司或编制单位)所有,即在签订委托协议时,双方未在协议中明确约定所有权归属。根据《计算机软件保护条例》第11条规定,如委托方和受委托方未在协议中明确约定著作权归属,软件著作权属于受托方享有,即属于软件公司或编制软件的单位所有。

(三)职务软件与非职务软件著作权

职务软件,是指自然人在法人或者其他组织中任职期间所开发的软件。按我国《计算机软件保护条例》规定,有下列情况之一的,该软件著作权由法人或其他组织享有。

1. 公民在单位任职期间所开发的软件如属下列情况之一,称为职务软件:①针对本职工作中明确规定的开发目标所开发的软件;②开发的软件是从事本职工作活动所预见的结果,或者自然的结果;③主要使用了法人或者其他组织的资金、专用设备、未公开的专门信息等物质技术条件所开发的并由法人或者其他组织承担责任的软件。

2. 非职务软件,是指公民开发软件与执行其本职工作的结果无关、与开发者所在单位从事的工作无关、也未使用所在单位的物质技术条件开发的软件。该软件属于非职务软件,著作权属于开发者个人。

总之,计算机软件著作权归属的情况不同,著作权人签订许可或转让合同的权利就不同。因此,在签订软件许可或转让合同之前,被许可方或受让方弄清软件著作权的真正权利人是十分重要的。

二、明确规定软件使用权的性质

软件许可使用权,分为专有使用权和非专有使用权。在专有使用权的情况下,许可方只许可一个被许可方独家使用许可的软件。如果许可合同中未明确规定使用权是专有的,被许可方获得的软件使用权依法视为非专有。

此外,许可方和被许可方还应注意:在非专有使用权的情况下,被许可方有权利向第三方授予分许可,因为,《计算机软件保护条例》第19条规定,"使用许可权的享有者可以把使用许可权转让给他人。"因此,许可方如不准备让被许可方将许可权转让给他人时,许可方必须在合同中明确规定被许可方不得将使用权转让给他人。否则,双方将可能发生争议。

三、许可使用权必须明确使用的范围

在签订软件许可合同时,双方应明确使用权的范围。因为《计算机软件保护条例》规定,软件使用的范围包括:复制、发行、出租、信息网络传播、翻译等单项权利;许可合同中软件著作权人未明确许可的权利,被许可人不得行使。因此,在签订合同时,双方必须明确约定被许可方使用权的范围。否则,将可能导致被许可方越权使用。

附录

一、计算机软件著作权转让合同受让方注意事项

1. 合同双方在签订计算机软件著作权转让合同时,应注意约定转让的权利必须与计算机软件著作权证书所记载的权利一致,或包含在计算机软件著作权证书所记载的权利之内。

2. 对转让软件的可靠性和合法性做调查:

(1)对计算机软件著作权转让合同转让方所转让的软件的可靠性做详细调查。

(2)对转让方所拥有的计算机软件著作权的合法性做调查,保证其是著作权的合法拥有者。

3. 分期付款的,受让人应按照计算机软件著作权转让合同约定按期交纳计算机软件著作权转让费。

4. 受让方不得超出计算机软件著作权人转让的范围行使其他未经转让的权利。

5. 受让方应对受让的计算机软件著作权是否能达到预定的目标、产生预期收益做充分的预测。

6. 计算机软件著作权转让合同受让方应要求转让方就其转让的计算机软件著作权做出适当的保证,即保证其有权就该著作权进行转让,且该转让行为不侵犯任何第三方的合法权益。并约定其承担因专利侵害他人合法权益而被宣告无效的责任。

二、计算机软件著作权转让合同转让方的注意事项

1. 法律规定两人以上合作开发的软件,著作权由合作者共同享有。其中一方欲将共有著作权转让他人,需经其他著作权共有人一致同意。

计算机软件著作权由几位合作开发者共同享有的情况下,其中一方未经其他著作权共有人同意而擅自将共有著作权转让,该转让行为无效。转让人应承担停止侵害、消除影响、赔礼道歉、赔偿损失等民事责任。

2. 法律规定合作开发的软件可以分割使用的,开发者对各自开发的部分可以单独享有著作权,但行使著作权时不得侵犯合作开发软件整体的著作权。

合作开发的软件可以分割使用的,开发者转让自己单独享有的著作权时,侵犯合作开发软件整体的著作权,计算机软件著作权转让合同转让人侵权,该转让行为无效。转让人应承担停止侵害、消除影响、赔礼道歉、赔偿损失等民事责任。

3. 转让方应在计算机软件著作权转让合同中明确写明转让的是全部还是部分著作权,并将具体权利写明。如复制权、修改权、翻译权、发行权、出租权等。

4. 转让方应在计算机软件著作权转让合同中明确约定转让权利的地域范围,特别是在著作权人转让了复制权、发行权、翻译权的情况下。

5. 中国公民、法人或其他组织向外国人许可或转让计算机软件著作权的,应当遵守《中华人民共和国技术进出口管理条例》的有关规定。转让方不得向外国人转让国家禁止或限制出口的技术。

计算机软件著作权转让合同转让方向外国或外国人转让国家禁止或限制出口的技术。依照刑法关于走私罪、非法经营罪、泄露国家秘密罪或者其他罪的规定,追究转让人刑事责任;尚不够刑事处罚的,区别不同情况,依照海关法的有关规定处罚,或者由国务院外经贸主管部门给予警告、没收违法所得、处以罚款等;国务院外经贸主管部门并可以撤销其对外贸易经营许可。

6. 向外国人转让属于限制出口的技术,应当向国务院外经贸主管部门提出申请。经审查批准,且取得技术出口许可意向书后,方可对外进行实质性谈判,签订技术出口合同。

二、计算机软件著作权转让合同转让方和受让方注意事项

1. 计算机软件著作权转让合同名称中涉及软件名称,该软件名称一定要与

合同内容相符。

双方所订立合同的名称与合同所反映的内容不一致。发生争议后,在诉讼过程中,可能会出现法院适用的法律与双方设想不一致的情况。

2. 双方应在计算机软件著作权转让合同中明确转让的软件名称、版本等具体信息。

双方未在合同中明确记载转让的软件名称、型号等具体信息,有可能导致转让方所转让的软件与受让方事先设想不符。

3. 双方应在计算机软件著作权转让合同中明确约定转让的期限,如是短期转让还是永久性转让。

4. 价款:

(1)当事人应在计算机软件著作权转让合同中明确约定合同总的成交金额。

(2)双方应明确约定转让费采取一次总算、一次总付,一次总算、分期支付,还是采取提成支付形式,转让费的提成应按利润提成还是按使用量提成。

(3)双方应明确约定转让费交付与软件相关资料、权利证明的交付是否有先后顺序,转让费交付是否以软件相关资料的交付为前提。

(4)计算机软件著作权转让合同双方应约定转让费交付的具体日期、期限,以及以何种结算方式结算,如采用支票、信用卡、现金或其他方式。

(5)在支付使用费过程中,要写明支付款项名称、支付目的、付款人与收款人的名称必须为订立计算机软件著作权转让合同双方的正式名称,且以上各项必须与合同中约定的相符。

5. 在诉讼中,应要求对方承担所有损失,不能主动放弃任何有利于己方的诉讼请求。

6. 双方应在计算机软件著作权转让合同尾部标明清楚无误的签约时间。

7. 应当对对方的资信状况调查。对对方的履约信用、协作精神宜在计算机软件著作权转让合同签订前做充分了解。

8. 应正确区分单位与单位负责人的关系,应明确认识到单位负责人不能以其个人名义代表单位。

9. 一般诉讼时效为2年的规定适用于计算机软件著作权转让合同纠纷。

10. 计算机软件著作权转让合同用语:

(1)计算机软件著作权转让合同的名称应当使用简明、准确的语句反映出合同的技术特征和法律特征。要求使用符合《中华人民共和国合同法》的规范表述。

（2）在签订计算机软件著作权转让合同时,合同的用语一定要准确、清楚,对一些专业性较强的关键性的名词术语要在合同开头做出必要的定义或解释,以免发生歧义或造成理解障碍。

11. 双方应在计算机软件著作权转让合同中明确写明:转让方和受让方的名称、地址、法定代表人名称等信息;该名称和地址均应为经工商行政管理部门依法登记的企业名称(包括法人或者非法人)和工商业场所地址。

12. 在计算机软件著作权转让合同中还应写明双方对条款内容的理解不存在异议。

13. 向外国人转让属于自由出口的技术,应当向国务院外经贸主管部门办理登记,并提交相关文件。

14. 违约责任：

（1）双方应在计算机软件著作权转让合同中约定,如一方违反合同约定,另一方可追究违约方的责任,并要求违约方承担违约金或赔偿损失。

（2）计算机软件著作权转让合同双方只要约定了违约金或赔偿损失的,就要约定具体数额或计算方法。在约定违约金时,数额约定不能过高或过低,约定数额过低,损失得不到补偿;约定数额过高,会因数额过高得不到法律支持而无法实现。一般而言,约定的违约金数额不能超出合同标的额,若一方的损失确实超过计算机软件著作权转让合同标的,可直接约定赔偿损失。

15. 计算机软件著作权转让合同中应明确约定合同履行中一方发生分立情形,其合同权利义务的承担者:若当事人一方在签订合同时正处于公司分立的变动期内且相对方能预见其变动后分立的组织,则应在合同中明确约定分立后合同权利义务的具体承担者是由分立后的组织共同对合同的权利义务承担连带责任,还是由其中一个组织承担;计算机软件著作权转让合同订立时不能预见一方是否会有分立可能,为避免纠纷发生,也可在合同中约定若一方分立其合同权利义务承担的分配原则。

16. 双方在计算机软件著作权转让合同中应明确约定合同履行中若一方组织解散,其合同权利义务的承担者:若在计算机软件著作权转让合同订立时一方正处于解散的变动期内且能预见其权利义务的继受者,则应在合同中明确约定具体的继受者名称。同时须约定一方发生组织解散情形应及时告知相对方及违反此告知义务的责任。

17. 履行过程中双方都应注意相对方主体变更情况,若有变更解散情形的,应注意哪个法人或组织继受其权利义务,并应收集相关证据证明以上事实。

18.应在计算机软件著作权转让合同中写明主合同、相关凭据、有关会计资料等为本合同附件。

19.签字盖章双方均应签署清楚无误的签名,当事方是单位的还应加盖公章。

20.双方应在计算机软件著作权转让合同中约定,合同未尽事宜依照有关法律法规执行,法律法规未做规定的,双方可另行协商签订书面补充协议作为本合同的附件,补充协议与本合同具有同等法律效力。

21.双方应在计算机软件著作权转让合同中明确约定合同生效与终止的条件、时间和事由等。

22.一方接到另一方解除合同的通知时如有异议,可及时请求人民法院或者仲裁机构确认解除合同的效力。

以上细节问题,双方在签订计算机软件著作权转让合同时,应当加以重视,应严格按照法律规定办理相关手续,从而最大限度地规避法律风险。

第六节 集成电路及布图

一、集成电路及布图的概念

集成电路是一种产品,它的最终形态或中间形态全部或部分互连或集成在一块材料之中和之上,以执行某种电子功能。集成电路有集成性、整体性和工艺严格的特征。集成电路布图设计,即集成电路的拓扑图(Integrated circuit designs)中至少有一个是有源元件的两个以上元件和部分或者全部互联线路的三维配置,或者为制造集成电路而准备的上述三维配置。集成电路布图要受到法律保护必须具有独创性。

二、集成电路布图设计专有权的含义

布图设计专有权是指通过申请注册后,依法获得的利用集成电路设计布图、实现布图设计价值得到商业利益的权利。布图设计专有权内容包括:①复制权即重复制作布图设计或含有布图设计的集成电路;②商业利用权,即专有权人为商业目的而利用布图设计或含有布图设计的集成电路的权利。

布图设计获得保护的条件:独创性和经过相关部门的登记。

三、集成电路及布图的法律保护

对集成电路及布图的现有法律保护简要分析为：

著作权保护的缺点是内容不适合、作用不适合、保护方面不适合、保护时期不适合。

专利权保护的缺点是要求高,不易进行外观保护,申请周期长、

现有对集成电路及布图的相关保护是:《关于集成电路的知识产权条约》(世界知识产权组织),《与贸易有关的知识产权协议》(WTO),《集成电路布图设计保护条例》(中国)。

四、集成电路及布图法律保护的限制

(1)合理使用。为个人目的或者单纯为评价、分析、教学、研究等目的而复制受保护的布图设计的,可以不经布图设计权利人许可,不向其支付报酬。

(2)权利用尽。布图设计权利或经其授权的人将布图设计或含有该布图设计的集成电路产品投放市场后,对与该布图设计有关的商业利用行为,不再享有控制权。

(3)善意买主。如果一个人不知情购买了含有非法复制的受保护的布图设计的集成电路产品,而将该产品进口、销售或从事其他商业利用,不追究其法律责任。

(4)强制许可。比如:国家出现紧急状况或非常情况时;为了公共利益目的,布图设计人有不正当竞争行为而需要给予补救时。

思考练习题

思考题

1. 计算机软件有哪些类型?
2. 版权法是如何给计算机软件提供保护的?
3. 计算机软件实行专利保护有何利弊?
4. 软件贸易有哪些特征?
5. 软件版权的转让必须符合哪些条件?

练习题

一、单项选择题

1. 计算机软件著作权的保护原则是(　　)。
   A. 自动保护原则　B. 申请审查原则　C. 登记原则　D. 注册保护原则
2. 计算机软件著作权转让,只转让(　　)。
   A. 人身权　　　　B. 财产权　　　　C. 专用权　　　D. 保护权
3. 从法律上,计算机软件主要是指(　　)。
   A. 文档　　　　　B. 使用手册　　　C. 流程图　　　D. 计算机程序
4. . 软件最终用户购买软件的目的是(　　)。
   A. 转让获利　　　B. 许可获利　　　C. 销售获利　　D. 适用软件的功能

二、填空题

1. 计算机软件,包括_____、_____和_____三项内容。
2. 按计算机软件的应用分类,可以分为_____和_____;按软件的法律形式分类,可以分为_____、_____和_____。
3. 计算机软件受法律保护要符合两个条件:_____和_____。
4. _____是指软件使用费为一固定数额,在合同有效期内不变。
5. 软件许可使用权,分为_____和_____。

三、简答题

名词解释:计算机软件;系统软件;应用软件;商业软件;共享软件;软件版权的转让;软件版权的使用许可;软件承包开发;计算机软件交钥匙合同

第十章 技术咨询与技术服务

学习要点与要求

1. 掌握技术咨询的概念与特点、技术服务的概念与特点,了解技术咨询与技术服务的区别
2. 了解技术咨询的业务类型、技术服务的业务类型
3. 了解发达国家和我国技术咨询业务的发展状况及支持技术咨询业务的政策措施
4. 了解国外和我国技术服务业务的发展状况及支持技术服务业发展的政策措施
5. 掌握技术咨询合同与技术服务合同的概念和类型,理解技术咨询合同与技术服务合同当事方的权利与义务以及订立技术咨询合同与技术服务合同应当注意的问题。

引导案例

聚风科技开发公司(以下简称聚风公司)欲开发一个农业服务计算机软件,设计思路是将我国主要农作物病虫害的分类、危害、预防、用药等有关内容编制成专家系统。投资决策做出以后,聚风公司聘请了一个顾问小组对该项目进行技术经济论证。合同条款上载明,顾问小组对"农作物病虫害技术指导专家系统"进行技术经济论证,评估该开发项目所需费用、投资和实施后可取得的技术经济效益,咨询方式为顾问小组对咨询题目提交以分析为主的咨询报告,期限为合同签订后一个月之内。聚风公司的义务为提供充分和必要的资料、数据及有关协作事项,支付咨询活动的一切经费开支和一次性支付报酬1.2万元。上

述合同条款均由双方当事人履行完毕。数月后，聚风公司开发的"专家系统"软件发表并投放市场，然而因价格较高、难以推广等原因，市场销售情况不好。公司不仅未达到预期的经济效益，而且连开发投资也未能收回。

在这种情况下，聚风公司认为其所受到的损失与顾问小组未能预测分析到不利情况有很大关系，顾问小组提交的咨询报告中"报喜多，报忧少"，因而导致该项目草率实施，提出追回已支付的1.2万元咨询报酬。双方争执不下，于是聚风公司向法院提起诉讼，请求顾问小组退还咨询报酬并赔偿其经济损失。请评析此案。

第一节　技术咨询与技术服务概述

一、技术咨询的概念与特点

技术咨询一般是指掌握技术的一方或懂得技术的一方，运用其专业知识、技能、经验、能力和信息，根据委托方的要求，通过调查研究、分析评价和预测，为用户提供可选择的决策方案以及有参考价值的数据，为其解答或解决有关的技术疑难或难题，并提供项目可行性论证报告或难题解决方案或建议等。技术咨询是就特定的科技课题所提供的决策服务。咨询方式是运用科学技术知识和技术手段进行分析、论证、评价和预测。

概括来说，现代技术咨询有如下几个特点：①技术咨询要遵循咨询工作的客观性和主观性原则；②从事技术咨询的人员不仅要有专业的技术知识和丰富的实践经验，还必须具有广泛的社会、经济等方面的知识和从技术、经济、社会、环境等各方面综合思考的能力；③咨询人员以自身的专业知识和职业道德，千方百计为雇主解决面临的技术课题，提出意见和建议，但不负责意见和建议的实施；④必须运用大量的软科学方法，对数据、咨询进行组合处理，从技术、经济、社会、环境的多方面研究，穷尽各种可能方案，并通过多方案的比较分析进行方案选优，并建立必要的模型，以提出科学的预测和评价结论；⑤需使用大量的技术、经济信息，特别是各类必要的数据。

技术咨询的内容很广泛，有项目的可行性研究、效益分析、工程设计、施工、监督、设备的订购、竣工验收等。

技术咨询有利于技术落后的国家找到性价比较高的技术。一些技术比较落后的国家,由于科技力量不足或对解决某些技术课题缺少经验,聘请外国工程咨询公司提供咨询服务,可以避免走弯路或浪费资金。这是因为咨询公司掌握丰富的知识、经验和技术情报,可以帮助委托方选择先进适用的技术,找到可靠的技术出让方,用比较合理的价格购到较好质量的机器设备等。委托方接受技术咨询要支付咨询费,由于咨询而节约的资金远远超过支付的咨询费,因而总的来说,技术咨询对委托方仍然是有利的。

技术咨询的专业化程度比较高。在国际上,技术咨询大多由行业团体进行。目前,在发达国家大都有咨询工程师协会或联合会等,在许多发展中国家也有相当数量的咨询公司。

二、技术服务的概念与特点

技术服务是一种知识性、技术性的服务活动,指掌握技术的一方,利用智力及其他条件,为委托方解决某一特定技术问题提供技术信息、改进工艺流程、进行技术诊断等。

技术服务一般具有以下特点:

技术服务通常是当事人对现有技术知识、经验和信息的反复运用,具有比较简单的技术传授和技术协助的性质。

技术服务方向委托方提供的技术通常不包括专利技术和技术秘密,而是大量人们在日常专业技术工作中反复运用的现有技术,或称公知技术。技术服务方通过培训、辅助等具体的履行义务的行为达到向技术需求方转移、传授技术知识的目的。

技术服务方通常都是掌握一定专业技术知识的科学技术人员。这些科学技术人员大多都具有一定的学历和专业技术职称,具有从事一定的专业技术工作的实际能力。

三、技术咨询与技术服务的相同点与区别

(一)技术咨询与技术服务的相同点

1. 技术咨询与技术服务是针对特定技术项目、技术课题所提供的技术性的服务,其他服务或咨询是针对技术以外的问题(如经济问题、法律问题、医疗保健问题等非技术领域),不属于技术咨询或服务的范围。

2. 技术咨询与技术服务所用的知识都是普通知识。

3.技术咨询与技术服务机构是完全独立的。

4.技术咨询与技术服务机构同委托方的关系是买卖关系。

(二)技术咨询与技术服务的区别

技术咨询与技术服务相互联系,难以严格区分开,但是在实际业务中,当事人不应混淆两者的界限,否则难以确定合同的性质及当事人的权利和义务。

1.技术咨询与技术服务适用的范围不同。技术咨询适用于工程项目的新建、扩建、技术改造等大中型项目或重大技术课题;技术服务适用于单项具体技术课题,如产品质量控制、产品设计等。

2.技术咨询机构与技术服务机构的责任不同。技术咨询机构负责预测、评估、论证、建议等,及按约定的时间提供符合咨询合同要求的咨询报告,并不负责咨询报告的实施;技术服务机构负责提出技术问题的解决方案和方案的实施,使委托方的技术问题得到圆满解决。

3.技术咨询与技术服务使用的知识范围不同。技术咨询需要理论知识、专业实践知识和技术前沿信息,在科学分析基础上提出有创意的建议;技术服务需要使用专业知识和经验,只要使特定的技术问题得以解决即可。

4.技术咨询成果与技术服务成果的形式不同。技术咨询成果的形式是书面咨询报告、建议书等;技术服务是以专业技术知识,解决特定技术问题并实现委托方所期望的结果,最终使技术课题圆满解决。

5.技术咨询与技术服务的时间不同。技术咨询业务一般是在项目建成之前;技术服务业务一般是在项目建成之后。

四、技术咨询业务类型

(一)技术咨询的类型

1.工程咨询服务。任何一项工程建设投资,从项目的制定、设计、实施直至建成投产,都是一项复杂的系统工程。要使整个工程建设在技术、质量、经济效益、工期进度和投资的控制等方面都能做到符合要求,实现预期的经济效果,首先要有正确的投资决策和一整套的科学管理方法,这就需要求助于工程咨询服务。

工程咨询公司能提供广泛的技术服务,其主要的服务内容有:①提出研究规划,包括对项目的制定、可行性研究及评估等;②安排工程设计;③负责项目管理,在工程实施阶段,提供包括审查施工计划及程序检查、监督材料加工,对各种装置和设备在现场进行检查测试,并进行试车、操作等方面的指导。

2. 技术咨询服务。技术咨询是一项重要的咨询服务业务,是国际上促进技术转移的重要方式。所谓技术咨询服务,一般是指咨询机构运用各类专门知识,为委托方提供解决复杂技术问题的系统方案(如改造产品设计和生产工艺、改进生产方法和质量控制、提高劳动生产率、解决"三废"治理和化验测试),并为技术引进和选择适用技术提供咨询服务等,甚至还可以对经营管理提供咨询(如加强建立规章制度、设计生产规划或销售方案等)。

3. 提供技术情报资料与培训人员。技术供应方可以提供各种技能性和知识性的建议、方案、数据信息,并对技术受让方进行技术培训。培训方式可由供应方派遣专家或技术人员到受让方国家进行技术训练或指导,也可由受让方人员到供应方的工厂、实验室进行实习培训。

(二) 从业务内容上对技术咨询业务的分类

从业务内容上,技术咨询业务可以分为下列类型:

1. 科学发展战略和规划的研究。
2. 技术政策和技术路线选择的研究。
3. 重大工程项目、研究发展项目、科技成果转化项目、重要技术改造和科技成果推广项目等的可行性分析。
4. 技术成果、重大工程和特定技术系统的技术评估。
5. 特定技术领域、行业、专业技术发展的技术预测。
6. 就区域产业科技发展与转型及特定技术项目进行的技术调查、分析与论证。
7. 技术产品、服务、工艺分析和技术方案的比较与选择。
8. 专用设施、设备、仪器、装置及技术系统的技术性能分析。
9. 科技评估和技术更新。

以上项目中涉及新的技术成果研究开发或现有技术成果转让的,可根据其技术内容的比重分别认定为技术开发、技术转让或者技术咨询。

以下内容不属于技术咨询:①为解决特定技术项目提出实施方案、进行技术服务和实施指导;②经济分析、法律咨询、社会发展项目的论证、评价和调查;③为购买设备、仪器、原材料、配套产品等提供商业信息。

(三) 从业务形式上对技术咨询业务进行的区分

从业务形式上可以把技术咨询业务分为以下几类：

1. 技术、经济信息分析,包括技术情报分析、市场行情预测、产品信息分析等。

2. 技术预测,即根据特定用户的委托,预测某一领域未来技术的发展趋势。

3. 技术选择,即根据特定用户的委托,为对方选择适合其生产、技术条件,并能尽快为其带来效益的技术项目。

4. 技术评价,即根据委托方的要求,对某一种或几种技术的先进性、实用性及其生命力(即市场竞争力或商业价值)做出科学、公正的评价或比较分析。

5. 技术可行性论证,一般根据委托方要求,对某一技术做可行性论证,分析其适用性及效益状况,从而向客户提出是否应该采用与实施该项目技术及如果采用还应具备哪些条件的建议性报告。

五、技术服务业务类型

(一) 技术服务的内容

1. 信息服务。技术服务组织应与有代表性的用户建立长期、稳定的联系,及时取得用户对产品的各种意见和要求,指导用户正确使用和保养产品。

2. 安装调试服务,根据用户要求在现场(或指导用户)进行产品的安装调试工作。

3. 维修服务。维修服务一般分为定期与不定期两类。定期技术维修是按产品维修计划和服务项目所规定的维修类别进行的服务工作。不定期维修是指产品在运输和使用过程中由于偶然事故而需要提供的维修服务。

4. 供应服务,即向用户提供产品的有关备品、配件和易损件。

5. 检测服务,即为使产品能按设计规定有效运转所进行的测试、检查、监控工作,以及所需要的专用仪器、仪表装置。由于检测服务的工作量日益繁重,各种专用仪表也日益增多,检测服务趋向于建立各种综合性或专业性的测试中心。

6. 技术文献服务,即向用户提供产品说明书、使用说明书、维修手册以及易损件、备件设计资料等有关技术文件。

7. 培训服务,即为用户培训操作和维修人员。培训内容主要是讲解产品工作原理,帮助用户掌握操作技术和维护保养常识等,有时还可在产品的模拟器或实物上进行实际的操作训练。

(二)从业务内容上对技术服务业务进行的区分

从业务内容上,技术服务业务可以分为下列类型:

1. 产品设计服务,包括关键零件、国产化配件、专业工模量及工装设计和具有特殊技术要求的非标准设备的设计,以及其他改进产品结构的设计。

2. 工艺服务,包括有特殊技术要求的工艺编制、新产品试制中的工艺技术指导,以及其他工艺流程的改进设计。

3. 测试分析服务,包括有特殊技术要求的技术成果测试分析,新产品、新材料、植物新品种性能的测试分析,以及其他非标准化的测试分析。

4. 计算机技术应用服务,包括计算机硬件、软件、嵌入式系统、计算机网络技术的应用服务,计算机辅助设计系统和计算机集成制造系统的推广、应用和技术指导等。

5. 新型或者复杂生产线的调试及技术指导。

6. 特定技术项目的信息加工、分析和检索。

7. 农业的产前、产中、产后技术服务,包括为技术成果推广,以及为提高农业产品品质、发展新品种、降低消耗、提高经济效益和社会效益的有关技术服务。

8. 特殊产品技术标准的制订。

9. 对动植物细胞植入特定基因、进行基因重组。

10. 为重大科技成果进行定性、定量技术分析。

11. 对重大事故进行定性、定量技术鉴定或者评价。

但如果以上各项属于当事人一般日常经营业务范围,则不应认定为法律意义上的技术服务。

以下内容不属于技术服务:①以常规手段或者为生产经营目的进行一般加工、定做、修理、修缮、广告、印刷、测绘、标准化测试等,建设工程的勘察、设计、安装、施工、监理,但以非常规技术手段解决复杂、特殊技术问题的除外;②复印图纸、翻译资料、摄影摄像等;③计量检定单位的强制性计量检定;④理化测试分析单位就仪器设备的购售、租赁及用户服务。

第二节 国际技术咨询业的发展

一、发达国家技术咨询业的发展

(一) 发达国家技术咨询业务的发展状况

现代咨询业起源于英国,几乎和英国工业革命同时诞生。之后,美国、德国等国家陆续成立了一些咨询机构,咨询业蓬勃兴起。科学技术革命和社会生产力的空前发展为咨询业的发展提供了广阔的市场。发达国家技术咨询业的发展状况可以体现为以下几点。

1.技术咨询是发达国家咨询业中的重要组成部分。发达国家的咨询业务市场可以分为政策咨询、技术咨询和管理咨询。

政策咨询是一种参考性咨询,也是带有全局性、战略性、综合性课题的咨询。发达国家规定,在国家制定方针政策、政府部门对一些重大问题的决策、地方政府或部门拟定有关的发展和实施计划时,都需要咨询机构在进行规范的调研之后提供决策的依据或可供选择的方案。比如,德国规定政府决策中的一切公开项目都必须公之于众,以招标形式委托咨询机构进行预测和评估,咨询的结果由政府部门组成的专家顾问委员会审核通过后,方能实施。美国著名的政策咨询机构是兰德公司;英国国际战略研究所是英国重要的政策咨询机构;法国曾成立直接向政府总理负责的国家安全和竞争情报秘书处,协调国家的竞争情报工作,相当于一个政策咨询的智囊团。

技术咨询也包括工程咨询,是一种指导性的咨询。工程咨询是指对各种建设项目提供的技术咨询,包括工程项目建设期、可行性研究、评估咨询、工程设计方案咨询、设备选型采购、施工管理等业务和技术性的监督指导咨询等。工程咨询最早起源于英国,但是,标志着工程咨询业走向成熟和国际化的是1913年由法国、比利时、丹麦、芬兰、荷兰等国发起成立的国际咨询师联合会。法国有不少声誉很高的工程和技术咨询公司,如欧罗基普公司、管理研究公司、经济发展研究公司等大型专业公司都是国际性的咨询公司。

管理咨询是一种实施性咨询,其任务是针对企业经营管理中存在的问题,深入调查,运用科学的方法,找出原因,提出改进方案,并帮助指导实施,以提高企业的经营管理水平和经济效益。世界知名的管理咨询公司包括麦肯锡、IBM、埃森哲、毕博以及在法国管理咨询领域有代表性的凯捷永安咨询公司。

2.咨询公司呈集聚式分布。全球经济一体化和互联网技术的飞速发展和广泛应用,以及咨询业人力资本密集性和知识资本密集性等特性,推动了咨询业的集群发展,即在中心城市或城区集聚发展。发达国家咨询业主要集聚于智力、人才资源丰富的,对于国家和地区政治决策具有重要影响的枢纽城市,如纽约、波士顿、伦敦、法兰克福等。

3.咨询人员保持研究工作的独立性。发达国家咨询机构鼓励研究人员要有独立见解和创新,研究结果即使与官方意图或权威意见截然相反,也能得到谅解或受到充分关注。即使是与政府关系密切的咨询机构,研究工作也讲究独立。

发达国家的咨询机构在组织上一般不隶属政府部门或企事业单位。咨询公司在选择或确定承担咨询项目时,项目的研究方法和结果不受任何部门影响和约束,因此能客观地、科学地对用户委托的项目进行评估或预测,进而提出方案、建议。咨询成果的评价既不以咨询人员的主观臆断为据,也不以用户意愿为凭,而是以实践检验为准。

4.对咨询人员设置了很高的入门门槛并重视在职培训。德国各咨询公司要求咨询人员要具有某个领域专家的资格,如经济学博士、建筑学博士或工程师、经济师才能进入咨询组织。德国录用新的咨询人员,要经过专门组成的专家小组的集体评定。录用时除了专业的要求外,还强调自立、实践经验和工作能力。加拿大在工程咨询的资格认证方面,一般不对工程咨询公司进行资质认证,只对职业人员进行职业资格认证,即职业人员要通过专业资格考试,只要具有一定数量的高级职业资格的人员就可注册登记公司。在英国,个人参加咨询工作,必须向协会提出申请,经咨询工程师协会资格要求、审查核定资格后,才吸收为会员,从事咨询业的人员必须具有大学本科以上学历,有从事实践工作多年的经验,身体健康,有良好的人际关系。为保证咨询人员的高素质,美国政府在技术、医疗、法律、会计等领域规定了职业资格考试,凡要获取职业资格者,必须通过资格审查、考试、注册登记三道手续。

日本政府鼓励企业举办业务研究班,以吸收新的知识和技术,加强企业之间的人才流动。为了使咨询人员积累丰富的经验,日本鼓励企业向国外派遣咨询项目的研究生,使他们接受实地训练,或通过国外教育来培养。德国咨询公司要求所有的咨询人员(包括公司经理)掌握项目技巧方法、政府的政策趋势等,培训的方式有送大学深造、开展专题讲座以及内部人员之间的经验交流与分析等。

5. 制定法律来规范咨询业的发展。美国政府和日本政府在咨询领域规定了严格的职业资格审查、职业资格考试和注册登记等程序。为保证咨询人员的业务水平不断提高和恪守职业道德,日本政府还制定了重新登记及淘汰渎职人员的制度。日本政府在立法上给予有力支持,使得日本的咨询管理制度比较完善、细致、规范。20世纪50年代初期,日本就颁布了《中小企业诊断实施基本刚要》《企业合理化促进法》《中小企业指导法》等,60年代中期,又颁布了《建设咨询业务登记条例》《建设咨询人员注册登记章程》等,对咨询业的行为提出了严格规范的要求。

6. 行业协会发挥了重要的作用。发达国家十分注重成立咨询行业协会组织并充分发挥行业协会的积极作用。比如,日本咨询行业协会是联系政府与咨询机构的桥梁和纽带,既为咨询机构提供政府信息,也将政府的法规政策转化为具体的行业制度,以此来约束会员行为,促进咨询业健康发展。德国咨询协会通过定期出版刊物、提供信息交流服务和进行咨询人员培训,帮助会员单位协调各种社会关系,帮助会员单位开发市场、寻找客户,为会员单位提供一些社会福利性服务工作。

(二) 发达国家支持技术咨询业务的政策措施

发达国家的政府对咨询业发展的实质性支持有三种情况。

1. 对咨询企业给予资金支持,这在咨询业发展初期和开辟海外市场时至关重要。海外咨询直接关系到国家利益,且其发展状况影响咨询业的整体水平,所以发达国家非常重视涉外咨询业务,普遍为本国咨询业拓展海外市场提供情报和补助。日本为了支持本国咨询机构在海外的业务,设立了海外咨询专项奖励金。英国政府为了鼓励咨询公司出口咨询服务,长期以来给予其多种形式的支持,如对海外咨询项目专门设立了基金;当咨询公司陷于困境时,英国政府可给予适当补助或提供无息贷款;在咨询公司和国外签订大型工程咨询合同后,如果雇主中途毁约,英国政府可以给予咨询公司损失补贴;对海外咨询卓有成效者,英国政府授予"英王奖章",这在英国是很高的荣誉。

2. 对需要咨询的中小企业提供咨询费用补贴。美国政府规定企业咨询费用可计入成本,不计征所得税,以此来鼓励咨询业的发展;德国对中小企业的软科学研究和咨询费实行部分补贴。

3.对咨询机构提供信贷和税收政策优惠。信贷政策是指金融管理当局对咨询业在贷款量、贷款期和贷款利率方面的规定。比如：美国和英国对承接海外咨询项目的咨询机构实行优惠贷款政策；意大利政府对技术咨询机构实行低息贷款政策等。

税收政策是指政府关于咨询机构、咨询人员纳税方面的规定。加拿大规定，小企业凭咨询专家的证明，可到税务局去退现款；日本从税制上规定对日本企业在国外承接咨询业务所得收益进行优惠。

二、中国技术咨询业的发展

（一）中国技术咨询业的发展状况

中国技术咨询市场上既有国际著名的咨询公司，也有本土的各种咨询机构和公司。外资咨询机构占据我国咨询市场份额的很大部分，且多为高端市场。

我国技术咨询业的发展存在以下问题：

1.中国目前对包括技术咨询在内的咨询业的规范管理，主要是按照一些相关的法律和一些分散的、局部的部门规定和地方性法规进行的，没有一部完整且统一的关于整个咨询业的法规。

2.中国的技术咨询机构（如工程咨询公司）大多隶属于政府部门、大型企业和大专院校，体制上仍呈行政管理色彩，缺乏竞争动力和经营特点，也不利于保持咨询活动的中立客观。

3.中国从1996年开始推行个人职业资格认证，目前有建筑师、结构师、监理工程师、咨询工程师等注册制度，另外科研所和大专院校的科研人员也不断参与到技术咨询市场中，但是还是存在着职业人员素质偏低、结构不合理的问题，缺少复合型人才和熟悉国际惯例能从事国际工程咨询的人才。

（二）中国支持技术咨询业的政策措施

中国政府从改革开放以来就出台了各种政策措施支持包括技术咨询业在内的咨询业的发展。1982年，中国科协和财政部联合颁布《科协系统及所属学会团体科技咨询服务收费的暂行规定》，这是中国第一个涉及咨询服务的政策性文件。1986年，上海市政府制定了《上海市科技咨询管理办法》，这是全国首次以地方法规形式形成的文件。

1992年6月，国务院颁布了《关于加快发展第三产业的决定》，明确提出了要加快发展科技、法律、会计等其他咨询业务。同年8月,国家科委发布了《关于加速发展科技咨询、科技信息和技术服务业的意见》,提出了鼓励并推动咨询业发展的10项政策。1994年4月,国家计委发布《工程咨询业管理暂行办法》和《工程咨询单位资格认定暂行办法》,进一步完善工程咨询。1995年,国家科委颁布《关于推动我国科技咨询业发展的若干意见》。

1999年,中共中央、国务院提出要加强对技术咨询等业务的财税支持。同年,财政部、国家税务总局联合发布了关于贯彻落实《中共中央国务院关于加强技术创新,发展高科技,实现产业化的决定》有关税收问题的通知,规定了对单位和个人(包括外商投资企业、外商投资设立的研究开发中心、外国企业和外籍个人)从事技术咨询等业务取得的收入,免征营业税。

2010年,国家发展改革委员会发布了《工程咨询业2010—2015年发展规划纲要》,该纲要提出了工程咨询业在此期间的发展重点和重要任务:加快工程咨询理论方法和技术创新;促进工程咨询单位体制机制创新;实施"走出去"战略。此外,该纲要还提出了完成上述重点和主要任务的以下保障措施:

1. 加强政府指导与协调。各级政府要深化行业管理体制改革,加快行业立法,实施各种优惠政策措施,为工程咨询业营造良好的发展环境,具体做法包括:

(1)深化行业管理体制改革,逐步确立法律规范、政府监督、行业自律的行业管理体制。

(2)加快行业立法和规范建设,即研究起草《工程咨询管理条例》,制定《工程咨询单位和注册咨询工程师(投资)执业管理规定》等法规。

(3)实施优惠政策,争取对工程咨询单位的税收优惠政策。

(4)完善市场机制,健全工程咨询市场。

2. 完善行业自律管理。行业协会要更好地发挥政府和工程咨询单位之间的桥梁纽带作用,逐步完善全行业自律管理,具体做法如下:

(1)加强行业协会建设,合理整合资源。

(2)适应政府职能转变,规范行业管理,根据政府委托,依法履行行业资质管理、协调业内纠纷、知识产权保护等职能。

(3)发挥桥梁纽带作用,积极提供服务,加强与政府的沟通联系,充分反映工程咨询单位诉求。

第三节　国际技术服务业的发展

一、国外技术服务业的发展

(一)国外技术服务业的发展状况

1.世界上很多国家形成了本国的技术服务业发展特色。美国的技术服务业主要集中在高新技术研发的领域,这些高新技术的研发多以创新性发明为主,以大学及科研院所为中心,促进新技术、新科技成果的应用,以高技术服务业引导高端制造业的发展。

日本的技术服务业也主要以高新技术的研发为主,但是相对于美国创新型的高新技术研发模式,日本采用的是更为实用的高新技术改进型研发模式。日本依托了欧美发达国家基础学科前沿理论的研究成果,迅速将这些研究成果转化为具有强烈市场需求的产品,实现了高技术服务业与制造业之间的良性互动发展。

印度自身基础学科和应用学科研发的实力不是很强,并不具备美、日等发达国家高技术服务业的研发能力,故而其技术服务业更加关注对现有高新技术在现代服务业的应用,注重从低端的模仿应用入手,一步步实现技术服务业的发展壮大。

2.科技发展是推动技术服务业发展的基础。人类历史上的每一次科技革命都为一些国家的技术服务业的高速发展打下了基础。蒸汽机的发明和广泛使用实现了工业生产从手工工具到机械化的转变,使机械大工业代替了工厂手工业;以电力技术为中心的第二次科技革命促进了各个技术领域的全面发展,涌现了一系列以电气为动力的新型技术,产生了一个庞大的电气工业体系,并出现了电话、电报、无线电等一整套新的信息技术;以原子能、空间技术和电子计算机的广泛应用为主要标志的第三次科技革命在每一个尖端科学领域都取得了关键性的突破,并直接导致了一系列高技术产业的兴起,形成所谓的高技术体系。

目前学者提出的第四次科技革命,即以生物技术、能源技术、信息技术、航天技术、材料和纳米技术为代表的科技发展,将会为技术服务业的大发展提供广阔的空间。

3. 人力资本的"质"和"量"是技术服务业发展的推动力。第二次世界大战后,美国西海岸经济的繁荣吸引了美国历史上第三次大规模的人口西移。其中尤以加州人口增长最为迅猛,这个地区之后也成为美国高技术服务业的核心地区。众多的移民给加州带来了充沛的劳动力资源,同时相比于其他州来说,其移民的人口素质也很高。大量的高素质人才为美国这一地区飞机、导弹和宇宙飞船、计算机、通信设施、电子仪器、医药等高技术产业,特别是高新技术研发产业的发展提供了充足的动力。

人力资源的培养是印度高技术服务业快速发展的重要保障。印度发达的职业教育和高等教育以及以英语为官方语言的人力资源优势,为印度20世纪90年代承接美国IT服务业的转移提供了便利。

4. 技术中介机构成为推动技术服务业发展的转换渠道。技术中介为技术转化和产业化提供信息、咨询、技术、人才和资金等服务,促进科技成果转化。以瑞典为例,瑞典的技术中介组织包括:①政府以大的科技计划支持建立的技术创新和成果转化服务网络,这类科技中介机构突出的代表是瑞典"能力中心计划"建立的28个能力中心和"国家中小企业技术转移计划"建立的一批向中小型科技企业提供技术转化服务的机构;②覆盖瑞典全国或整个欧洲的非营利性中介组织网络,这类中介组织的代表是覆盖瑞典全国的由TIPPS(Technology Input in Product, Process and System)中心组成的技术转化网络——Sefsrtom网络和覆盖整个欧洲地区的创新中继中心网络;③国家设立的风险投资和咨询机构,这类中介机构的代表是ALMI商业伙伴公司,它是一个国有咨询公司,主要从事商业开发咨询活动,特别是向科技企业技术转移提供咨询服务,同时提供资金支持。

日本的技术中介机构主要有两类:一类如日本科学技术振兴事业团(JST)和中小企业综合事业团(JASMEC)均为半官方机构,分别隶属于日本文部科学省和经济产业省。在技术中介转让业务方面,JST侧重于基础技术,JASMEC则侧重于对中小企业的扶持。第二类是日本从事技术转让等中介服务的私营机构,如股份公司形式的东京大学先进科学技术孵化中心。

美国的技术中介机构的主要类型包括技术咨询或经纪机构、大学和研究机构的技术转移办公室、孵化器、技术评估组织、技术测试与示范机构等。这些科技中介机构大部分都依托于大学、研究机构、协(学)会、政府部门、咨询公司、风险投资公司和律师事务所。

(二)国外支持技术服务业的政策措施

1.纷纷制定了许多优惠的信贷政策和税收减免政策。

2.资金是发展技术服务业的一个重要支持条件,许多国家为了鼓励技术服务业的发展,设立了研发(R&D)基金。如在二战后,美国联邦政府R&D基金的数额剧增,很多国家级实验室、研究设施、各种形式的研究部门都在基金的扶植下发展起来。

3.制定了国家科技发展计划。比如20世纪70年代以后,随着日本经济实力的增强以及发展战略目标的实现,日本政府适时地提出了"技术立国"的发展战略。为此,日本政府首先确定了优先发展尖端技术的方针,将以电子工业为中心的信息技术、能源技术、生命科学技术、新材料技术、通信技术、宇宙开发技术等高端新技术部门列为20世纪80年代科技发展的重点。进入20世纪90年代,受制于国际市场竞争的日益加剧,日本政府确立了"科学技术创新立国"的发展战略。

4.制定鼓励技术中介服务业发展的政策措施。比如美国制定了一系列的法律措施,将技术转让纳入联邦政府相关部门的职责中,为技术中介的发展创造良好的氛围。1980年通过的《贝尔—多尔法案》规定,大学、非营利机构和小企业在联邦政府经费支持下做出的发明,拥有权仍然归其自己,并给予政府拥有和运营的实验室排他性转让其专利技术的权利。美国的《史蒂文森—威德勒技术创新法》,明确了联邦政府有关部门和机构及其下属的联邦实验室的技术转让职责。1986年国会又推出《联邦技术转让法》,该法是《史蒂文森—威德勒技术创新法》的补充法案,提出联邦政府雇用的科研人员对于职务发明专利的技术转让收入,可提成一部分。在这之后,美国国会又制定了一些法律,进一步推动政府资助的研究成果向企业的转移。

二、中国技术服务业的发展

(一)中国技术服务业的发展状况

在高技术服务业和技术中介服务业领域,中国技术服务业的发展有显著的进步:

1.高技术服务业的发展。2002年,为适应社会、经济发展需求,我国《国民经济行业分类》修订、增补了有关高技术服务业分类,并据此于2004年通过经济普查,第一次为高技术服务业提供了全面、系统的数据。《2010年度科技型中小企业技术创新基金若干重点项目指南》对中国的高技术服务业的定义是:在促进传统产业升级、产业结构优化调整的进程中采用现代管理经营理念和商业模式,运用信息手段和高新技术,为生产和市场发展提供增值的、智力密集型的专业化服务类项目,需借助专业化技术服务手段来实现。中国的高技术服务业现在应该至少包括以下内容。

(1)信息技术服务业。信息技术服务是指利用先进科技服务手段,为行业和产业提供信息技术服务,具体可包括:①现代物流服务,即利用先进的信息技术,基于具有共性物流需求的运营平台,面向特定领域和行业提供第三方或第四方物流或供应链运营管理服务;②集成电路设计和测试服务;③业务流程外包(BPO)服务。

(2)生物医药技术服务业:①生物、医药的研究开发评价服务;②研究开发新型制剂的技术服务。

(3)新材料技术服务业:①新材料产品研发技术服务;②拓展新材料产品产业链技术服务;③新材料产品技术的集成创新服务。

(4)光机电一体化技术服务业:①精密复杂模具设计服务;②多层、密集、微型复杂电路设计服务;③数字化健康诊断技术服务。

(5)资源、环境保护技术服务业:①工业污染治理专业环保设施运营服务;②市场化环境监测(包括室内空气)服务;③工业有毒有害废物处理设施的专业化运营服务。

(6)新能源与高效节能工艺技术、产品的监测及系统管理服务:①可再生能源与高效节能工艺技术、产品的监测及系统管理服务;②"合同能源管理"的技能技术服务,即为用户提供能源诊断、方案设计、技术选择、项目融资、设备采购、安装调试、运行维护、人员培训、节能量检测等一条龙服务。

2.技术中介服务业的发展。我国的技术中介组织的类型主要有生产力促进中心、企业孵化器等。

我国技术部于2003年对原国家科委颁布的《生产力促进中心管理方法》进行了修改和补充,在修改后的《生产力促进中心管理方法》中,其中有几条规定了生产力促进中心的技术中介功能,即促进企业导入先进适用的技术等。

科技部2006年发布《中国科技企业孵化器"十一五"发展规划纲要》的实施意见。在"十一五"纲要中指出,全国已拥有各类孵化器500余家,其中经科技部认定的国家级创业中心137家、软件园24家;经科技部、教育部、人事部等共同认定的留学人员创业园 21 家;经科技部、教育部共同认定的大学科技园 50 家。

(二)中国支持技术服务业发展的政策措施

国务院制定的《国家中长期科学和技术发展规划纲要(2006—2020 年)》规定了支持包括技术服务在内的国家科学技术发展的重要政策与措施。

1. 实施激励企业技术创新的财税政策,具体包括:①加快实施消费型增值税,将企业购置的设备已征税款纳入增值税抵扣范围;②加大企业研究开发投入的税前扣除等激励政策的力度,实施促进高新技术企业发展的税收优惠政策;③允许企业对研究开发设备加速折旧;④对购买先进科学研究仪器和设备给予必要的税收扶持政策;⑤加大对企业设立海外研究开发机构的外汇和融资支持力度,提供对外投资便利和优质服务;⑥制定扶持中小企业技术创新的税收优惠政策。

2. 加强对引进技术的消化、吸收和再创新,包括:①通过调整政府投资结构和重点,设立专项资金,用于支持引进技术的消化、吸收和再创新,支持重大技术装备研制和重大产业关键性技术的研究开发;②采取积极政策措施,多渠道增加投入,支持以企业为主体、产学研联合开展引进技术的消化、吸收和再创新;③把国家重大建设工程作为提升自主创新能力管理的重要载体。

3. 实施促进自主创新的政府采购,具体有:①建立政府采购自主创新产品协调机制;②对国内企业开发的具有自主知识产权的重要高新技术装备和产品,政府实施收购政策;③对企业采购国产高新技术设备提供政策支持;④通过政府采购,支持形成技术标准。

4. 实施知识产权战略和技术标准战略,具体有:①进一步完善国家知识产权制度,营造尊重和保护知识产权的法制环境,加大知识产权保护力度;②根据国家战略要求和产业发展要求,以形成自主知识产权为目标,产生一批对经济、社会和科技等发展具有重大意义的发明创造;③将形成技术标准作为国家科技计划的重要目标。

5. 实施促进创新创业的金融政策,包括:①起草和制定促进创业风险投资健康发展的法律法规及相关政策;②积极推进创业板市场建设,建立加速科技产业化的多层次资本市场体系;③鼓励有条件的高科技企业在国内主板和中小企业板上市;④为高科技中小企业在海外上市创造便利条件;⑤为高科技创业风险投资企业跨境资金运作创造更加宽松的金融、外汇政策环境;⑥在国家高新技术试验开发区内,开展对未上市高新技术企业股权流通的试点工作;⑦逐步建立技术产权交易市场;⑧探索以政府财政资金为引导,政策性金融、商业性金融资金投入为主的方式,采取积极措施,促进更多资本进入创业风险投资市场;⑨建立全国性的科技创业风险投资行业自律组织;⑩鼓励金融机构对国家重大科技产业化项目、科技成果转化项目等给予优惠的信贷支持,建立健全鼓励中小企业技术创新的知识产权信用担保制度和其他信用担保制度,为中小企业融资创造良好条件;⑪鼓励金融机构改善和加强对高新技术企业,特别是对科技型中小企业的金融服务;⑫鼓励保险公司加大产品和服务创新力度,为科技创新提供全面的风险保障。

6.加速高新技术产业化和先进适用技术的推广,具体有:①优化高新技术产业化环境;②加大对农业技术推广的支持力度;③支持面对行业的关键、共性技术的推广应用。

7.完善军民集合、寓军于民的机制,包括:①加强军民结合的筹划和协调;②建立适应国防科研和军民两用科研活动特点的新机制。

8.扩大国际和地区科技合作与交流,包括:①鼓励科研院所、高等院校与海外研究开发机构建立联合实验室或研究开发中心;②支持我国企业"走出去",扩大高新技术及其产品的出品,鼓励和支持企业在海外设立研究开发机构或产业化基地;③积极主动参与国际大科学工程和国际学术组织。

9.提高全民族科学文化素质,营造有利于科技创新的社会环境,包括:①实施全民科学素质行动计划;②加强国家科普能力建设;③建立科普事业的良性运行机制。

第四节 技术咨询与技术服务合同

一、技术咨询合同与技术服务合同

(一)技术咨询合同

技术咨询合同是指一方当事人为另一方就特定技术项目提供可行性论证、技术预测、专题技术调查、分析评价所订立的合同。最高人民法院《关于审理技术合同纠纷案件适用法律若干问题的解释》第30条对特定技术项目下了定义:"特定技术项目包括有关科学技术与经济社会协调发展的软科学研究项目,促进科技进步和管理现代化、提高经济效益和社会效益等运用科学知识和技术手段进行调查、分析、论证、评价、预测的专业性技术项目。"

技术咨询合同的认定条件是：

（1）合同标的为特定技术项目的咨询课题。

（2）咨询方式为运用科学知识和技术手段进行的分析、论证、评价和预测。

（3）工作成果是为委托方提供科技咨询报告和意见。

（二）技术服务合同

技术服务合同是指当事人一方以技术知识为另一方解决特定技术问题所订立的合同，不包括建设工程合同和承揽合同。最高人民法院《关于审理技术合同纠纷案件适用法律若干问题的解释》第33条对特定技术问题下了定义："特定技术问题包括需要运用专业技术知识、经验和信息解决的有关改进产品结构、改良工艺流程、提高产品质量、降低产品成本、节约资源能耗、保护资源环境、实现安全操作、提高经济效益和社会效益等专业技术问题。"

技术服务合同的认定条件是：

（1）合同的标的为运用专业技术知识、经验和信息解决特定技术问题的服务性项目。

（2）服务内容为改进产品结构、改良工艺流程、提高产品质量、降低产品成本、节约资源能耗、保护资源环境、实现安全操作、提高经济效益和社会效益等专业技术工作。

（3）工作成果有具体的质量和数量指标。

（4）技术知识的传递不涉及专利、技术秘密成果及其他知识产权的权属。

二、技术咨询合同与技术服务合同的主要类型

（一）技术咨询合同的主要类型

1. 可行性论证合同。可行性论证合同是指技术受托方对特定技术项目实施的相近性、成熟性、合理性、经济效益等进行综合性分析、计算和评价，从而确定该项目是否有成功和发展的可能而与技术委托方订立的合同。可行性论证主要包括经济效果评价、技术效果评价、社会效果评价。

2. 技术预测合同。技术预测合同是指合同双方就技术项目实施的发展前景、实施效果、市场情况等做出的评估而订立的合同。

3. 专题技术调查合同。专题技术调查合同是指技术受托方针对技术项目的技术要求,采取多种形式对专题资料、数据的考察和收集工作而与技术委托方订立的合同。

4. 分析评价报告合同。分析评价报告合同是指合同双方对技术项目进行分析、计算、评估、比较和权衡利弊得失,就该技术项目的发展给社会带来的益处和消极因素进行全面分析研究和全面评价工作,提出书面报告而订立的合同。

(二) 技术服务合同的主要类型

1. 提供物化技术工作成果的技术服务合同。该类技术服务合同的标的物表现为一定的物化技术工作成果,主要有产品设计服务、工艺服务、计算机技术应用服务、新型或者复杂生产线的调试、对特殊产品技术标准的制定、对动植物细胞进行基因重组等活动中的完成等。

2. 技术培训合同。技术培训合同是当事人一方委托另一方对指定的专业技术人员进行特定项目的技术指导和业务训练所订立的合同。

技术培训合同的认定条件是:

(1) 以传授特定技术项目的专业技术知识为合同的主要标的。

(2) 培训对象为委托方指定的与特定技术项目有关的专业技术人员。

(3) 技术指导和专业训练的内容不涉及有关知识产权权利的转移。

下列培训教育活动,不属于技术培训合同:

(1) 当事人就其员工业务素质、文化学习和职业技能等进行的培训。

(2) 为销售技术产品而就有关该产品性能、功能及使用、操作进行的培训活动。

3. 技术中介合同。技术中介合同是当事人一方(中介方)以知识、技术、经验和信息为另一方与第三方订立技术合同、实现技术创新和科技成果产业化,进行联系、介绍、组织工业化开发并对履行合同提供专门服务所订立的合同。

技术中介合同可以下列两种形式订立:①中介方与委托方单独订立的有关技术中介业务的合同;②在委托方与第三方订立的技术合同中载明中介方权利与义务的有关中介条款。

技术中介合同的认定条件是:

(1) 技术中介的目的是促成委托方与第三方进行技术交易,实现科技成果的转化。

(2)技术中介的内容应为特定的技术成果或技术项目。

(3)中介方应符合国家有关技术中介主体的资格要求。

三、技术服务合同定价流程

(一)市场分析

技术服务项目内部定价程序的第一步,是根据技术服务项目的特点,进行有针对性的市场分析。企业应积极搜集与该技术服务项目有关的市场资料,包括相关成本、用户的价格敏感性、竞争者的行为等,通过调查、分析、评估,确定该技术服务项目目标市场的价格预期和需求价格弹性等。着重介绍技术服务项目的独特性,了解目标市场对该项目的感知和需求状况,将非常有助于技术服务项目价格的确定。

所谓需求价格弹性,是指某商品的需求量(对企业来说是销售量)变动率与其价格变动率的比值,它反映了商品需求量对其价格变动反应的灵敏程度。

需求价格弹性的弹性系数=需求量变动的比率÷价格变动的比率

当弹性系数<1时,称需求缺乏弹性,此时,商品价格变动幅度大,需求量变动幅度小;当弹性系数>1时,称需求富有弹性,此时,商品价格变动幅度小,需求量变动幅度大。

技术服务的对象是特殊的目标市场,其需求价格弹性的弹性系数普遍小于1,市场不会因为技术服务的价格偏低而膨胀,因此,技术服务项目宜采用高定价,用高定价给企业带来高利润。

(二)定价目标

完成技术服务项目市场分析后,接下来就是要明确技术服务企业在该目标市场中的定位以及技术服务项目的定价目标。

所谓定价目标,是指企业商品价格实现后应达到的目标,定价目标应该和企业的经营战略目标相一致,并为经营战略目标服务。定价目标是企业制定价格的始点和终点,不同的定价目标,会导致企业制定不同的商品价格。虽然不同的企业、不同的技术服务内容、不同的技术服务市场,其定价目标名称各不相同,但究其实质我们仍可以将其概括地分为利润目标、市场占有率目标和信誉目标三大类。其中,利润目标是根本,市场占有率目标是企业实现短期利润的表现形式,信誉目标是企业实现长期利润的表现形式。

一般情况下,企业的定价目标不是单一的,而是一个兼顾利润、市场占有率和企业信誉的多元组合体,只是彼此权重不同而已。同时,企业经营者应密切关注市场变化,及时调整定价目标,以保证企业经营战略目标的实现。

(三) 定价策略

确定了技术服务项目定价目标后,如何获取利润,就要依靠定价策略了。由于技术服务存在法律上的垄断(专利权)或事实上的垄断(保密),所以技术服务兼具创新性和先进性,对于该类商品,一般都采用撇脂定价策略。撇脂定价策略是指企业将技术服务的价格定得比较高,以高价进入市场,以期在短期内获得最大的利润。这就像从汤中撇取顶层的油脂一样,故称撇脂策略。

在细分市场中有专利保护且技术先进、需求价格弹性小、在短期内无竞争对手的技术服务项目,高定价可以使企业在经营活动中保持主动,并能使研发成本得以较快回收,也为日后企业的降价留出了空间。

高定价同时也是对技术服务的定位。优质优价的大众意识,导致用户对优质服务较高价格的认可。企业应持续改进技术服务以保持其领先性,培育忠诚顾客,做好市场领导者并从中获取利润。

快速发展的社会缩短了技术服务项目的生命周期,随着科学技术的飞速发展,原有的先进技术会很快衰落成传统技术,技术服务项目进入衰退期,此时销售量急剧下降,一般说应该及时撤出市场以免拖累。

(四) 定价方法

1.需求导向定价法。定价目标、定价策略着重解决思维问题,属于战略范畴;定价方法则是定价目标、定价策略的具体化,是商品价格的具体确定,属于战术范畴。按照价格理论,影响商品定价的因素主要有三方面,即需求、成本和竞争。市场需求影响着顾客对商品价值的认识,决定着商品价格的上限;成本是商品价值的基础部分,它决定着商品价格的下限;市场竞争状态则调节着价格在上限和下限之间的波动幅度,并最终确定商品的市场价格。

技术服务项目的定价,不仅要考虑其市场需求、成本和竞争状况,还必须要考虑技术服务的特殊性。如上所述,技术服务具有垄断商品的特征,其价格既不由商品的生产成本所决定,也不由商品本身的价值决定,而是由购买者的需求和支付能力决定。所以企业在确定技术服务项目定价时应重点研究顾客对商品价值的认识,我们把这种定价方法称之为需求导向定价法。

所谓"需求导向定价法",是以商品功效、消费者所能理解的商品价值以及消费者可能支付的价格水平为依据来制定商品价格,其结果会使消费者感觉到购买该商品可以获得较多的价值。

2.测定市场需求价格的方法,主要有以下几种:

(1)主观评估法:组织企业内部有关人员对商品价格进行评估。

(2)客观评估法:组织企业外部有关人员及用户对商品价格进行评估。

(3)实销评估:选择有代表性的用户进行试销,以评估试销价格在市场上的反应。

企业技术服务项目的价格制定以后,并非一劳永逸、固定不变,随着市场状况、企业条件及其他因素的变化不断调整。所以价格执行的过程也是价格不断调整的过程,价格调整的目的同样是为了更好地执行商品价格,实现价格目标。

(五)合同谈判

技术服务几乎全部采用直销,价格是商业谈判的焦点,要想获得理想的价格,还必须要掌握报价和让价的技巧。

商业谈判需要报价的技巧。心理研究证明,最终决定人们购买行为的不是购买能力,而是购买欲望,购买欲望越强烈,价格问题越不重要。所以,最佳的报价方式是突出商品的使用价值,重点启发、强化客户的购买欲望,购买者对某种商品评价越高,他对价格越不敏感,优质优价的潜意识势必导致每个人对优质服务较高价格的认可。

虽然技术服务宜采用固定价格政策,但个别时候必要的让价也是可以理解的,这时便需要让价的技巧。让价的原则是要保证成交价格与企业价格决策目标相一致,让价的一般方法是要求对方同等让步,让价幅度可以小步慢跑强调难度,也可以先大步、后小步以示诚意。

在商业谈判中,因价格分歧较大而难以成交是常有的事情。此时,若希望坚持报价促其成功,可以采用必要的价格解释、缓和气氛(如换人或换地)甚至暂停谈判寻找转机等形式来打破谈判僵局。合同谈判如同博弈,既有理论也有实践,是技术又是艺术,需要不断学习积累,以促使合同谈判向着对自己有利的方向发展。

(六)价格管理

价格管理就是企业搜集、积累、整理、统计、分析有关价格资料,预测市场变化,确定和调整商品价格,同时完成自我监督、检查、提高的一系列活动。价格管理是企业经营活动中的一种自我完善机制。目前,价格管理在有些企业尚未引起足够重视,但随着社会的进步和管理水平的提高,企业经营者将逐渐认识到价格管理的重要性,逐步将企业内部的价格管理纳入法制化、制度化、规范化的轨道,通过积极的价格管理,企业将进一步规范自身的价格决策行为,核算生产经营成本和利润,调整生产经营范围和规模,提高企业形象和竞争力,增加企业的经济效益,实现企业的经营战略目标。

四、技术咨询合同与技术服务合同当事方的权利与义务

(一) 技术咨询合同当事方的权利与义务

1. 委托方的权利与义务。

委托方可以享受的主要权利包括:①技术咨询合同的委托方有权要受托方按照约定的期限提供咨询报告;②受托方未按期提出咨询报告或者提出的咨询报告不符合约定的,委托方有权减少支付或者不向受托方支付报酬。

委托方应当承担的主要义务包括:①技术咨询合同的委托方应当按照约定阐明咨询的问题,提供技术背景资料及有关技术资料、数据;②委托方在接到受托方的补正数据资料的通知后,要在合理期限内答复并予补正,否则要承担由此而发生的损失;③接受受托方的工作成果,支付报酬;④委托方应当对受托方提出的咨询报告和意见保守秘密,如若当事方对保密未加约定,委托方引用、发展或者向第三人提供的,不认定为违约行为,但侵害对方当事人对此享有的合法权益的,应当依法承担民事责任。

委托方支付报酬的方法一般包括:第一,计时收费,根据工作天数或小时数计算咨询费用;第二,工资加一定比例的计算收费,即采用工资费用乘上一个系数的办法支付报酬;第三,总开支加固定费用,该方法用在当咨询项目内容不确定或项目本身具有验证性质的咨询任务;第四,投资总额的百分比,即工程的投资总额乘上一个百分比例;第五,限额性收费、承包收费和定期咨询酬金的方法。

2. 受托方的权利和义务。

受托方可以享受的主要权利包括:①委托方未按照约定提供必要的资料和数据,影响工作进度和质量,不接受或者逾期接受工作成果的,受托方有权不退回委托方支付的报酬,并有权要求委托方支付未支付的报酬;②受托方发现委

托方提供的资料、数据等有明显错误或者缺陷的,有权在合理期限内通知委托方补正;③受托方有权要求委托方承担符合约定要求的咨询报告和意见做出决策所造成的损失,但当事人另有约定的除外。

受托方应当承担的主要义务包括:①技术咨询合同的受托方应当按照约定的期限完成咨询报告或者解答问题;②提出的咨询报告应当达到约定的要求;③受托方应当对委托方提供的技术资料和数据保守秘密,如若当事方未加约定保密规定,受托方引用、发表或者向第三人提供的,不认定为违约行为,但侵害对方当事人对此享有的合法权益的,应当依法承担民事责任。

(二)技术服务合同当事方的权利与义务

1. 委托方的权利和义务。

委托方可以享受的主要权利包括:①技术服务合同的委托方有权要求受托方按照约定的期限完成服务工作;②受托方未按照合同约定完成服务工作的,委托方有权减少支付或者不向受托方支付报酬。

委托方应当承担的主要义务包括:①技术服务合同的委托方应当按照约定提供工作条件,完成配合事项;②委托方在接到受托方关于资料、数据、样品、材料、场地等工作条件不符合约定的补正通知后,要在合理期限内答复并予补正,否则要承担由此而发生的损失;③接受工作成果并支付报酬。

2. 受托方的权利和义务。

受托方可以享受的主要权利包括:①技术服务合同委托方不履行合同义务或者履行合同义务不符合约定,影响工作进度和质量,不接受或者逾期接受工作成果的,受托方有权不退回委托方支付的报酬,并且有权要求委托方支付未支付的报酬;②受托方发现委托方提供的资料、数据、样品、材料、场地等工作条件不符合约定的,有权在合理期限内通知委托方改止。

受托方应当承担的主要义务包括:①技术服务合同的受托方应当按照约定完成服务项目,解决技术问题;②保证工作质量,并传授解决技术问题的知识。

五、技术咨询合同与技术服务合同主要条款

(一)技术咨询合同主要条款

1. 委托的项目名称。委托的项目名称应当是所签订的技术咨询合同中涉及的委托方交付的技术项目的全称,即通常所说的"合同标的"。合同中表述的

文字应与委托的内容一致,并不得有歧义。

2. 技术咨询的内容、形式和要求。在合同中应明确受托人为什么项目所做的可行性分析、论证、技术性能预测、专题技术调查、技术分析评价报告,同时应提出应达到的指标和要求,在提交完成的合同标的时,同时提交咨询报告、技术资料及相关文件。

3. 约定提交咨询报告的期限、地点和方式。

4. 合同中应明确委托人的义务。受托人在接受委托后,委托人应积极协助受托人,在规定范围内主动提供工作条件、背景资料、数据,并根据受托人的要求补充必要的说明、追加必要的资料、数据和背景材料等。

5. 技术情报和资料的保密要求。

6. 咨询报告的验收、评价方式。这是技术咨询活动十分重要的内容,验收评价的方式应科学、公正,其方式可采用专家鉴定、专家评估等方式,如果双方在合同中约定以委托人认可为验收条件的,也可以以委托人的认可作为验收依据。

7. 报酬支付的方式。报酬支付的方式一般有一次总付、分期支付、其他方式等三种支付方式,无论采用何种方式,都应在合同中明确,不可含混不清或不约定报酬支付的方式。

8. 违约责任。技术咨询合同经双方签字后生效,任何一方违反合同约定导致合同不能按期履行或不能按期完全履行,均应承担违约责任、支付违约金或者承担损失的赔偿责任,违约金的数额、计算方式,损失赔偿的范围、数额均应在合同中明确,以避免争议。

9. 争议的解决。争议解决有协商、调解、仲裁和诉讼四种解决方式。双方应在合同中约定,按约定的方式不能解决争议时,最终是诉讼解决,也可以不选择其他方式,只选择诉讼方式解决。

(二)技术服务合同主要条款

1. 技术服务的项目名称。服务的项目名称应当反映出技术服务的技术特征和法律特征,并一定要与服务的内容一致。

2. 技术服务的内容、方式、要求。本条规范的是技术服务合同的标的特征和具体要求,应明确完成技术服务的具体做法,如产品设计、工艺编程、技术鉴定及应达到的技术指标、经济指标等。

3. 合同履行的期限、地点和方式。技术服务合同履行的地点在合同中应明确,没有明确的,应在委托人所在地履行;合同履行的时间是指双方在合同中约定的完成这项技术服务的最终时间,在规定时间届满时,被委托人应向委托人移交技术服务的报告书;方式是指合同中约定的技术服务项目完成应采用的手段,如产品结构设计、测试分析、生产线调试等。

4.工作条件。工作条件是指委托方应向被委托方提供必要的工作条件和阐明技术服务要解决的问题,并提供技术资料、技术数据及相关文件。

5.验收标准。委托的技术项目完成后,委托人应按合同约定的标准进行验收,因此,合同中应约定被委托人对技术服务合同中的服务项目应达到国标、部标或行标,并按规定的要求进行验收,如专家评估、专家鉴定会鉴定等验收办法。

6.报酬支付的方式。报酬支付的方式指委托人支付被委托人的酬金,双方除约定完成后一次性支付、完成后分期支付、服务过程中分阶段支付等方式外,还应约定支付的时间和具体地点。

7.违约责任。合同中约定了双方应履行的义务,违反的应承担违约责任,违约责任有支付违约金、赔偿损失等内容。

8.争议解决的方法。双方可在合同中约定协商解决、调解解决、仲裁解决、诉讼解决,如果约定诉讼解决,其他方式可以不进行;如果约定其他争议解决方式,双方最后还可以通过诉讼解决。

六、订立技术咨询与技术服务合同应注意的问题

(一)签订技术咨询与技术服务合同的主体资格

在合同签订过程中,应事先审定对方签约主体的资格。比如现在很多高校和科研院所的研究人员成为技术咨询与技术服务市场的重要组成部分,但是在与他们签订具体合同时,有些往往使用系、教研室、课题组等不具合同主体资格的名称,或其内部科、室等非分支机构单位的名称,致使合同效力待定,若其主管部门不认可,可能导致合同无效。

(二)技术咨询与技术服务过程中完成的新的技术成果的归属约定

新的技术成果是指技术咨询与技术服务合同的当事人在履行合同义务过程中完成的或者后续发展的技术成果。在签订合同时,双方最好对技术服务过程中完成的新的技术成果的归属做明确约定,切忌模棱两可,造成知识产权

流失。

我国合同法第363条对新的技术成果的归属做了规定:"在技术咨询合同、技术服务合同履行过程中,委托人利用受托人的工作成果完成的新的技术成果,属于委托人。当事人另有约定的,按照其约定。"

(三) 技术咨询和技术服务合同中保密条款的制订

在技术咨询和技术服务过程中,往往要使用委托方的技术资料和数据,并且受托方对外服务时完成的工作成果也往往属于技术秘密,不可随意外泄,因而合同双方需要制订保密条款,明确约定保密的范围、期限和各方应承担的责任,以免泄密。

(四) 技术咨询和技术服务的合同价款支付

技术咨询和技术服务合同中,较多会出现以下两种条款:

第一种是开始支付了大部分价款,比如"报酬总额的95%于项目验收通过之日起满十五日支付,余款5%于一年技术保证期满后满七日支付"。但实际上,项目验收通过仅标志工作成果符合主要的质量技术指标和要求,在使用服务方交付的工作成果过程中,有可能还存在一些短期内难以发现的缺陷、细节性问题。在委托方已支付大部分价款的情形下,很难对受托方进行制约。在服务报酬支付方式中,为了督促服务方完全履行某些合同义务,实践中往往可采取"分段支付"方式支付报酬。

第二种条款是付款支付的时间约定不明确,如"项目验收通过之后支付",因为"之后"是一个不确定的时间约定,所以常会发生委托方拖延、拒付或不支付合同尾款的现象,使受托方的服务报酬难以得到及时、足额的支付,损害了其利益。因而在合同条款签订时,受托方一定要明确具体的支付时间。

(五) 技术咨询和技术服务合同的技术附件审查

在技术咨询和技术服务合同中,有时合同条文并不能把所有服务细节都解决,这就要在合同技术附件中体现。技术附件往往专业性较强,有时甚至连一个字母的差异都会产生歧义,忽视其审查,不但难达合同目的,甚至会给当事方造成较大损失或无法索赔的后果。因而在技术咨询和服务合同中,应重视合同技术附件审查,做到仔细对照判断,就技术附件中的每个细节逐一核对澄清,防止潜在风险发生。

思考练习题

思考题

1. 技术咨询和技术服务具有什么样的特点?
2. 技术咨询和技术服务之间存在什么样的区别?
3. 技术咨询包括哪些业务类型?
4. 技术服务包含哪些业务类型?
5. 发达国家的技术咨询业的发展有哪些特点?
6. 发达国家采取了哪些支持技术咨询业发展的政策措施?
7. 简述中国的技术咨询业概况。
8. 中国采取了哪些支持本国技术咨询业发展的政策措施?
9. 技术中介机构在推动技术服务业发展方面发挥着怎样的作用?
10. 发达国家在推动本国技术服务业发展方面采取了哪些政策措施?
11. 简述中国的技术服务业发展概况?
12. 中国采取了哪些支持技术服务业发展的政策措施?
13. 什么是技术咨询合同和技术服务合同?
14. 技术咨询合同和技术服务合同可以分为哪些类型?
15. 订立技术咨询与技术服务合同应注意什么问题?

练习题

一、选择题

1. 技术咨询与技术服务相同点包括(　　　)。

A. 技术咨询与技术服务是针对特定技术项目、技术课题所提供的技术性的服务

B. 技术咨询与技术服务所用的知识都是普通知识

C. 技术咨询与技术服务机构是完全独立的

D. 技术咨询与技术服务机构同委托方的关系是买卖关系

2. 技术服务主要包括以下哪些内容?(　　　)

A. 信息服务　　　B. 安装调试服务　　　C. 维修服务　　　D. 咨询服务

3. 发达国家的政府对咨询业发展的实质性的支持包含以下哪种情况(　　　)?

A. 对咨询企业给予资金支持

B. 对需要咨询的中小企业提供咨询费用补贴

C. 对咨询公司免除税费

D. 对咨询机构提供信贷和税收政策优惠

4. 技术服务合同的认定条件是(　　)。

A. 合同的标的为运用专业技术知识、经验和信息解决特定技术问题的服务性项目

B. 咨询方式为运用科学知识和技术手段进行的分析、论证、评价和预测

C. 工作成果有具体的质量和数量指标

D. 技术知识的传递不涉及专利、技术秘密成果及其他知识产权的权属

5. 以下哪些是从业务形式上区分技术咨询？(　　)

A. 科学发展战略和规划的研究

B. 技术政策和技术路线选择的研究

C. 技术成果、重大工程和特定技术系统的技术评估

D. 技术预测，即根据特定用户的委托，预测某一领域未来技术的发展趋势

二、填空题

1. 技术咨询合同的_____有权要求_____按照约定的期限提供咨询报告。

2. 国务院制定的_____规定了支持包括技术服务在内的国家科学技术发展的重要政策与措施。

3. 技术服务合同的受托方未按照合同约定完成服务工作的，委托方有权_____或者_____报酬。

4. 可行性论证合同是指技术受托方对特定技术项目实施的_____、_____、合理性、经济效益等进行综合性分析、计算和评价。

5. 技术咨询合同是指一方当事人为另一方就特定技术项目提供可行性论证、技术预测、_____，_____所订立的合同。

第十一章 国际技术贸易中的限制性商业惯例

学习要点与要求

1. 了解有关限制性商业惯例的基本知识,掌握有关国际技术贸易中的限制性商业惯例
2. 限制性商业惯例的概念、特点和产生原因
3. 发达国家和发展中国家、联合国和世界知识产权组织对限制性商业惯例的规定

引导案例

德国某汽车制造集团与中国某汽车制造厂在北京签订一份转让技术的许可合同。合同约定:外方作为转让方负责提供能够生产某种新型小轿车的全套技术,包括主体技术和配套技术,转让方应保证均为专利技术,且在中国只转让给作为受让方的汽车制造厂一家。同时,合同规定,受让方只能从转让方购买所需的零部件,对于改进的技术或替代的技术,中方需无偿交给转让方。中方利用该技术,第一年只能生产汽车100辆,以后逐年增加。外方派技术专家到中方所在地帮助实施此技术。用技术贸易中限制性商业惯例的知识分析此案例。

第一节 限制性商业惯例的概述

一、限制性商业惯例的概念

限制性商业惯例(Restrictive Business Practice),也称为限制性商业条款(Restrictive clauses)或限制性商业行为,目前在国际上尚无统一明确的定义。一般而言,在合同中体现限制性商业做法的条款被称为限制性商业条款。更为广泛的范围内,无论是体现于合同之中还是体现于其他国际经济活动之中的限制竞争的做法,通常称之为限制性商业惯例或限制性商业条款。

联合国 1980 年通过的《联合国关于管制限制性商业行为的多边议定的公平原则和规则》(United Nations Multilaterally Equitable Principles and Rules for the Control of Restrictive Business Practices),折中了发达国家和发展中国家的观点,对限制性商业条款定义为"企业通过滥用或取得市场支配地位限制进入市场或以其他不正当方式限制竞争,从而可能或将会对贸易或商业产生不利后果的做法或行为;或者企业间通过正式或非正式、书面或非书面的协议或安排而具有同样作用的做法或行为"。

国际技术贸易中的限制性商业惯例一般是指在国际技术贸易中,技术出让方凭借自己的优势地位而施加给技术受让方的、对受让方造成不合理限制的商业做法。它是技术许可方对被许可方在技术使用、技术改进、产品生产与销售等方面施加各种限制的合同条款,该条款影响国际技术市场和竞争,限制了国际技术贸易的发展。

从总体上看,对限制性商业惯例范围的认定存在着两种标准,即发达国家的竞争标准(Competition test approach)和发展中国家的发展标准(Development test approach)。发达国家作为国际技术贸易中主要的技术所有者,从技术转让方的利益出发,认为凡是构成或者导致市场垄断、妨碍自由竞争的行为都属于限制性商业做法;大多数发展中国家作为主要的技术需求方,从技术受让方的利益出发,认为许多限制性商业做法本身也许并不一定导致垄断、削弱竞争,但显然不利于或者妨碍了技术受让方经济技术的发展,因此认为凡是不利于或者妨碍技术受让方经济、技术发展的行为即为限制性商业做法。

限制性商业惯例按其性质可分为两类:一类是对受让方有利有弊的条款,受让方国家法律未对其做出强制性的规定,如果弊大于利,企业可以拒绝接受,反之则可以接受,因此此类条款被称为非强制性条款;另一类是直接有损于受让方国家主权和经济利益的条款,对于此类条款,受让方国家通常采取强制性的规定,禁止任何企业接受,因此此类条款也被称为强制性条款。

二、限制性商业惯例产生的原因

(一)国际技术贸易对象的特殊性

国际技术贸易不同于一般的商品贸易,交易的对象一般是技术的使用权而非所有权。国际技术贸易双方当事人之间是既合作又竞争的关系。权利人许可他人使用其技术,很可能会在市场中培养出一个强有力的竞争对手,并且被许可人可能会生产出更具有竞争力的产品,从而威胁权利人的市场地位。也就是说,技术转让方转让技术的同时,势必要让出部分市场,这种竞争关系必然促使当事人在合同中设法加入种种限制性条款。

(二)技术许可方追求利益最大化的动机

在国际技术贸易合同中加入限制性条款,往往是技术许可方谋求利益最大化和风险最小化的手段。例如,为了避免过早更新技术带来的损失而提供即将淘汰、过期的技术,要求引进方不得质疑与该技术有关的知识产权的有效性,或者要求引进方进行排他性回授许可;为了无须自己实施有关技术就可以收回成本,进行包含该技术的某种不必要的一揽子许可或搭售等。

(三)国际技术贸易对象的独占性

国际技术贸易的对象是商标、专利、技术秘密等,专利权人、商标权人都享有合法的独占权和垄断权,技术秘密的所有人在技术不泄露的情况下在事实上也享有一定的独占权。权利人可以禁止任何未经许可实施其知识产权的行为,也可以在获得相应对价的同时允许他人使用。正是由于专利权、商标权等的独占性,权利人在技术许可的谈判过程中具有强势地位。权利人可能利用自己的独占性,把种种不合理的限制强加于技术贸易合同的对方当事人。

三、限制性商业惯例的特点

(一)隐蔽性

与其他贸易的限制性商业行为相比,国际技术转让限制性商业行为更为复杂和难以识别,这是由于技术提供方往往借保护专利、商标等知识产权之名在许可协议中设置各种限制性条款。

(二)复杂性

联合国在制定《国际技术转让行动守则》时,发展中国家基于是否对本国经济发展造成消极影响的原则,在其草案中详细列举了40个条款,而在实践中出现的限制性条款类型更是多种多样、形式复杂。

(三)缺乏规范性

国际技术转让中的某些限制性惯例在许多国家的国内法律上并没有做出明文规定。因此,这些依法受到保护的做法或多或少的会在技术许可合同中表现为一定的带有垄断性或限制性的条款,这是基于正当权利的合法限制。未来,限制性商业惯例应该被法律明文禁止。

四、限制性商业惯例的表现形式

随着世界经济全球化发展,国际技术贸易的重要性越来越大,与国际技术贸易伴生的限制性商业做法也越来越严重地阻碍了国际技术贸易的正常开展和科学技术的进步。根据限制性商业惯例的定义,其表现形式可以简单地划分为两类:一类是垄断行为,比如,实力雄厚的跨国公司或发达国家的企业利用其在技术上的垄断地位,抬高技术转让费价格,实行限制性适用范围;另一类是不正当竞争行为,根据联合国的规定,不正当竞争的做法主要包括协议共同定价、串通投标、安排分配市场与客户、定额分配销售量和生产量、联合拒绝向可能的进口者提供货物等。

第二节 国际技术贸易中的限制性商业惯例

一、国际技术贸易中限制性商业惯例的界定

限制性商业惯例是在国际商品交易中普遍存在的一种现象,而在国际技术转让中尤为突出,这是因为在国际技术交易中,技术的拥有者通常具有工业产权或专有技术的优势地位,因而有条件对技术使用者进行限制。比如,在国际技术贸易中,全球技术贸易的85%在发达国家之间进行,而且发达国家的技术

出让方占了约80%,其中美、英、德、法、日占发达国家技术贸易总额的90%以上,仅美国就占了世界技术贸易总额的1/3。据统计,跨国公司垄断了国际技术创新的70%－80%、国际技术贸易的90%,因此,在国际技术交易市场中跨国公司的垄断地位日益加强。在国际技术转让中,越来越多的技术为专利技术或商标等,由于工业产权的这些特点,技术输出国为了长期享有独占权或垄断权,就向技术引进国提出限制性条件。

国际技术贸易中限制性商业惯例是指,在技术贸易过程中,技术供应方凭借其优势地位对技术受让方取得、使用、改进技术以及技术产品的销售等方面提出的损害技术受让方利益的各种限制。根据国际上通行的判断标准,一项合同条款是否构成国际技术贸易中的限制性商业惯例,须具备以下几个条件:

第一,限制性商业惯例仅限于国际技术贸易领域。限制性商业条款是伴随着专有技术、工业产权、计算机软件使用权的转让过程而出现的,比国际其他商品贸易更为复杂,表现形式更多样,危害程度更大。发达国家的技术出让方提出限制性商业做法的借口是保护技术转让方对专利、商标等的合法独占权。限制性商业做法正是利用了合法独占权进行权利的滥用,限制了专利权等知识产权的合法使用。

第二,限制性商业惯例所体现的限制是为法律所禁止或严格限制的,而且具有不合理性。这种不合理性指的是限制性做法超越了版权法、工业产权法和其他有关法律所保护的权利范围,是对法律保护权利的滥用,是以牺牲技术受让方的利益为代价,片面追求自身利益而实施的限制性商业做法。

第三,限制性商业惯例是出让方强加给受让方的,是技术转让方对其技术优势地位的滥用。当技术转让方在市场上不存在真正竞争对手时,其所处的地位就是垄断地位或支配地位。在这种情况下,技术转让方就有可能滥用支配地位,如强行规定不公平的技术转让价格或交易条件,划分市场范围,抵制与非垄断企业成交并将其驱逐出市场,对不同贸易对象采取不同交易条件,使其在竞争中处于不利地位。

第四,限制性商业惯例的确认需依据法规的明文规定,从调整范围看,技术贸易合同中由双方当事人订立的形式上平等、实际上不平等的条款不属于合同法或专利法所调整。在一些国家有关于技术转让的专门性法规,另一些国家则是反垄断法或反托拉斯法。在我国,《中华人民共和国技术引进合同管理条例》及《实施规则》是确认和调整限制性商业惯例的依据。法律无明文规定的通常不得随意推定为限制性商业条款。

第五,限制性商业惯例限制了竞争,妨碍了贸易自由。限制性商业做法限制技术受让方使用竞争性技术和自行开展研究活动,不允许对引进的技术进行改进与革新,所以也就阻碍了技术的发展。有时两个或两个以上的企业达成某种协议,采取一致做法,以谋取和滥用市场支配地位,这不仅限制了竞争,而且影响国际技术贸易的正常进行。

国际技术转让中的限制性商业惯例实际上就是以保护行使专利、商标等合法权利为借口,不合理地滥用市场力量的支配地位,限制竞争,以获取高额利润为目的,向其潜在竞争对手提出的一种单向权利限制。作为国际技术转让标的的专利、专有技术的共同特点是具有一定程度的独占性,但独占权是有限制的,不能超出法律规定的范围。技术许可方往往利用其技术上的优势,设置限制性商业条款,目的是扩大自己应有的权利范围,限制被许可方的竞争力,带动商品或过时技术的出口和回收高额的研制费。

二、国际技术贸易中限制性商业惯例的表现形式

尽管限制性商业惯例是各国法律上都确认的,但是,究竟哪些限制是不公平、不合理的限制性条款,哪些限制不属于限制性做法,或者哪些限制虽属限制性条款,但法律并不禁止。目前国际技术贸易中的限制性条款表现形式多样化,国际上普遍认同的国际技术贸易中的限制性条款大体可以划分为以下几种。

(一) 搭售条款(tying clause)

搭售条款即技术许可方利用其在市场上的独占性或优势地位,强迫受让方从许可方或其指定处购买不需要的技术、设备、产品或服务,并以此作为受让方取得所需专利技术的条件。它属于技术许可方在其受法律保护的专利技术之外对受让方的限制。搭售的不利影响是多重的,它不仅会增加受让方的财政负担,而且会阻碍受让方实现技术或技术产品的替代,影响受让技术的"本地化"。各国一般都倾向于不承认搭售条款的效力,除非搭售是为有效实施受让专利技术所必需。

(二) 不异议条款(No objection clause)

不异议条款即指技术许可方不允许技术受让方对转让方专利或其他知识产权的有效性提出异议;也不得对技术许可方的其他权利提出异议或指控,或者协助任何第三方进行针对许可方的此类异议或指控。

(三)回授条款(grant-back clause)

回授是指国际技术转让合同中约定,技术受方对于使用技术的改进成果应当允许技术供方使用。回授只要是在对等条件下进行的,当事人双方可在平等互利的基础上按照权利义务一致的原则相互回授,就不仅是允许的,而且应当鼓励,这种做法是公平合理的,因此回授条款本身并不一定构成限制性商业惯例。法律所禁止的是,要求技术受让方无偿地将取得的技术进步和改进给予技术许可方,而技术许可方不予任何补偿或承担对等义务,即独占性回授条款或单方面回授条款。

(四)限制技术产品的生产和销售

这种限制主要包括两种情况:

一是限制享有专利的技术产品的生产和销售。所谓的限制生产,是指技术出让方在其技术垄断权范围内对产品的数量、品种等实行的限制。只要这种限制不会带来阻碍技术的实施和推广,以及影响正常竞争秩序的,则是合理的。所谓的限制销售,主要包括价格限制、销售渠道和出口限制。其中出口限制又分为直接和间接两种。直接出口限制是全面禁止产品在接受方所在国以外的任何国家出口。间接出口限制包括四种情况,即限制向某些国家出口或只能向某些国家出口、限制出口数量、限制产品出口的价格和限制产品出口的渠道。

二是限制对使用方法专利所生产技术产品的生产和销售。一般国家都规定,除了个别情况外,技术转让人不得根据其方法专利对根据该专利所生产的产品和销售进行限制。

(五)不竞争条款(no-challenge clause)

不竞争条款即技术许可方要求受让方不得购买或使用与受让专利技术相竞争的技术或技术产品。当这种限制是为了确保技术秘密以及使受让方销售或推销产品时,可认为该限制合法。但是,其实这种限制实质上是为了保持其竞争地位,阻碍受让方采用更先进的技术,完全不属于技术许可方权利范围。此外,这类条款限制了受让方的缔约自由,显然是不合理的。

(六)限制受让人改进或发展受让技术

限制受让人改进或发展受让技术,即技术转让合同的出让方对受让方针对技术的改良和发展行为实行限制。许可方要求被许可方在取得了相关的技术后,不得对该技术进行任何研究和发展,也不得对该技术进行任何改进,或者对被许可方研究和发展其从许可方所取得的技术设定某种不适当的条件。

(七)限制受让方技术人员使用技术的权利

即出让方要求受让方在一些关键性部门必须使用出让方指定的技术人员来负责技术使用事宜,而不得使用受让方自己的技术人员操作使用技术。有的出让方甚至要求受让方在合同期满后的一段时间内仍必须继续使用出让方指定的技术人员。这种限制超出了出让方的权利范围,影响了受让方引进技术的目的,是不合理的。因而,很多国家的立法对于此种限制予以禁止。

第三节 发达国家和发展中国家对限制性商业惯例的规定

一、发达国家对限制性商业惯例的规定

在西方经济发达国家,调整限制性条款的法律主要是名称各异的反垄断法,在美国被称为"反托拉斯法",在西欧被称为"反竞争法",在日本被称为"反垄断法",其中美国是国际上公认的最早制定反垄断单行法的国家。二战后,西方主要工业国家纷纷制定了本国的反垄断法,从此反垄断法走向国际化。反垄断法是各种成文的和判例中的反垄断规范的总和,它的基本内容是通过国家干预来阻止限制贸易自由的各种做法,以维护自由竞争。因而,发达国家对限制性商业条款的法律调整主要包括以下特点:①调整和管制国际许可合同中限制性条款的反垄断法具有强制性,即不管当事人是否同意都强制适用而不能由双方当事人在合同中协议排除其适用。②以"竞争"为基本标准来判断什么是限制性条款,即判断技术贸易中的某一做法或合同条款是否属于限制性条款,主要看其是否影响了市场的自由竞争。③在评定限制性条款的过程中,使用了"合理规则"。合理规则的主要特征是它的不确定性,它给这些国家的司法机构带来的既有执行法律的困难,更有解释法律、灵活运用法律的主动权,有利于执法者在各种情况下应对变化,始终确保本国统治阶级的利益。

(一)美国对限制性商业惯例的法律规定

美国对限制性商业惯例的法律规定主要体现在它的反托拉斯法中,它由三个主要部分组成:1890年《谢尔曼法》、1914年《克莱顿法》和1914年《联邦贸易委员会法》及有关判例。另外,1936年通过的《鲁宾逊—帕特曼法》是对《克莱顿法》中有关价格歧视条款使用范围的扩大和做出的更具体规定,并对生产价格、广告以及推销产品等可能对竞争不利的活动加以规定。美国反托拉斯法对技术贸易处理的原则是,专利权人不得将其限制越出宪法及专利法所授予的权利范围之外,否则属于滥用专利权行为,如搭售、单方回授、限制销售、划分市场等行为,都可能被认为违反托拉斯法而受到指控。

《谢尔曼法》和《克莱顿法》是美国反垄断法中最具影响力的两部法律,其中《谢尔曼法》是美国反托拉斯法中最基本的一部法律,奠定了反托拉斯法的坚实基础,被认为是现代各国反垄断法的鼻祖和样板,全文共八条,其核心条款是第1条和第2条。1914年通过的《联邦贸易委员会法》规定,凡商业中的不公平竞争方式及商业中的不公平或欺诈性行为和做法均属于违法。另外,美国司法部和联邦贸易委员会于1995年4月6日联合发布的《知识产权许可的反托拉斯指南》(Antitrust Guidelines for the Licensing of Intellectual Property)集中反映了美国反托拉斯法的丰富经验和最新发展动向。

1.《谢尔曼法》。该法第一条规定:"任何契约、以托拉斯形式或其他形式的联合、共谋,用来限制州际间或与外国之间的贸易或商业,是非法的。任何人签订上述契约或从事上述联合或共谋,是严重犯罪。"该法第2条规定:"任何人垄断或企图垄断,或与他人联合、共谋垄断州际间或与外国间的商业和贸易,是严重犯罪。"《谢尔曼法》主要规定了禁止市场控制和垄断的原则,第1条规定中的"联合""共谋"都显示了它针对的是双方或者多方共同或集体的行为。

《谢尔曼法》第2条规定与第1条所要求的一致行动不同,它适用于单个企业实施的单方面行为,当企业通过非法或不正当的方法获得、维持或者扩张其垄断地位,或者企图这样做,或者与他人共谋这样做,就违反了该法第2条规定。

但是,《谢尔曼法》并没有对什么是垄断行为、什么是限制贸易活动做出明确的解释,这也为司法解释留下了广泛的空间,而且这种司法解释要受到经济背景的深刻影响。

2.《克莱顿法》。1914年,美国国会制定了第二部重要的反托拉斯立法《克莱顿法》，作为对《谢尔曼法》的补充。《克莱顿法》主要起到一种预防垄断的作用：凡是那些可以合理地预见可能会对竞争产生损害的行为，虽然其实际未产生损害，也都是违法的。《克莱顿法》所确定的"早期原则"显然比《谢尔曼法》更有利于打击垄断行为。该法具有实质意义的条款包括第2条、第3条、第7条、第8条，其中第2条和第3条与知识产权许可有关。

《克莱顿法》明确规定了17种非法垄断行为，其中包括价格歧视、搭卖合同等。根据该法规定，以下行为均属非法：

(1)"可能在实质上削弱竞争或趋向于建立垄断"的商业活动。

(2)价格歧视，即同一种商品以不同价格卖给不同买主从而排挤竞争对手的行为。

(3)搭卖合同，即厂商在供应一种主要货物时坚持要买方必须同时购买搭卖品的行为。

(4)在竞争性厂商之间建立连锁董事会，即几家从事州际商业的公司互任董事的行为。

(5)在能够导致削弱竞争后果的情况下购买和控制其他厂商的股票。

《克莱顿法》的主要目的是制止反竞争性的企业兼并以及资本和经济力量的集中。关于非法兼并和合法兼并的确认原则是在该法实施过程中不断完善的。此外，由于工人运动的发展，它规定工会及农民组织不受《谢尔曼法》的限制。

3.《知识产权许可的反托拉斯指南》。由美国司法部和联邦贸易委员会联合发布的《知识产权许可的反托拉斯指南》是执法部门的咨询性政策说明文件，不能约束当事人提出自述，也不能约束法官审判，但它较好地总结了执法部门和判例在这一领域的丰富经验，为公众判断其许可合同行为是否触犯反托拉斯法提供指导。

《知识产权许可的反托拉斯指南》的基本观点是，知识产权法和反托拉斯法没有原则的冲突，它们的共同目的是推动创新和增进消费者福利。在此基础上，该指南提出美国政府机构审查知识产权许可限制竞争依据的三项一般原则：①知识产权与一般财产处于平等地位，即知识产权不能不受反托拉斯法的约束，也不应受到反托拉斯法的特别质疑；②从反托拉斯分析的目的看，不应推断知识产权等同于垄断地位，即与知识产权相关的产品或者技术虽然具有排他性，但它们一般存在事实上或者潜在的竞争者，从而可以阻却市场支配力的产生，而且即便知识产权确实产生了市场支配力，这个市场支配力本身不违反反托拉斯法;③知识产权许可有利于企业间实现优势互补,从而总体上具有推动市场竞争作用。但是,该指南也指出,知识产权许可尽管普遍具有增大社会福利和推动竞争的效果,但仍然会出现反竞争的问题。因此,该指南提供了分析知识产权许可中反托拉斯问题的框架。美国是判例法国家,研究知识产权领域的反托拉斯法必须注重美国法院的判决。

《知识产权许可的反托拉斯指南》在内容上共包括六个部分:第一部分关于知识产权保护与反垄断之间的关系;第二部分关于知识产权与市场支配力的关系以及许可对鼓励竞争的益处;第三部分界定了货物市场、技术市场和创新市场,横向以及纵向关系以及许可限制的评估体系;第四部分是根据合理原则评估许可安排的一般原则,并设立了反托拉斯法的"安全区";第五部分具体分析了横向限制(Lateral restraint)、维持转售价格(Resale price maintenance)、搭售安排、排他性交易、交叉许可与联营安排(Cross-licensing and pooling arrangements)、回授以及知识产权的购买等问题;第八部分规定了实际上或试图执行不正当方法获得的专利或无效知识产权的执行。

(二) 欧盟对限制性商业惯例的法律规定

欧盟对限制性商业惯例的法律规定主要体现在欧盟竞争法上,欧盟的竞争法主要分为三个层次:第一层次是《罗马条约》和《建立欧盟条约》中关于竞争的基本准则,主要包括:《罗马条约》的第85条、第86条,《建立欧盟条约》的第81条、第82条;第二层次是欧盟理事会制定的各种竞争规则,主要是对如何使用《建立欧盟条约》第81条、第82条等条款而制定的实施细则;第三层次是欧盟委员会制定的竞争规则、指令和决定等。欧盟涉及知识产权许可的规定主要有:《技术转让协议集体适用欧共体条约第81条第3款的第240/96号条例》《技术转让协议适用欧共体条约第81条第3款的第772/2004号条例》等。

1. 欧洲共同体《罗马条约》关于限制性商业条款的规定。《罗马条约》全称是《欧洲经济共同体条约》,它是在战后复兴计划引导下,首先由欧洲煤钢共同体六国(法、西德、意大利、荷兰、比利时、卢森堡)发起,1957年在罗马会议上正式成立,以后又有英国、爱尔兰、丹麦、希腊、西班牙、葡萄牙等12国先后加入。其目标是,通过共同市场的建立和各成员国经济政策的逐步接近,以促进整个共同体内经济活动和谐、持续而平衡的发展,促进经济增长和生活水平提高,从而促进各成员国之间的关系更加密切。有关反垄断的规定主要见条约第85条和第86条之规定。《罗马公约》禁止限制和妨害竞争、滥用市场优势、图谋市场垄断等限制性商业做法。

《罗马条约》第85条规定：凡是以影响成员国之间的贸易，并以阻碍、限制或妨害欧盟共同市场内部竞争为目的或具有这种效果的所有企业间的协议、企业联合组织的决议和联合一致的做法，都是与共同市场相抵触的，应予以禁止。同时要求特别禁止下列行为：①直接或间接地固定价格（包括购货价格或销售价格）或其他交易条件；②限制或控制生产、销售、技术发展或投资；③瓜分市场或供应来源；④相对于商业伙伴，为同等价值的交易使用不同的条件，使之在竞争中遭受损害；⑤订立合同时附加协议，要求商业伙伴接受在实质上以及根据商业惯例都与合同标的物无关的额外义务。

上述协议或做法均属无效。但是，如果上述协议或做法能够使消费者适当地分享因此产生的利润，能改善商品生产、商品分配、促使技术或经济进步，并且参与企业不受为了实现上述目标并非必不可少的限制或者没有可能在相关商品的重要部分消除竞争，则不受第85条的禁止。

本条款的目的主要是禁止"横向"协定，协定当事人一般处于同一市场水平。当然，在特定条件下也有一些不同等级的企业为实现同一目标而签订"纵向"协定，从而落入此条规定的范围。

《罗马条约》第86条规定，一个或数个企业在共同市场或在共同市场的重大部分滥用控制市场的地位，如果可能损害成员国之间的贸易，则这种滥用与共同市场相抵触，应该予以禁止。这里的滥用行为主要指：①直接或间接地强行要求不合理的价格（包含购货价格或销售价格）或其他交易条件；②相对于商业伙伴，为同等价值的交易使用不同的条件，使之在竞争中遭受损害；③损害消费者利益，限制生产、销售或技术发展；④订立合同时附加条件，要求商业伙伴接受在实质上以及根据商业惯例都与合同标的物无关的额外义务。

本条款主要规定了滥用市场优势、歧视待遇和有些"纵向"协定问题。但是该条款没有对于什么是"滥用"问题做出明确规定，仅仅确立了是否有损成员国之间贸易的标准，为扩张适用提供了依据。

2.《技术转让协议集体适用欧共体条约第81条第3款的第240/96号条例》关于限制性商业条款的规定。欧共体竞争法的集体豁免条例中，与技术转让协议有关的主要是1996年1月31日欧共体委员会就《欧共体条约》第81条第3款适用于技术转让协议而制定的第240/96号条例（以下简称"第240/96号条例"）。第240/96号条例适用于纯专利或技术秘密许可协议、专利和技术秘密混合许可协议，以及包含涉及商标权、著作权等其他知识产权的条款的专利或技术秘密许可协议,同时还适用于专利和技术秘密转让(assignment)协议,但前提是转让人获得的使用费须根据受让人的销售额或生产量而定。但是,该新条例不适用专利或技术秘密共同体(pool)成员之间的协议、交叉许可协议、建立合营企业的协议、纯销售许可协议和与专利或技术秘密许可无关的协议。

第240/96号条例对技术转让协议中做出的各类限制性条款包括:地域限制;技术应用领域的限制以及客户的限制;专利权到期或技术秘密公开后仍限制技术实施或要求支付使用费;一揽子许可、搭售以及质量要求;要求对专利有效性或技术秘密的秘密性不提出争议;限制采用竞争技术;要求转让或许可被许可方的技术改进以及其他技术;限制产品数量和技术使用频率;价格限制;限制出口;单方面的终止条款;标识限制;保密、协助等要求;对分许可、转让许可的限制以及最惠条款等。在此主要介绍如下9个限制性条款的规范:

(1)地域限制(Geographical restrictions)。这种地域限制要受到"权利用尽原则"的制约,无论是专利产品还是技术秘密产品,一旦首次投入市场,权利人就无权干预其以后在市场上流通,即其销售权已经用尽。地域限制不仅是对被许可人做出的,对许可人也有地域限制,但是无论是对许可人还是对被许可人的地域限制都不应该过度。第240/96号条例第3条之(7)规定:"不论是通过独立的协议或者是通过自动延长包含任何新改进的协议的最初期限,要求许可方在纯专利许可协议或技术秘密协议的豁免期限届满后,在该许可地域内仍不得向其他企业许可实施该许可技术;或者要求一方当事人在纯专利许可协议或技术秘密协议以及混合许可协议的豁免期限届满后,仍不得在另一方当事人或其他被许可人的地域内实施该许可技术"这样的条款属于黑色条款,不能得到集体豁免。

(2)技术应用领域的限制以及客户的限制。第240/96号条例第3条之(4)对此严格规定:"在协议当事人在授予许可前已经是相互竞争的制造商的情况下,在同一个应用技术领域内或同一个产品市场内,限制其中一方当事人可能服务的客户,特别是通过禁止向某类用户供货、禁止采用某种销售方式(例如,只允许批发销售和禁止零售,或要求只出售给那些使用如门到门销售等特定销售方式的客户)、以分割客户为目的禁止使用某种产品包装等",这样的限制条款属于黑色条款,不予集体豁免。

(3)一揽子许可、搭售以及质量要求。第240/96号条例第4条第2款(a)只将其列为灰色条款,通过个别申请也有可能豁免,而且规定这种一揽子许可

"对于所许可技术的实施在技术上达到令人满意的程度或保障被许可方的产品符合许可方和其他被许可方所要求的质量标准来说是没有必要"的情况下,才属于禁止的对象。第240/96号条例第2条第1款第5项将"质量要求"原则上列入可豁免条款,但是欧共体对质量要求的豁免限定了条件,如果要求被许可方在生产中遵守最低质量规范(包括技术规范),那么只有这些质量规范对于在技术上正确实施所许可的技术,或保证被许可方的产品符合许可方和其他被许可方采用的最低质量规范来说是有必要的时候,才符合豁免条件。

(4)要求对专利有效性或技术秘密的秘密性不提出争议(不争条款)。第240/96号条例第4条第2款(b)将其列为灰色条款,必须通过个别申请才有可能豁免,因而当事人一般也不敢订立这种风险较大的条款。欧共体还规定,如果许可方禁止对技术秘密的"实用性(substantiality)"提出异议,也是无法获得集体豁免的。

(5)限制采用竞争技术。在专利或技术秘密许可协议中,若许可方禁止被许可方制造、使用、销售竞争产品或采用竞争技术,从专利法的角度看,许可方只能限制所许可技术的应用领域,不能将限制不合理地扩大到其他技术的应用上,这已经构成对权利的滥用,第240/96号条例对此做出了禁止性规定。

(6)要求转让或许可被许可方的技术改进以及其他技术。第240/96号条例第3条之(6)虽然只将要求被许可方"转让"技术改进或新应用的行为列入黑色条款,不予集体豁免,但是从其第2条第1款第5项对"许可"技术改进或新应用的规定来看,以"独占许可"的方式回授的,也不可以得到集体豁免,而只有"非独占许可"方式的回授才有可能得以集体豁免。对于"独家许可"方式的回授,第240/96号条例第2条第1款第5项的有关规定意味着在"被许可方可以自由使用其自己的改进技术"(独家许可)的情况下,可以符合集体豁免的条件。

(7)限制产品数量和技术使用频率。第240/96号条例第3条之(5)虽然规定"一方当事人生产、销售许可产品的数量或者实施许可技术的操作次数受到限制"的条款属于黑色条款,不得集体豁免,但是它又规定了两种例外:一是在上述数量是由被许可方自由决定的前提下,根据被许可方在制造自己的产品中所需要的数量以及在销售所许可产品时所需要的数量(所许可产品仅仅作为构成它自己产品所必需的部分或它自己产品的替代部分,或者与它自己产品的销售有关),来限制被许可方生产所许可产品的数量,这样的要求是可以豁免的。二是由于授予许可,使得在所许可地域内的客户可能拥有第二条供应渠道,这时要求被许可方向某个特定的客户只能供应有限数量的许可产品,就属于可以集体豁免的白色条款。

(8) 价格限制。第240/96号条例第3条之(3)规定:"限制一方当事人决定所许可产品的价格、价格构成或折扣"的条款属于黑色条款,不予集体豁免。这个规定详细列举了价格限制的形式(包括限制价格构成和折扣)。而且,这个规定也意味着价格限制并不仅仅是许可方做出的,被许可方也可能对许可方的定价做出限制,而这同样是要禁止的。

(9) 限制出口。第240/96号条例第3条之(3)将有关限制出口的许可协议条款列为黑色条款,不予集体豁免。其规定如下:"在没有任何客观正当理由的情况下,要求协议当事人一方或双方:①拒绝满足欲在共同体市场内的其他地域销售产品的用户或批发商在其各自地域内的订货要求;②使用户或批发商难以从共同体市场内的其他批发商处获得产品,特别是通过行使知识产权或采取措施,阻止用户或批发商从外部获得产品或者阻止他们在许可地域将产品投放市场,而该产品已经被许可方自己或经其同意合法地投放到共同体市场中,或者协议当事人这样做是由于他们一致行动的结果。"

3.《技术转让协议适用欧共体条约第81条第3款的第772/2004号条例》关于限制性商业条款的规定。欧共体委员会在20世纪80年代就发布了专利许可协议和技术秘密协议集体适用条约第81条第3款的两个条例。在1996年又发布了《技术转让协议集体适用欧共体条约第81条第3款的第240/96号条例》。后又在2004年发布了《技术转让协议适用欧共体条约第81条第3款的第772/2004号条例》(以下简称"第772/2004号条例"),主要规定了技术转让协议中的限制竞争可以依据欧共体条约第81条第3款得到豁免的条件,该条例于2004年5月1日生效。随着这个条例的发布,欧共体委员会还发布了《欧共体条约第81条适用于技术转让协议的指南》,以使企业界和法律界更好地掌握欧共体竞争法适用于知识产权的基本原则。

(1) 第772/2004号条例在更大范围内对于技术转让(许可)合同中的限制性条款进行必要的审查,因此技术转让(许可)合同当事人在签订合同时,必须依照该条例的规定就有关限制性条款进行事前的判断。

(2) 第772/2004号条例将技术转让中的限制竞争分为两类:一类是对竞争明显具有严重不利影响的限制,它们被称为核心限制(Hardcore restrictions),即某些情况下的价格、数量、地域以及研发能力的限制,但在当事人不存在竞争的情况下,最高价格限制可以得到豁免,数量限制和地域限制也有很多被豁免的情况;另一类是排他性限制(Excluded restrictions),主要指独占性回授、不质疑义务和不竞争义务,它们的合法性或者违法性需在具体案件中进行具体分析。

(3)第772/2004号条例将技术转让(许可)合同当事人各方之间的关系区分为竞争性关系和非竞争性关系,其中对于存在于竞争关系合同当事人之间的审查更为严厉。条例第3条规定了市场份额门槛,如果合同当事人各方存在竞争关系,并且合同各方当事人所占据市场份额之和超过了相关技术市场和产品市场份额的20%,那么该专利技术转让合同中的有关限制性条款不能被给予豁免,应当接受审查;如果合同当事人各方不存在竞争关系,在合同各方当事人所占据市场份额之和超过了相关技术市场和产品市场份额的30%时,该专利技术转让合同中的有关限制性条款不能被给予豁免,应当接受审查。

(三)德国对限制性商业惯例的法律规定

德国对限制性商业条款的法律规定主要体现在反对限制竞争法(又称《卡特尔法》,是德国反垄断法的主要渊源)。该法最初制定于1957年,1958年起施行,此后,又分别于1966、1973、1976、1980和1989年对该法做了五次修订。1998年5月7日,德国议会通过了《反限制竞争法》第六次修正案,并于1999年1月1日起施行。在德国的《反限制竞争法》中,对限制性商业条款的规定主要在许可合同中做出了明确规定。

在1999年实行的《反限制竞争法》中,第17条许可合同规定:"有关让与或许可已经授予的或已经申请的专利或实用新型、集成电路布图设计或植物品种保护权的合同,如规定取得人或被许可人在商业交易中必须遵循超出工业产权的内容的限制,则该合同是禁止的。有关行使该项保护权的形式、范围、技术适用领域、数量、地域或时间等方面的限制,不超出该项保护权的内容。"其中规定了五种许可合同中应禁止的限制性商业行为:

1. 出让人或许可人对确保保护权标的物在技术上得到完美无缺的使用具有合法的利益。

2. 出让人或许可人责成取得人或被许可人交流经验,或责成其提供改进发明或应用发明的非排他性许可权,但以让与人或许可人承担相应的、同类性质的义务为限。

3. 出让人或许可人要求取得人或被许可人承担不对被许可的保护权提出异议的义务。

4. 出让人或许可人要求取得人或被许可人承担在最小范围内使用被许可的保护权或支付最低费用的义务。

5. 出让人或许可人要求取得人或被许可人承担以某种不排除制造人标志的方式标示许可产品的义务,则第 1 款不适用于对取得人或被许可人设定的限制,但以这些限制不超过所取得的或所许可的保护权的期间为限。

(四)日本对限制性商业惯例的法律规定

从日本的立法看,在日本现行的《反垄断法》即 1947 年颁布的《关于禁止私人垄断及保持公平贸易方式的法律》中,确定了禁止在贸易活动中签订含有限制性商业行为的条款的一般原则。日本《反垄断法》颁布以来进行过多次修改,直到 1999 年还在不断修改,以适应日本的经济发展变化。它在 50 多年中的两次重大修改是在 1953 年和 1977 年进行的。其中,1977 年制定了《反垄断法》的施行令,作为《反垄断法》的补充法有《转包价款迟延等防止法》《不公正交易方法》《不当赠品及不正当表示防止法》,作为《反垄断法》的适用除外规定的特别法有《关于禁止私人垄断及确保公正的适用除外的法律》《中小企业团体法》《输出入交易法》等法律,这些法律构建了比较完整的日本反垄断法律体系。在 1977 年修改的《反垄断法》实施之后,公正交易委员会同时着手对已然违法行为的严厉处罚和对未然违法行为的事先预防,1979 年出台了"禁止垄断法关于事业者团体活动的指导方针"。该指导方针将参考例分为"原则违法行为""有违法可能的行为""原则上不违法的行为"三类。日本在 1968 年颁布的《国际许可证合同的反垄断法准则》中,对日本的国际技术转让合同中应禁止限制性商业行为做出了更为明确的规定。

日本《反垄断法》对限制性商业惯例的规定主要体现在它对公正交易方法的规定上,该法将不公正交易方法视为有损于公平竞争的行为而予以禁止,对国际协议、契约中含有不公正交易方法的,适用该法第 6 条。根据《不公正交易方法》的规定,16 种行为被认为是不公正的交易方法,这些行为大致分为三类:①限制自由竞争的行为,包括拒绝交易、不正当廉价出售、差别交易、限制再销售价格等;②其竞争手段本身不公正,包括以欺骗的手法和提供不正当利益引诱顾客、搭售、掠夺性定价、歧视性价格等差别待遇;③经营者利用交易上的优越地位,强加于交易对方不利的交易条件的行为。

在《国际许可证合同的反垄断法准则》中,规定了日本的国际技术转让合同中应禁止的九种限制性商业行为:

1. 限制技术引进方产品出口地区(但以下情况可以除外:供方在所限制的地域内享有专利、供方在所限制地域内从事经常性销售活动、供方在该地域内已向其他人发放了独占性许可证)。

2. 限制受方产品出口价格、出口数量或出口经销人。

3. 限制受方制造、销售有竞争性的产品或使用有竞争性的技术(但下列情况除外:受方获得的是独立许可证,该许可证对于已经制造、销售或使用的产品或技术均未加限制)。

4. 限制受方原材料、零件的来源。

5. 限制受方产品的销售人。

6. 限制受方在日本转销产品的价格。

7. 强制受方将在许可技术方面获得的知识和经验告诉供方,或将所取得的改进和发明的权利给予供方,或单方面授予供方许可证(但如供方也承担相应义务且条件相同除外)。

8. 对并非使用所转让技术制造的产品也收提成费。

9. 限制原材料、零部件或专利产品的质量,但从维护供方商标的信誉或技术效果的角度进行质量控制的除外。

二、发展中国家对限制性商业惯例的规定

发展中国家由于大多处于技术引进方的地位,在技术引进中常遭遇到发达国家的公司凭借其各种优势,高价索取使用费,把大量依附性的、不合理的、不公平的限制性条款强加给发展中国家的技术受让方等诸多问题,不仅流失了大量的外汇,引进了不实用的技术,给企业造成了损失而且造成环境污染,给整个国家的经济发展带来不利后果。因而,发展中国家逐渐加强政府干预,主要通过制定专门的技术转让法规、设立专门主管的行政机构对技术转让合同进行登记批准来控制各种限制性商业条款。

这些法律大都由适用对象、批准与登记的程序、限制性做法等三部分内容构成。发展中国家对限制性条款的法律调整的特点表现为:一是通过制定专门的技术转让法规、设立专门主管的行政机构对技术转让合同进行登记批准来控制各种限制性条款;二是以"发展"作为标准来评定什么是限制性条款,即看其是否有可能形成任何依附关系,控制技术受让方企业的生产、技术及销售活动,从而影响受让方国家经济独立和发展;三是在立法技巧上,采用列举的方法,明确每一个禁止性条款,所以发展中国家对限制性条款的法律调整比起发达国家来更坚决、更明确;四是除了一方面坚决、严格和广泛地禁止任何有碍于本国经济技术发展的各种限制性做法外,另一方面给予主管部门一定的取舍权,这样

就可以保留一些实际损害不大或利大于弊的条款,有利于增加引进技术的机会。

(一)墨西哥《技术转让注册及专利商标的使用法》

墨西哥在1972年颁布了《技术转让注册及专利商标的使用法》,开始对技术转让中的限制性商业条款进行管制,1982年墨西哥对该法律进行了一次大的重新修改,修改后的新法规制定了12种严格禁止注册的限制性条款,具体包括:

1. 允许转让方直接或间接控制或干预受让方的经营管理。
2. 规定非互惠或无偿的技术回授。
3. 限制受让方研究和发展技术。
4. 受让方只能从某国家来源购买物资或服务。
5. 引进的技术服务或进口商品违反国家的利益。
6. 不准受让方使用辅助性技术。
7. 限定受让方的产量或强制规定受让方内外销售的价格或转售价格。
8. 受让方必须与出让方签订包销或经销合同。
9. 受让方在合同期满后仍负保密义务。
10. 技术转让引起对第三人侵权,由受让方承担责任。
11. 转让方对转让技术的质量及效益不予保证。
12. 受让方必须将产品销售给出让方指定的人。

(二)巴西《技术转让合同注册规范法》

1975年巴西颁布了《技术转让合同注册规范法》,列举了下列七种应禁止的限制性商业条款:

1. 限制生产、销售、价格、广告、出口、雇佣人员等(但供应方所在国的工业产权法或巴西所参加的国际公约中所允许的限制,不在此列)。
2. 对于受让方向供方购买零部件、原材料等附加额外的条件。
3. 在专利失效后,仍限制自由使用与它有关的数据资料。
4. 限制受让方的研究与改进活动。
5. 阻止受让方对供方所有的工业产权提出权利争议。
6. 免除由履行许可合同而引起的供方责任。
7. 将供方维持工业产权所需费用的负担转嫁给受让方。

(三)菲律宾《关于技术转让条例》

菲律宾于1978年通过《为建立工业部技术转让局以执行第1520号总统法令第5节有关规定的条例》,也可称为《关于技术转让条例》,列举了10种不合理的限制性商业条款,并在其第5条评审的方针政策第3款明确指出:任何协议不允许订有限制性条款,特别是下列条款应予禁止:

1. 限制于协议期满后使用所提供的技术(不得对实施菲律宾专利法的合法权利加以损害)。

2. 要求专利权以及其他工业权于期满、终止或取消后仍继续支付费用。

3. 限制受方于协议有效期间深入持久地改进引进技术的工艺和工序,即使受方愿为此支付附加费。

4. 规定受方对取得可获取专利权的技术改进须以供方名义申请专利,要转让给供方独占,或要求免费传授给供方使用。

5. 要求受方对属于供方的任何一种专利不得争夺其合法性。

6. 限制非独占的受方就竞争性产品的销售或制造从其他技术供应方获得已获专利的或未获专利的技术。

7. 要求受方向供方或其指定人购买原料、零部件及装备(如表明售价是根据国际市场价格或该供方付与第三方系同一价格以及并无较便宜的供应来源者除外)。

8. 直接或间接限制受方根据协议所制造的产品出口。

9. 限制受方的生产范围、数量或所制造产品的售价或转售价。

10. 限制受方改进技术的研究活动。

其中有7条属于强制性禁止性条款,菲律宾的任何公司在技术引进合同中都不能接受。

(四)印度《竞争法》

1969年印度颁布了独立以来的第一部竞争法,即《垄断与限制性贸易行为法》,在最初设计时,其主要目标在于防止经济权力的过度集中,以及防止垄断性、限制性和不公平的贸易行为。到1999年,印度政府建立了竞争政策与法律高层委员会(人们习惯称其为"瑞格海文(Raghavan)委员会"),"瑞格海文委员会"提交的改革报告中的大部分内容,构成了2002年印度《竞争法》的基础。

印度2002年《竞争法》的第二章是该法案的核心内容,其内容是关于禁止限制竞争协议、禁止市场优势地位的滥用以及对企业联合的限制的规定。法案的第3条第1款规定:"任何个人、企业或团体均不得缔结对市场竞争产生或可能产生不利影响的协议,其中包括涉及生产、供应、分配、储存、收购的协议以及对产品和服务的提供进行控制的协议。"竞争政策与法律高层委员会可以根据合理原则评估某些协议导致了对印度境内竞争的可以感觉到的不利影响,这些协议包括:①搭售协议;②独家供应协议;③独家分销协议;④拒绝交易;⑤维持转售价格。

(五)中国对技术贸易中限制性商业惯例的立法管制

我国最早涉及技术转让中限制性商业做法的法规是1983年发布的《中外合资经营企业法实施条例》。1985年国务院发布的《中华人民共和国技术引进合同管理条例》及其《实施细则》,标志着我国对技术转让管制进入成熟阶段。之后有1987年11月1日施行的《中华人民共和国技术合同法》第21条。1993年12月1日实施的《反不正当竞争法》的有关条款。1994年7月1日施行的《中华人民共和国对外贸易法》在2004年4月对该法修订后新增的第五章"与对外贸易有关的知识产权保护"第三十条。1999年10月1日起实施的《中华人民共和国合同法》,在"技术合同"一章的第三百二十九条、第三百四十三条、第三百五十四条。2007年8月30日通过的《中华人民共和国反垄断法》。

1.《中外合资经营企业法实施条例》对限制性商业惯例的规定。我国《中外合资经营企业法实施条例》自1983年经国务院发布,经历了1986年、1987年和2001年的修订,并在2001年修订的该条例第四十三条规定了有关限制性商业惯例的内容。第四十三条规定:合营企业订立的技术转让协议,应当报审批机构批准。技术转让协议必须符合下列规定:

(1)技术使用费用应当公平合理。

(2)除双方另有协议外,技术输出方不得限制技术输入方出口其产品的地区、数量和价格。

(3)技术转让协议的期限一般不超过10年。

(4)技术转让协议期满后,技术输入方有权继续使用该项技术。

(5)订立技术转让协议双方,互相交换技术改进的条件应当对等。

(6)技术输入方有权按自己认为合适的来源购买需要的机器设备、零部件和原材料。

(7)不得含有为中国法律、法规所禁止的不合理的限制性条款。

2.《中华人民共和国技术引进合同管理条例》及其《实施细则》对限制性商业惯例的规定。1985年国务院发布了《中华人民共和国技术引进合同管理条例》及其《实施细则》,2001年10月31日对其进行了重新修订并自2002年1月1日起开始施行。

1985版本采取原则性和灵活性相结合的标准,即一方面强调"供方不得强使受方接受不合理的限制性要求",另一方面在概括规定之下列举了九种被禁止的限制性条款。

2001年版本是在1985年版本基础上的完善。2002年国务院发布实行的《技术进出口管理条例》第二十九条明确规定:技术进出口合同中,不得含有下列限制性条款:

(1)要求受让人接受并非技术进出口必不可少的附带条件,包括购买非必需的技术、原材料、产品、设备或者服务。

(2)要求受让人为专利权有效期限届满或者专利权被宣布无效的技术支付使用费或者承担相关义务。

(3)限制受让人改进让与人提供的技术或者限制受让人使用所改进的技术。

(4)限制受让人从其他来源获得与让与人提供的技术类似的技术或者与其竞争的技术。

(5)不合理地限制受让人购买原材料、零部件、产品或者设备的渠道或者来源。

(6)不合理地限制受让人产品的生产数量、品种或者销售价格。

(7)不合理地限制受让人利用进口的技术生产产品的出口渠道。

3.《中华人民共和国技术合同法》和《中华人民共和国合同法》对限制性商业惯例的规定。1987年11月1日施行的《中华人民共和国技术合同法》第二十一条规定:"非法垄断技术、妨碍技术进步的技术合同无效。"第三十五条规定:"技术转让合同可以约定转让方和受让方实施专利或者使用非专利技术的范围,但是,不得以合同条款限制技术竞争和技术发展。"第四十三条规定:"当事人没有在技术转让合同中约定实施专利、使用非专利技术后续改进的技术成果的分享办法的,任何一方无权分享另一方后续改进的技术成果。"

1999年10月1日起实施的《中华人民共和国合同法》,在"技术合同"一章的第三百二十九条、第三百四十三条、第三百五十四条分别继承了原技术合同法以上三个条款,并做了一些改动。2005年1月1日起施行的《关于审理技术合同纠纷案件适用法律若干问题的解释》第十条以开放式列举了《合同法》第三百二十九条"非法垄断技术、妨碍技术进步"这一合同无效事由的六种具体情形：

（1）限制当事人一方在合同标的技术基础上进行新的研究开发或者限制其使用所改进的技术，或者双方交换改进技术的条件不对等，包括要求一方将其自行改进的技术无偿提供给对方、非互惠性转让给对方、无偿独占或者共享该改进技术的知识产权。

（2）限制当事人一方从其他来源获得与技术提供方类似技术或者与其竞争的技术。

（3）阻碍当事人一方根据市场需求，按照合理方式充分实施合同标的技术，包括明显不合理地限制技术接受方实施合同标的技术生产产品或者提供服务的数量、品种、价格、销售渠道和出口市场。

（4）要求技术接受方接受并非实施技术必不可少的附带条件，包括购买非必需的技术、原材料、产品、设备、服务以及接收非必需的人员等。

（5）不合理的限制技术接受方购买原材料、零部件、产品或者设备等的渠道或者来源。

（6）禁止技术接受方对合同标的技术知识产权的有效性提出异议或者对提出异议附加条件。

4.《反不正当竞争法》和《中华人民共和国反垄断法》对限制性商业惯例的规定。1993年12月1日实施的《反不正当竞争法》的有关条款虽然不是专门针对知识产权领域行为的，但同样也可适用于涉及知识产权的有关行为。该法第六条规定："公用企业或者其他依法具有独占地位的经营者，不得限定他人购买其指定的经营者的商品，以排挤其他经营者的公平竞争。"第十一条规定："经营者不得以排挤对手为目的，以低于成本价格销售商品。"第十二条规定："经营者销售商品，不得违背购买者的意愿搭售商品或者附加其他不合理的条件。"第十五条规定："投标者不得串通投标，抬高标价或者降低标价，投标者和招标者不得相互勾结，以排挤竞争对手的公平竞争。"该法借鉴了国外反不正当竞争法方面的经验，对有关限制性商业条款做出了一些相关规定。

2007年8月30日通过的《中华人民共和国反垄断法》，使我国对限制性商业行为的管制迈上了一个新台阶。该法第三条规定了三种垄断行为：①经营者达成垄断协议；②经营者滥用市场支配地位；③具有或者可能具有排除、限制竞争效果的经营者集中。《中华人民共和国反垄断法》所确立的禁止垄断协议、禁止滥用市场支配地位以及控制经营者集中三大制度对中国涉外技术引进中的限制性商业做法同样适用。

5.《中华人民共和国对外贸易法》对限制性商业惯例的规定。1994年7月1日施行的《中华人民共和国对外贸易法》本无对限制性条款的规定,2004年4月对该法进行了重新修订,修订后新增的第五章"与对外贸易有关的知识产权保护"第三十条可视为对限制性条款的专门规定:"知识产权权利人阻止被许可人对许可合同中的知识产权的有效性提出质疑、进行强制性一揽子许可、在许可合同中规定排他性返授条件等行为之一,并危害对外贸易公平竞争秩序的,国务院对外贸易主管部门可以采取必要的措施消除危害。"该条在列举这三项行为后用"等行为",表示并未穷尽所有限制性条款的情况,认为此类行为如果"危害对外贸易公平竞争秩序",国务院对外贸易主管部门就可以"采取必要的措施消除危害"。该条规定借鉴了发达国家反垄断法方面的立法经验。

第四节　世界知识产权组织和联合国对限制性商业惯例的规定

一、世界知识产权组织《技术转让合同管理示范法》

20世纪80年代初期世界知识产权组织(WIPO)提出了《技术转让合同管理示范法》,该法第三百零五条规定,如果技术引进合同包含以下任何一种限制性交易条款,政府主管机关可要求当事人修改,否则对有关合同不批准登记:

(1)要求受让方进口在本国即能够以相同或更低代价取得的技术。

(2)要求受让方支付过高的使用费用。

(3)搭卖条款。

(4)限制受让方选择技术或选择原材料的自由(但为保证许可证产品质量而限制原材料来源的情况除外)。

(5)限制受让方使用供方无权控制的产品或原材料的自由(但为保证质量而实行这种限制的除外)。

(6)限制受方把按许可证生产的产品大部分或全部出售给供方或供方指定的第三方。

(7)条件不对等的反馈条款。

(8)限制受让方出口自由(但在供方享有工业产权地区不在此列)。

（9）限制受让方产量。

（10）要求受让方雇佣供方指定的与实施许可证中技术无关的人员。

（11）限制受让方研究与开发所引进的技术。

（12）限制受让方使用其他提供的技术。

（13）把许可协议范围扩大到与许可证目标无关的技术，并要求受让方为这类技术支付使用费。

（14）为受让方的产品固定价格。

（15）在受让方或第三方因供方的技术而造成损害时，免除或减少供方的责任。

（16）合同期届满后限制受让方使用有关技术的自由，但未到期的专利除外。

（17）合同期过长，但只要不超过所提供的专利的有效期，即不能认为是"过长"。

二、《TRIPS协议》

WTO的《TRIPS协议》即《与贸易有关的知识产权协议》，可谓是国际社会在限制知识产权滥用、反不正当竞争方面取得进展的一个里程碑。《TRIPS协议》中关于限制性条款的规定包括：第7条规定TRIPS的目标包括保护和管制"应有助于促进技术革新，有助于技术的转让与传播，有助于技术创造和使用者的互利，同时能改善社会和经济福利，并有助于权利与义务的平衡"；第8条第22款规定允许成员采取适当措施"防止权利人滥用知识产权或采用限制贸易或对国际技术转让产生不利影响的不合理做法"；第40条是对许可协议中限制性条款的专门规定，规定了对许可协议中限制竞争行为的控制。

第8节"在契约性专利权使用中对反竞争性作为的控制"第40条规定：

（1）各成员方一致认为与限制竞争的知识产权有关的一些专利权使用做法或条件对贸易可能产生不利影响，可能妨碍技术的转让和传播。

（2）本协议中无任何规定阻止成员方在其立法中详细载明在特定情况下可能构成对有关市场中的竞争具有不利影响的知识产权滥用的专利权使用做法或条件。如上述规定，一成员方可按照本协议的其他规定，根据国内有关法律和规定采取适当措施阻止或控制此种做法。这些措施可能包括例如独占性回授条件、阻止否认合法性的条件和强制性的一揽子许可证交易。

（3）若一成员方有理由认为是另一成员方国民或居民的知识产权所有者正

在从事违反该成员方关于本节主题事项的法律规章的活动,并希望使该另一成员方遵守此类法规,则在不妨碍两个成员方中任何一方依法采取任何行动和做出最终决定的充分自由的条件下,该另一成员方在接到该成员方的请求后,应与之进行磋商。被请求的成员方对与提出请求的成员方进行磋商应给予充分的同情的考虑。为此提供充分的机会,并应在服从国内法和令双方满意的关于提出请求的成员方保护资料机密性的协议之最后决定的条件下,通过提供与该问题有关的可以公开利用的非机密性资料和可供该成员方利用的其他资料进行合作。

(4)其国民或居民正在另一成员方接受关于所断言的违反该成员方关于本节主题事项的法律规章的诉讼的成员方,根据请求,应由另一成员方给予按照与上述第三款相同的条件进行磋商的机会。

《TRIPS 协议》第 40 条的含义包括以下四点:一是明确了知识产权许可贸易中存在一些限制竞争的做法和条件,并会对贸易产生不利影响,以及妨碍技术转让和传播;二是允许各国在其国内立法中列举在特定情况下构成对知识产权的滥用,授权各国可根据其国内法采取适当措施阻止或控制此种做法和条件,特别是对独占性回授条件、阻止否认合法性的条件和强制性的一揽子许可证交易等做法和条件;三是明确了解决知识产权贸易纠纷的方法,即成员方之间通过磋商的方法解决知识产权贸易中的纠纷,并明确了被请求磋商方对另一方的磋商请求应持积极的态度;四是受西方发达国家的影响比较大,无论是指导思想、立法体例,还是使用的术语,都明显具有发达国家在知识产权贸易的立法指导思想和西方发达国家法律的影子。

但总的说来,该协议第 40 条的规定有利于发展中国家保护其知识产权贸易中的权益,阻止发达国家滥用其技术优势掠夺发展中国家。

三、《联合国关于控制限制性商业惯例的公平原则和规则的多边协议》

《联合国关于控制限制性商业惯例的公平原则和规则的多边协议》(United Nations Multilaterally Equitable Principles and Rules for the Control of Restrictive Business Practices)是关于控制限制性商业惯例的一项多边协议。1980 年 4 月 22 日联合国控制限制性商业惯例会议上制定,同年 12 月 5 日联合国大会通过,推荐给各国政府采用。它旨在对国际贸易特别是对发展中国家的贸易和经济发展造成不利影响的限制性商业惯例加以控制。

根据《联合国关于控制限制性商业惯例的公平原则和规则的多边协议》的规定,企业不得采取下列限制性商业做法:

一是参加卡特尔或以其他方式加强卡特尔的限制性作用。即滥用市场支配地位,包括使用低于成本的价格消灭竞争者、订立歧视性的交易条件以及搭卖安排等。

二是限制贸易的共谋和协议,包括:规定价格的协议,串通投标的协议,划分市场的协议,分配生产定额或销售定额的协议,集体行动(如联合抵制交易、拒绝对某个进口商供货等)。

如果通过滥用或谋取并滥用市场力量的支配地位,这种行动或行为会限制进入市场或以其他方式不适当地限制竞争,对国际贸易特别是对发展中国家的贸易及其经济发展具有或可能具有不利影响。该文件规定,企业应避免在有关市场中采取下列行动或行为:

(1)对竞争者的掠夺性的行为,例如使用低于成本的价格消火竞争者。

(2)在供应或购买货物或服务时歧视性地作价(即不合理的区别对待)或订立歧视性的条件,包括在分支企业之间的交易中使用作价政策,对所购买或提供的货物或服务规定高于或低于分支企业之外的类似或相等交易的价格。

(3)合并、接管、合资经营或其他横向、纵向或联合企业性的控制权的获取;

(4)规定出口货物在进口国转售价格。

(5)对于在国外合法标有商标的货物,如其商标与进口国中受保护的相同或类似货物的商标相同或类似,且为同一来源,即属于同一所有人,或供在经济、组织、管理或法律上相互依存的企业使用,限制这种货物进口,而限制的目的在于维持人为的高价。

(6)若非为了保证达到正当的商业目的(诸如质量、安全、充分的销售或服务等),部分或全部拒绝按该企业惯用的商业条件进行交易:以接受对竞争货物或其他货物的经销或生产的限制为提供某种货物或服务的条件;限制所供应的货物或其他货物转售或出口的地方、对象、形式或数量;以向供应人或他指定的人购买其他货物或服务为提供某种货物或服务的条件。

案例分析

1974日本山田股份有限公司(以下简称山田)与荷兰美利有限责任公司(以下简称美利公司)签订引进美利公司生产的"阿卡尔"碱性细菌蛋白分解酶

的合同。合同第 5 条规定,任何一方解除合同时,在合同终止后 9 年内,山田公司不得生产和销售与美利公司的"阿卡尔"竞争的工业用碱性细菌蛋白分解酶;第 6 条规定,山田公司在合同地区不得生产和销售与美利公司的"阿卡尔"竞争的其他细菌系统的碱性细菌蛋白分解酶;第 10 条规定,因解除合同而终止后,第 5 条和第 6 条仍然有效;合同的第 8 条还规定,山田公司生产的"阿卡尔"工业用碱性细菌蛋白分解酶每千克的销售价格不得低于 50 荷兰盾。

1978 年 12 月,美利公司根据上述合同第 10 条的规定,向山田公司提出要求解除合同的请求,该合同于 1979 年底终止,但是一直到 1982 年 12 月底,仍然禁止山田公司生产和销售与"阿卡尔"竞争的工业用碱性细菌蛋白分解酶,同时禁止山田公司生产和销售与"阿卡尔"竞争的其他细菌系统的碱性细菌蛋白分解酶。

1983 年山田公司向日本公平交易委员会投诉,指控美利公司有不公平竞争行为,违反了日本反垄断法的有关规定,要求取消这种不合理的限制。

(1)你认为山田公司的要求是否合理?
(2)什么是限制性条款?本案中合同里有哪些限制性条款?

思考练习题

思考题

1. 简述限制性商业惯例的特点、表现形式及其产生的原因。
2. 简述国际技术贸易中商业惯例的界定及其表现形式。
3. 简述《克莱顿法》和《罗马条约》对限制性商业惯例的法律规定。
4. 简述欧共体《技术转让协议适用欧共体条约第 81 条第 3 款的第 772/2004 号条例》对限制性商业条款的规定。
5. 简述日本对国际技术贸易中限制性商业惯例的法律规定。
6. 简述《中华人民共和国技术引进合同管理条例》及其《实施细则》对限制性商业惯例的规定。
7. 简述《中华人民共和国对外贸易法》对限制性商业惯例的规定。
8. 简述《中华人民共和国技术合同法》和《中华人民共和国合同法》对限制性商业惯例的规定。
9. 简述世界知识产权组织《技术转让合同管理示范法》对限制性商业惯例

的规定。

练习题

1. 阅读发达国家和发展中国家对限制性商业惯例的管制,讨论两者在限制性商业惯例管制方面的异同。

2. 试分析我国对技术贸易中限制性商业条款规定的立法历程。

附录 专业名词中英文汇编

A

仲裁	arbitration
区域特许经营模式	area franchising

B

BOT	Build – Operate – Transfer
缺陷	bug
经营模式特许经营	business format franchising

C

专利申请权	claim of patent application
合作生产	co – production
托收	collection
承诺	commitment
强制许可	compulsory license
合同要约	contractual Offers
著作权	copyright
创造性	creativity
交叉实施许可合同	cross license contract
交叉许可证	cross license
交叉许可	cross – licensing

D

扣除法	deduction method
外观设计	design/industrial design
直接抵免	direct credit

E

合同尾部	end portion of contract
软件包	enhancement package
排他性限制	excluded restrictions
独家代理协定	exclusive agency agreement
独占实施许可合同	exclusive license contract
独占许可证	exclusive license
排他许可证	exclusive license
独占实施权	exclusive right to exploit

F

公平市场价	fair market price
可行性研究	feasibility study
定率饶让	fixed rate sparing
固定提成	fixed royalty
不可抗力	force Major
特许经营合同	franchise contract
特许经营费用	franchise fee
受许人	franchisee
特许权	franchise
特许经营	franchising
特许专营	franchising
特许人	franchisor
全额抵免	full credit

G

递减提成	graduated scale royalty
回授条款	grant-back clause

H

核心限制	hardcore restrictions

硬件	hardware

I

所得税	income tax
间接抵免法	indirect credit
入门费	initial payment
集成电路的拓扑图	integrated circuit designs
知识产权	intellectual Property
国际重复征税	international double taxation
国际工程承包合同	international plant engineering contract
国际技术贸易	international technology trade
国际技术转移	international technology transfer

J

司法诉讼	judicial lawsuit

K

技术秘密	know – how
专有技术	know – how

L

许可合同	license contract
许可证贸易	license transactions
被许可方	licensee
许可贸易	licensing trade
许可方	licensor
限定价格	limited price
总付	lump – sum payment

M

最高提成	maximum royalty
调解	mediate

抵免法	method of tax credit
免税法	method of tax exemption
最低提成	minimum royalty

N

邻接权	neighboring right
净销售价	net sale price
不异议条款	no objection clause
不竞争条款	no – challenge clause
新颖性	novelty

O

对效力的异议	on the effectiveness of the opposition
机会研究	opportunity Study
限额抵免	ordinary credit
原创性	originality

P

巴黎公约	Paris Convention for the Protection of Industrial Property
专利权转让合同	patent assignment contracts
专利申请权转让合同	patent license contracts
专利实施许可合同	patent licensing contracts
专利实施许可	patent licensing
专利权	patent Right
专利申请技术实施许可合同	patent technology licensing contract
政策咨询	policy consultation
可行性研究	pre – feasibility Study
前言/序文	preface/preamble
商品商标特许经营	product and trade name franchising
财产税	property tax

R

和解	reconciliation
低税法	reduction method
汇付	remittance
限制性商业惯例	restrictive business practice
特许权使用费	royalty fee
提成支付	royalty

S

普通实施许可合同	simple license contract
滑动提成	sliding royalty
计算机软件许可合同	software licenses contract
软件	software
排他实施许可合同	sole license contract
源程序	source program
分许可证	sub-licenses

T

关税	tariff
税收饶让	tax sparing
技术咨询合同	technical consulting contract
技术资料	technical data
技术服务合同	technical service contract
技术服务	technical service
转让技术	technical transformation
技术评估	technology assessment
技术咨询	technology consulting
技术使用费	technology costs
技术秘密转让合同	technology secrets licensing contract
技术转让合同	technology transfer contracts
合同主体	the body of contract

差额饶让	the difference between sparing
专利权的限制	the patent restrictions
合同首部	title of contract
商标使用许可合同	trademark license contract
搭售条款	tying clause

U

单店特许经营模式	unit by unit franchising
实用新型	utility model

W

世界知识产权组织	World Intellectual Property Organization(WIPO)
万维网	World Wide Web

参考文献

[1] 蔡四青. 国际技术贸易与知识产权[M]. 北京:社会科学出版社,2007.

[2] 饶友玲. 国际技术贸易[M]. 天津:南开大学出版社,2003.

[3] 刘剑文. TRIPS 视野下的中国知识产权制度研究[M]. 北京:人民出版社,2003.

[4] 日本公正交易委员会. 日本禁止垄断法[M]. 王长河,周永胜,刘风景,译. 北京:法律出版社,1999.

[5] 齐俊妍. 国际技术转让与知识产权保护[M]. 北京:清华大学出版社,2008.

[6] 郭寿康,韩立余. 国际贸易法[M]. 北京:中国人民大学出版社,2009.

[7] 赵学清,邓瑞平. 国际经济法[M]. 北京:法律出版社,2005.

[8] 庾国庆. 国际技术转让法律与实务[M]. 北京:人民法院出版社,2000.

[9] 陈剑玲. 美国知识产权法[M]. 北京:对外经济贸易大学出版社,2007.

[10] 杜奇华. 国际技术贸易[M]. 上海:复旦大学出版社,2008.

[11] 李明德,闫文军,黄晖. 欧盟知识产权法[M]. 北京:法律出版社,2010.

[12] 齐俊妍,刘恩专. 国际技术转让与知识产权保护[M]. 北京:北京交通大学出版社,2008.

[13] 汪建新. 国际技术贸易[M]. 上海:上海人民出版社,2011.

[14] 黄权伟. 浅析国际技术引进中的限制性条款[J]. 商业现代化,2005(2):319-320.

[15] 张丽娜. 论国际许可合同中的限制性条款[J]. 河北法学,2003(3):135.

[16] 张发坤. 论《TRIPS 协议》中的限制性商业条款[J]. 科技进步与对策,2005(8):75-76.

[17] 刘进. 印度 2001 年薪竞争法述评[J]. 南亚研究季刊,2004(2):22-28.

[18] 胡充寒. 国际专利许可合同中的限制性条款[J]. 河北法学,2002(3):10-13

[19] 张广良,芮松艳. TRIPS 协议及相关国际公约在我国的适用[J]. 知识

产权,2007(5):55-59.

[20]张建平.气候变化谈判框架下的国际技术转让机制研究[J].国际贸易,2010(5):49-53.

[21]张乃根.试析TRIPS协定第31条修正案及其重要意义[J].世界贸易组织动态与研究,2006(5):25-30.

[22]漆多俊.反垄断法研究中的国际视野与中国化命题——评李国海教授著《反垄断法实施机制研究》[J].河北法学,2008(2):198-200.

[23]叶昌富.国际技术转让中对限制性商业行为的法律调整[J].广东外语外贸大学学报,2002(1):42-46.

[24]刘亚军.国际技术转让中的限制性商业惯例及其法律管制[J].宁夏社会科学,2004(5):13-17.

[25]刘华,周莹.TRIPS协议弹性下发展中国家的知识产权政策选择[J].知识产权,2009(2):57-65.

[26]沈鸿.国际技术贸易中的限制性条款及其法律管制[J].广东商学院学报,2005(5):82-87.

[27]王先林.若干国家和地区对知识产权滥用的反垄断控制[J].武汉大学学报,2003(2):154-159.

[28]徐士英,郏丙贵.欧盟竞争法的新发展及对我国的启示[J].法学,2004(8):111-118.

[29]黄丹.论国际技术转让中限制性商业行为的法律根源[J].中国经贸导刊,2010(23):88-89.

[30]王浩霖.国际技术转让中的限制性商业行为的法律规范[J].中国商界,2010(总202):161.

[31]李有星,阮赞林.试论国际技术贸易中限制性条款的界定与管制[J].国际商务研究,1996(3):26-30.

[32]刘卫峰.技术许可协议中限制性条款有效性研究[J].经济视角,2011(12):154-155.